ANDRÉ-VALDÈS

Encyclopédie ILLUSTRÉE des Élégances féminines

HYGIÈNE DE LA BEAUTÉ

T. C. 13
23

félix Regamey

E. FLAMMARION Éditeur
PARIS
26 rue Racine

ENCYCLOPÉDIE

DES

ÉLÉGANCES FÉMININES

ANDRÉ-VALDÈS

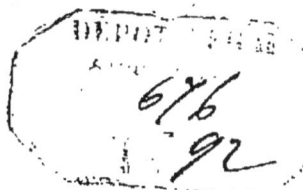

ENCYCLOPÉDIE ILLUSTRÉE

DES

ÉLÉGANCES

FÉMININES

HYGIÈNE DE LA BEAUTÉ

PARIS

LIBRAIRIE MARPON ET FLAMMARION

E. FLAMMARION, SUCCr

26, RUE RACINE, PRÈS L'ODÉON

PRÉFACE

Ce livre n'est pas une œuvre littéraire, c'est un manuel pratique ; c'est le *vade mecum* de toute femme élégante ou voulant le devenir, de celles que l'âge désespère et de celles qui le redoutent. Nous ne ferons donc pas de phrases ; nous donnerons le renseignement, le document, rien de plus.

La brièveté, l'ordre, la clarté : tel est notre programme. Nous y ajoutons l'engagement de ne jamais donner, *en les recommandant*, que des procédés éprouvés et certifiés Il en est de même des produits que nous croyons de notre devoir de faire connaître aux femmes qui veulent conserver leur beauté, ou même réparer les désordres que leur ignorance des coquetteries permises a laissé se produire en elles.

Nous avons nous-même fait maintes expériences dont nous donnerons le résultat. Après un long séjour dans les contrées intertropicales, nous avons eu la peau brûlée et parcheminée au point de paraître, à vingt-deux ans, en avoir trente-cinq.

a.

Nous avons vainement cherché des procédés salutaires, inconnus dans les pays lointains que nous ha-
bitions encore. Que n'aurions-nous donné, à ce moment, pour un livre bien fait nous rendant la beauté
par quelques bons avis ?

De retour en France nous apprîmes, au bout seulement de plusieurs années, certains procédés pouvant
guérir notre épiderme malmené, et nous en avons
obtenu de tels effets que nous croyons de notre devoir de les faire connaître.

Depuis, nous en avons appris d'autres, et, après
expériences satisfaisantes, nous les publions aussi.
La lectrice se rendra compte des qualités de chaque
méthode et choisira.

A.-V.

TABLE DES MATIÈRES

TROISIÈME PARTIE

INSTALLATION

TABLE DES DESSINS

ENCYCLOPÉDIE

DES

ÉLÉGANCES FÉMININES

PREMIÈRE PARTIE

COUP D'ŒIL GÉNÉRAL

CHAPITRE PREMIER

Moralité et nécessité de la coquetterie.

On a le tort de n'écrire, en fait de toilette et d'a-
meublement, que pour les gens très riches, et ce sont
ceux qui n'en profitent pas, car lorsqu'ils veulent
faire une installation ou changer quelque chose à la
leur, ils appellent un tapissier-artiste et lui laissent la
bride sur le cou, ne le dirigeant que s'ils ont un goût
très personnel — bon ou mauvais.

Ils n'iront probablement pas, pour cette conférence,

prendre notre livre dont ils n'auraient que faire et que le tapissier rejetterait avec dédain.

Pour la toilette, c'est la même chose, et la dame qui peut aller chez les grands faiseurs n'a pas besoin de nous.

Nous écrivons pour la femme de fortune modeste qui, tout en ayant du goût et des aspirations d'élégance, n'a pas les moyens d'acheter sans cesse et doit beaucoup faire par elle-même. C'est pour elle que nous disons la manière de couper et de préparer une robe, le moyen de faire, aidée par le moindre menuisier, d'un antique divan, le plus confortable canapé oriental et d'improviser, avec quelques planches et un peu d'étoffe, un lit très élégant ; de se faire habiller avec grâce, même dans les campagnes, par la plus piètre couturière ; de s'organiser, avec le seul secours du menuisier, un nécessaire de voyage des plus confortables, et une malle-toilette, donnant, en route, le confort indispensable à une femme soigneuse de sa personne, etc.

Prendre soin du plus ou moins de charmes que la nature nous a départis est absolument un devoir, que nous soyions jeune fille, jeune femme, femme mûre ou même — et surtout — vieille femme.

Oui, surtout ! A mesure que l'âge vient avec son triste cortège de rides, de cheveux blancs, de fatigues de toutes sortes, nous devons plus que jamais veiller à notre hygiène afin — n'étant plus jeunes ni jolies — de rester attrayantes et agréables à voir !

Une vieille femme soignée, propre, élégante dans sa simplicité, est aussi agréable à voir qu'une jeune femme.

Nous comptons, entre autres amies que nous pourrions citer, une vieille dame de quatre-vingt-huit ans aux joues roses, aux yeux encore vifs, aux cheveux d'un blanc de neige, toujours bien roulés en coques soyeuses, qu'encadre un joli bonnet de dentelle noire ; s'il lui manque des dents, je ne le crois pas et d'ailleurs personne ne le sait ; sa mise suit la mode avec modération ; ses robes, larges et lui laissant toutes ses aises, ont une bonne coupe, elle est ravissante !

Mais comment a-t-elle conservé ce teint merveilleux ? Et ces beaux cheveux blancs, et ces mains fines encore, et ces bons yeux aux paupières saines ?

Voici ce que nous désirons vous apprendre, Mesdames, afin que toutes vous vous conserviez belles et charmantes.

*
* *

Il faut dire qu'il existe des femmes favorisées par une carnation merveilleuse que rien n'altère. J'ai vu, au Paraguay, des femmes nées dans un petit village au pied de la Cordilière des Andes, où toutes les femmes sont blondes et blanches comme des Anglaises, formant un extraordinaire contraste avec leurs compatriotes à la peau cuivrée et aux rudes cheveux noirs.

Chose singulière, ces peaux merveilleusement

blanches défient le hâle, et pourtant, au moment où
j'ai vu ces femmes, elles venaient de passer plusieurs
mois exposées aux intempéries, dans un climat tro-
pical [1].

Il y a encore les femmes dont l'existence s'est
écoulée très calme, sans le moindre souci, sans chagrin d'aucune sorte ; celles qui, surtout, n'ont pas
eu d'enfant, et qui se sont ainsi conservées belles.

*
* *

Bien souvent, j'ai entendu des femmes mariées
dire avec une simplicité touchante : « — Oh moi, je
n'ai plus besoin d'être coquette, je suis mariée, je
n'ai plus besoin de chercher à plaire, puisque j'aime
mon mari... »

Oh ! comme vous vous trompez, madame ! Vous
n'avez plus besoin de plaire parce que vous êtes mariée ? Mais plus que jamais vous en avez besoin !
C'est, au contraire, le vrai moment d'être coquette et
de plaire, si vous voulez conserver le cœur que vous
avez conquis !

Il est toujours facile, quand on est jeune — et
simplement gentille — de se faire aimer et épouser.
Ce qui est difficile, très difficile, c'est de conserver
cette tendresse, c'est d'arriver à se maintenir seule
dans le cœur conquis.

[1] Voir *Les Trésors des Vaincues*, du même auteur. — Flammarion, éditeur.

C'est donc pour son mari qu'une femme, quel que soit son âge, doit être soigneuse de sa beauté.

Autant la coquetterie dans la conduite est blâmable lorsqu'elle a un but inavouable, lorsqu'elle tend à attirer tous les yeux, tous les hommages, et qu'elle n'est qu'un instrument de l'inconduite, autant elle est méritante lorsqu'elle s'adresse uniquement à l'homme aimé et n'a d'autre but que de lui plaire.

Ceci étant posé, entrons dans le cœur de la question.

*
* *

De quoi se compose la beauté — qu'elle soit absolue ou relative. — C'est, tout d'abord le teint, qui demande des soins constants et éclairés. La plus jolie femme du monde, avec des traits admirables, des cheveux superbes sera enlaidie par un teint terne, huileux, brouillé, marbré. Tandis qu'une beauté beaucoup moins complète, des traits irréguliers, des cheveux quelconques seront rachetés par un beau teint clair et uni, une peau souple, fine et satinée.

Après le teint, viennent les yeux. Tout en étant très beaux de forme, de couleur, d'expression, ils peuvent manquer de l'éclat que donnent les cils, ou n'être pas couronnés par l'indispensable ornement des sourcils, ou encore avoir des paupières rouges et fatiguées.

Puis la bouche et des dents ont un grand rôle dans cette harmonie. Les dents — si elles ne sont pas

1.

belles et régulières — doivent être blanches et au complet. Les lèvres seront saines, fines, rosées. Des lèvres gercées gâtent la plus jolie bouche.

Les cheveux ont une importance capitale, leur nature, leur arrangement, contribuent dans une large part au charme d'un visage.

Pourtant la seule beauté des cheveux ne rachète pas la laideur et nous en avons fait maintes fois la remarque; les cheveux les plus *naturellement* et les plus *fortement frisés* ornaient des têtes remarquablement laides et qui n'y gagnaient nulle beauté — au contraire. — Ces gens n'en tiraient surtout nul parti, les laissant se recroqueviller en boucles serrées et sans grâce qui, au lieu de garnir la tête, la dénudaient.

Une femme peut-être absolument transformée, en bien ou en mal, par sa coiffure.

Est-il rien de plus laid que cette mode dont quelques portraits nous donnent encore une triste idée, qui a sévi comme un fléau, il y a trente ou trente-cinq ans. Elle tirait tous les cheveux en arrière, découvrant durement le front sous le nom de *coiffure à la chinoise*.

Est-il rien de plus nuisible que la coutume de se serrer les cheveux avec un cordon comme le faisaient nos mères; ou de relever — en les fatiguant pour toujours — les cheveux des enfants avec le hideux *peigne-rond*, lorsque quelques bouts de rubans mis à propos rendent nos fillettes si charmantes !

Des cheveux plats, collés ensemble, mal arrangés,

enlaidissent beaucoup. Des cheveux mousseux, frise-
lés en harmonie avec la coupe de la figure, encadrent
bien le front, donnent de l'éclat aux yeux.

Or, il ne suffit pas qu'ils soient épais et longs pour
qu'ils soient un ornement. Il n'est même pas du tout
nécessaire qu'ils soient épais ni longs. Très peu de
cheveux courts pareront fort bien une tête, s'ils sont
bien disposés et dans les conditions voulues ; c'est
une question de goût et d'hygiène locale.

* *

Soigner ses mains est des plus nécessaire. Rien
n'est joli comme une main blanche et souple, ne fût-
elle pas de forme impeccable. Mais une main bien
faite et mal soignée dont la peau est rouge, sèche,
dure, ridée, les ongles mal coupés, ternes, est un
spectacle attristant.

Nous ne pouvons corriger la forme du cou, des
épaules et des bras, mais nous pouvons modifier la
fraîcheur et l'aspect de leur épiderme ; ils participe-
ront des soins que nous donnerons au visage et aux
mains.

* *

Quant aux lignes du corps, trop souvent gâtées par
la maigreur ou l'embonpoint exagérés, nous donnerons quelques bons conseils qui, exactement suivis,
donneront les meilleurs résultats.

Une femme intelligente et énergique est maîtresse
de *sa plastique*.

« Une femme est belle quand elle le veut », a dit Banville, et rien n'est plus vrai, nous en avons vu la preuve. Mais il faut le vouloir, être tenace et persévérante.

Une grosse femme paresseuse et surtout gourmande, qui ne voudra pas lutter contre ces deux penchants, ne maigrira jamais.

Mais si elle suit un régime approprié à son état, elle recouvrera sveltesse, beauté et grâce, au-delà de ce qu'elle peut imaginer.

*
* *

Il ne faut rien négliger ; le pied lui-même a sa physionomie, tout comme la main, et la façon dont il sera chaussé est loin d'être indifférente, non au point de vue du plus ou moins de coquetterie dépensée dans un soulier ou une bottine, mais uniquement au point de vue de sa forme, de sa coupe.

Beaucoup de nos conseils s'adressent autant aux jeunes mères qu'aux femmes elles-mêmes. La beauté de la jeune fille dépend beaucoup des soins maternels, et, si j'en crois une vieille marquise idéalement jolie à un âge invraisemblable, les soins de la beauté commencent à la minute même de la naissance.

Un brave capitaine au long cours me raconta qu'un enfant naquit à son bord pendant une traversée à la voile du Havre à Buenos-Ayres.

Un peu embarrassé dans ses fonctions de médecin improvisé — car il n'y a jamais de médecin à bord des voiliers — il ordonna que l'on fît chauffer dans un chaudron *le meilleur vin de la cambuse* et qu'on le versât dans une *bâille*. Il y baigna le nouveau-né et il se peut bien, ajoutait-il, que le petit drôle en ait quelque peu bu.

Il fut parrain de cet enfant qui devint, paraît-il, fort et robuste comme un chêne. Il est persuadé que c'est à son premier bain qu'il doit cette superbe santé.

Il m'assurait que si on frottait un nouveau-né des pieds à la tête, et, naturellement, le visage aussi, avec de l'huile d'amandes amères, sa peau et son teint resteraient toujours incomparables.

*
* *

En parlant de la beauté, nous prendrons chaque point en détail. Nous donnerons d'abord les procédés dont nous avons vérifié l'efficacité pendant une dizaine d'années, puis ceux qui nous ont été indiqués comme excellents, que nous avons suivis avec résultat satisfaisant, enfin ceux que préconisent certains vieux, vieux livres.

Nous jetterons aussi un coup d'œil sur les coquetteries orientales ou extrême-orientales ; nous serons libres d'en prendre ce que bon nous semblera, sans parti-pris de dédain, sans engouement non plus, en raisonnant sagement chaque chose.

*
* *

Pendant que nous sommes dans les généralités, parlons un peu de la toilette dans son ensemble.

Nous ne songeons pas à entrer dans les détails de la mode, ni à vous recommander tel ou tel ajustement.

Nous voyons les choses de plus haut. La toilette de chaque femme dépend naturellement de sa fortune et de sa situation sociale ; mais tout est relatif. La toilette d'intérieur est relative à celle de sortie et de visite, quant à la dépense et au luxe.

Nous croyons être dans le vrai en recommandant à la femme d'être plus coquette, de déployer plu d'élégance dans sa toilette d'intérieur qui est pour son mari, que dans le costume de sortie qui est pour les indifférents.

Nous savons bien que nous heurtons, par ces paroles, bien des habitudes prises, bien des opinions inculquées dès l'enfance par des mamans plus économes que coquettes, mais vous vous rallierez à mon avis, après avoir essayé et vu l'effet produit sur celui dont vous partagez la vie.

Il est bien entendu que nous ne parlons pas ici des toilettes de bal, de soirée, ou de grand dîner, qui comportent un luxe particulier, et encore pour celles-ci, nous dirons : Déployez-y moins de richesse ; qu'elles soient moins coûteuses que fraîches et bien faites, afin de les renouveler souvent.

Il vaut mieux que l'on dise : « Madame Une telle avait une délicieuse toilette de gaze qui lui seyait à merveille », que de dire : « Madame Une telle avait *sa* robe de velours ou de damas ; elle commence à se faner et la coupe en est surannée. »

Remplaçons en tout et pour tout le *cossu* par le *goût*, le luxe par l'élégance ; nous y gagnerons.

Notre comparaison de tout à l'heure s'établissait seulement entre la robe de ville et la robe de maison ; nous désirons voir cette dernière de beaucoup la plus élégante.

Trop souvent, pour rester chez soi, on est portée à utiliser, sans aucune modification, la robe trop fanée pour sortir, avec ses volants usés, ses draperies démodées et fripées.

Qu'arrive-t-il ? c'est que le mari, qui voit plus souvent sa femme chez lui que dans la rue, la voit toujours mise sans goût, sans soin, voire même, *sans corset*.

Nous n'ignorons pas que beaucoup de gens voudraient bannir le corset de la toilette féminine. Mais ils devraient ôter du même coup les tuteurs des jeunes arbres, et le bâton des vieillards.

Quand la jeune fille grandit, un corset souple, non serré surtout — car *à aucun âge il ne faut se serrer* — est un indispensable soutien. Si quelques paysannes s'en passent, et elles deviennent de plus en plus rares — si, malgré cela, elles poussent quelquefois bien droites, elles ne sont pas, comme nos jeunes filles des villes, astreintes à des études et à des travaux qui les penchent trop longtemps sur un pupitre ou un métier à tapisserie.

Mais d'ailleurs, regardez-les, ces paysannes, déformées et déjetées avant l'âge, elles n'ont rien qui nous
engage à les imiter, et toutes se plaignent, d'ailleurs,
de souffrir dans le dos et les côtés même en tricotant.

On objectera que les femmes grecques et romaines
ne portaient pas de corset ; c'est uniquement parce
qu'il n'était pas inventé, car de tout temps la femme
a eu besoin d'un appui pour sa taille trop souple. En
l'absence du corset elles portaient des bandelettes et
des ceintures pour soutenir la poitrine. Si on ajoute,
ce que nous avons plus d'une fois entendu, que la
Vénus de Milo ne porte aucun stigmate d'un tel engin,
il est facile de répondre que les Diane de Falguière
n'en portent pas non plus, et pourtant les modèles
portent des corsets, ce qui ne les déforme pas.

Si, en outre, pour les femmes de l'antiquité on
n'avait encore su inventer que les ceintures et bandelettes, c'est que leurs vêtements flottants ne deman-
daient au corps que des lignes générales et ininter-
rompues qui les drapaient des épaules aux pieds.

Nous dirons la même chose de l'Orientale. La
Mauresque qui disparaît dans un pantalon si ample
qu'elle peut à peine marcher, et qui se perd entièrement sous les multiples enroulements de son haïk,
n'a vraiment pas besoin de dessiner les lignes de son
corps d'une façon quelconque. Chez elle, elle vit
accroupie, ce qui exclut toute idée d'un vêtement
même ajusté. Mais aussi, voyons le résultat ? Et quel
est le mari, ennemi théoriquement du corset, qui

voudrait voir sa femme, à quarante ans, déformée et déjetée comme ces Mauresques, vieilles avant l'âge, qui ne sont plus que les servantes et le chaperon des jeunes femmes leur succédant auprès du mari commun?

Comme les lois françaises ne permettent pas à nos maris de telles compensations, voyons à leur conserver des femmes attrayantes, dont la beauté tenace défie les années.

Si la jeune fille a besoin du corset, que dirai-je de la jeune femme?

A moins d'être très malade, et à condition qu'il soit bien fait, et suffisamment large, on peut *toujours* le porter, sauf pendant les cinq derniers mois de la grossesse où il doit être sévèrement proscrit pour la santé de l'enfant et de la mère.

Mais, aussitôt bien rétablie, la jeune femme doit reprendre ce précieux vêtement qui lui soutiendra les reins et redonnera graduellement à sa taille ses proportions momentanément perdues.

Même, et surtout si elle est nourrice, elle doit le conserver. L'enfant s'en trouve très bien et le sein de la jeune mère qui allaite se déforme beaucoup moins, car, sans l'appui du corset, le poids du lait distend et fatigue la peau d'une façon exagérée.

Surtout, que le corset soit large! Que les poumons, que l'estomac, que le foie aient bien leur place; ne les comprimez pas, ils se vengeraient trop durement.

C'est la meilleure ou la pire des choses, suivant comme on s'en sert et comme on le serre.

Si on se serre trop, comme font tant de jeunes filles et de jeunes femmes, on contracte des maladies de foie qui peuvent amener la mort après de longues années de souffrances. Et c'est d'autant plus stupide, que ce que l'on gagne en prétendue sveltesse, on le perd en grâce ; les mouvements sont guindés et pénibles. On souffre pour la personne serrée, car cela se voit toujours.

Si on est trop mince, d'ailleurs, c'est laid ; il semble que la chair soit absente et qu'il n'y ait plus que la peau sur les os.

Si la femme est obèse, c'est pis encore ; une grosse femme n'est plus serrée, elle est *sanglée;* elle se congestionne, s'enlaidit, et donne l'impression d'une outre gonflée, prête à éclater; elle semble, en un mot, beaucoup plus grosse quand elle est serrée que lorsqu'elle est à l'aise dans des vêtements bien à sa mesure.

D'ailleurs le teint souffre toujours d'un corset trop serré. Donc, mesdames, par sollicitude pour votre beauté, portez *toujours* un corset, mais ne vous serrez *jamais!...*

La femme, ai-je dit, doit être plus coquette chez elle que dehors ; je le maintiens, je le conseille avec force ! C'est si facile ! Les étoffes, les rubans, les dentelles, coûtent maintenant si bon marché, qu'une femme industrieuse peut, si elle n'est pas riche, fa-

briquer elle-même, et gentiment fanfrelucher le peignoir ou la matinée seyante qui sourira au mari lorsqu'il arrivera du dehors.

La mode présente offre des ressources que l'on voudrait éterniser ; quel charmant vêtement que la
blouse, en batiste, en soie, en laine, et si peu
coûteuse, si facile à nettoyer, qu'il est aisé d'en avoir
beaucoup et de les renouveler souvent.

Lorsque le corsage varie, la toilette semble nouvelle, et, pour le mari, c'est l'essentiel, car ce léger
vêtement qui encadre le visage embellit sa femme et
amuse son regard.

Par cette peu coûteuse et si louable coquetterie, il
trouve sa compagne plus jolie, plus séduisante que
celles qu'il vient de voir dans la rue ou ailleurs ; cela
le met de bonne humeur, et tout le monde y gagne.

CHAPITRE II

L'élégance en tout.

Qu'est-ce que l'élégance ? — C'est l'harmonie et la distinction dans les formes, dans les manières, dans les attitudes, dans la démarche. Pour le point qui nous occupe, et se rapportant à la femme, c'est la grâce, la noblesse et le bon goût réunis, se complétant par le charme de l'éducation, par la délicatesse en tout, tant dans le choix des expressions, dans le langage, que dans la parure, dans l'arrangement de chaque détail, et dans une connaissance suffisante des choses d'art.

La beauté et l'élégance. — Il n'y a pas de vraie beauté sans élégance, car il n'y a pas de vraie beauté sans harmonie, mais cette harmonie peut se trouver dans le simple costume d'une paysanne, si elle a, comme certaines créatures privilégiées, outre la beauté, le sentiment inné de l'élégance.

Il n'est donc pas nécessaire d'être riche pour être

élégante, bien loin de là, et une femme aurait tort, en essayant de rejeter sur le manque de fortune des habitudes d'inélégance qui ne sont que de l'indolence et du manque de goût.

Le cossu et l'élégant. — Il ne faut pas confondre le cossu et l'élégant. Une robe faite en velours à vingt-cinq francs le mètre, peut être parfaitement grotesque et inélégante, tandis qu'avec une *fantaisie* à un franc le mètre on peut faire une robe exquise, si l'on a approprié la coupe et la façon à l'aspect du tissu et à la personne qui doit le porter.

Une faute grave contre l'élégance, c'est d'acheter, sans avoir le moyen de la renouveler fréquemment, une robe d'étoffe très riche *à pleine main*, comme disaient nos grand'mères, qui ajoutaient avec orgueil : C'est *un meuble.*

Ce *meuble*, les malheureuses qui préfèrent le cossu à l'élégant le traînent pendant des années, à toutes les occasions, et comme il ne s'améliore pas en vieillissant, mais qu'il se défraîchit et devient démodé, la plus jolie femme du monde, revêtue de ce *meuble* légendaire, est affreuse.

Que celles qui en sont affligées le décousent bien vite et l'envoient à une bonne teinturerie. Transformez, rajeunissez, rafraîchissez ces antiquailles qui ne vont pas même aux femmes âgées; pourquoi, à leur vieillesse, ajouteraient-elles le ridicule?

Si nous leur accordons de conserver la coiffure de leur jeunesse, c'est afin de conserver leur visage toujours le même ; mais pourquoi, dans leur mise, ne suivraient-elles pas la mode avec le pas modéré qui leur convient, en rejetant toutes les hardiesses, et toutes les exagérations ?.

***

Une réelle inélégance est de porter des bijoux vulgaires ; il vaut mieux n'en pas porter, car le bijou n'est qu'une ostentation, une preuve de richesse, mais *il n'embellit pas*.

Une autre faute contre l'élégance est de porter des bijoux lorsqu'ils ne sont pas *utiles et décoratifs*.

Nous appelons *utiles et décoratifs* le bracelet et le collier avec une robe décolletée et à manches courtes ou demi-courtes, car ils décorent le cou et le bras ; ou encore la broche qui ferme ou retient quelque chose.

Mais le bracelet et le collier avec une manche longue ou une robe montante sont inutiles et disgracieux.

Nous en dirons autant des bagues dont on surcharge les doigts jusqu'à ne pouvoir les remuer.

Une jolie main est plus jolie sans bague. Mais si l'on tient à ce bijou qui, ainsi que la boucle d'oreille, est un reste de la sauvagerie primitive — voyez les Indiens — il faut n'en mettre qu'une *très belle*, deux au plus. Si l'on a beaucoup de bagues *très belles*, on les met à tour de rôle, comme font les Japonais, dont les femmes, par parenthèse, ont le bon goût de ne porter aucun bijou, pour leurs objets d'art qu'ils n'exposent que momentanément et à tour de rôle aux regards.

Mettre des brillants le matin, ou en toilette peu habillée, est une ostentation de mauvais goût. On peut en excepter les *dormeuses* que certaines personnes n'ôtent jamais de leurs oreilles.

Une femme de goût n'aura pas besoin d'agent supplémentaire pour être élégante et répandre l'élégance autour d'elle ; elle paiera de sa personne dans l'arrangement de chaque chose, dans la confection de ses toilettes, dans l'ajustement de ses enfants, et tout, autour d'elle, prendra un air de luxe et de contentement.

*
* *

L'élégance est en tout :

Dans l'ameublement, qui sans être riche peut, malgré sa simplicité, charmer l'œil par son harmonie. Qu'importe le prix du lourd damas des rideaux, s'il est d'une couleur désagréable qui détonne avec le papier des murs et la teinte des meubles ?

Mais une cretonne à bon marché, d'une jolie nuance gaie, d'un dessin gracieux, qui habillera toute la chambre, charmera l'œil et reposera l'esprit.

L'élégance est dans la tenue de l'appartement. — S'il est en ordre, soigneusement nettoyé et épousseté, avec une jolie disposition du mobilier, si quelques fleurs, gracieusement disposées, arrêtent le regard, l'impression sera tout autre que si le désordre y règne, si la poussière ternit tout, si les fleurs, oubliées, pourrissent dans une eau croupie; si tout est placé sans grâce, si les bouts de bougies s'enfoncent dans les flambeaux qu'ils verdegrisent, tandis que les bobèches salies traînent au hasard faute d'une main soigneuse.

*
* *

Que chaque pièce réponde bien, par son arrangement, au service auquel vous l'avez affectée et aux besoins de ses habitants.

Si vos habitudes vous font une loi d'avoir, pour lit conjugal, un lit *de bout*, ne le placez pas contre le mur, car l'un des deux souffrira ; en cherchant bien vous trouverez moyen de le placer comme il le faut.

Si l'un des deux époux ne peut éviter d'inonder le parquet en faisant ses ablutions, ne mettez pas un tapis dans le cabinet de toilette, sinon du linoleum ou une toile cirée partielle.

Même observation pour la salle à manger, ou toute autre pièce, si les enfants ou un chien, ou tout autre animal favori doivent la salir.

Il sera plus élégant d'arranger ces pièces très simplement, mais de façon à les tenir propres, que richement avec des certitudes de détériorations prochaines.

Où l'élégance d'une femme doit triompher c'est dans l'arrangement de la cuisine et les coins mystérieux de la maison ou de l'appartement : cabinets de débarras et autres.

Nous traiterons ces questions à fond dans notre prochain livre.

Par un savant *arrimage*, comme disent les marins, on dégage le plancher ; avec un marteau et des crochets on fait des prodiges ; tout grimpe le long des murs, petits bancs de l'ouvrière, coffres et boîtes diverses, paquets d'ouvrage, sacs de chiffons mis de côté pour les nettoyages, etc.; etc.

Des tablettes en aussi grand nombre que possible recevront les objets d'un *arrimage* difficile.

Si les paravents dont vous vous serviez pour la nuit ne sont pas assez élégants pour se déplier à demi, le jour, dans une des pièces, ou si la place vous manque, faites-y fixer en haut, aux deux feuilles extérieures, un *cablé* mince formant deux anses ou deux poignées de cuivre ; une potence en sapin sera clouée dans un corridor ou un cabinet, et suspendra, plaqués contre le mur, les paravents qui vous gênent.

Plumeau, balais, pelle d'appartement, brosse, linges spéciaux pour essuyer les meubles, rien de tout cela ne doit être *posé*, sinon accroché au mur dans un endroit bien déterminé.

Une coquetterie charmante consiste à garnir le manche de quelques-uns de ces objets d'un fourreau de velours bien serré, de couleur foncée; de la sorte, le contact journalier des mains des domestiques n'y laisse pas de traces noirâtres.

*
* *

L'élégance se retrouve surtout dans la direction du personnel qui, par la façon dont il est stylé, décèle, sans que l'on puisse s'y tromper, l'éducation de la maîtresse du logis.

Dans la façon dont un cocher, un valet de chambre ou une simple bonne parleront à la maîtresse de la maison, on devinera immédiatement si elle est grande dame, parvenue ou cocotte.

Il ne faut que voir apporter une lettre, ou servir à table, pour appuyer son jugement, car rien n'est difficile comme de former de bons domestiques; il faut soi-même savoir beaucoup de choses, et surtout savoir réfléchir et observer.

On trouve d'abord bien rarement de bonnes natures, auxquelles on puisse s'intéresser assez pour les dresser; ensuite, et surtout, il ne faut pas croire que tous les maîtres sachent se faire servir ni enseigner les divers détails de l'étiquette domestique.

Un des points les plus négligés est le service de table dans l'intimité. Dans la bourgeoisie moyenne on ne le trouve pas correct une fois sur dix.

L'élégance dans le façon de recevoir est des plus

complexes, car elle comporte le choix des convives, leur groupement, l'art de présider un repas, de servir le thé, le café, de se lever, de s'asseoir, de saluer, de présenter ses hôtes les uns aux autres, etc.

*
* *

L'élégance est dans tous les détails de la vie extérieure et c'est la plus difficile à acquérir à cause de la timidité qui paralyse presque toutes les jeunes femmes, timidité qui ne sied bien qu'aux jeunes filles — à condition encore de ne pas être exagérée.

Pour entrer dans un salon où l'on ne connaît que peu de monde, saluer avec distinction la maîtresse de céans, et s'asseoir en drapant tout naturellement sa robe avec grâce, il faut une grande aisance, une impeccable sûreté dans les mouvements. Trop souvent on voit des femmes entrer gauchement, saluer gauchement, et se jeter n'importe comment sur n'importe quel siège pour se dérober aux regards ; puis elles restent là sans oser bouger même pour arranger leur traîne, disgracieusement enroulée, s'imaginant qu'au moindre geste on va les prendre pour point de mire.

Pour conquérir de l'aisance, que la femme se pénètre de ceci : Si elle est bien habillée, si elle est naturelle dans ses attitudes, elle peut affronter les regards. Qu'elle se dise qu'elle vaut toutes celles qui la contemplent avec plus ou moins de bienveillance; d'ailleurs n'examinera-t-elle pas à son tour les personnes qui entrent?

Manière de se mettre au piano. — L'élégance vraie consiste encore dans une grâce naturelle et simple lorsqu'on se place au piano pour exécuter ou accompaguer. Pas d'affétèrie, pas d'affectation qui préviendrait contre vous et provoquerait les moqueries. Otez vos gants assez vite, sans précipitation, mais surtout sans cette lenteur calculée qui a pour but d'attirer, de concentrer l'attention.

Lorsque les gants sont ôtés et posés sur le piano, un rapide froissement des mains l'une dans l'autre doit suffire pour leur enlever l'impression du gant, si vous savez vous ganter intelligemment.

Mais si un gant trop serré vous oblige à tirer longuement vos mains et vos doigts, vous devenez ridicule, car, ou vous avez le talent nécessaire pour jouer du piano dans le monde où vous vous trouvez, et vos doigts doivent être toujours prêts ; ou votre talent est insuffisant, et il est préférable que vous ne vous mettiez pas au piano.

Dans tous les cas il ne faut pas oublier que l'indulgence est acquise aux personnes simples et naturelles, tandis qu'une personne prétentieuse, qui se balance et se contorsionne sous prétexte d'inspiration, est exposée, malgré le talent le plus brillant, à une critique souvent acerbe.

*
* *

Manière de dire ou de chanter dans un salon. — Nous en dirons autant aux personnes qui veulent ou doivent dire ou chanter dans un salon. Il faut y prendre garde, c'est un dangereux écueil ! C'est bien plus difficile que de jouer la comédie on de chanter au théâtre, où l'on est porté par le sujet, soutenu par les camarades, où l'on a le jeu, l'isolement, l'identification complète.

Le ridicule et le sublime se coudoient, dit-on ; c'est dans ce cas surtout que l'on peut appliquer cette observation.

Essayons de préciser afin, tout en montrant le péril, de donner le moyen de le conjurer.

Il est bien entendu que la première condition est d'avoir du talent, non celui que vous reconnaissent votre professeur et vos amis, mais un talent réel, soumis à la critique sincère de vrais connaisseurs désintéressés.

Sur ce point écoutez plutôt ceux qui vous critiquent que ceux qui vous encensent, suivant le précepte de Boileau.

Lorsqu'il est avéré que vous avez vraiment du talent, retenez bien ces deux observations : 1º On ne déclame pas, ou ne chante pas dans un salon comme dans un théâtre sous peine d'exagération, car il faut toujours tenir compte du milieu où l'on évolue (ceci concerne les artistes de profession).

2º On doit déclamer ou chanter *suivant sa position sociale*. Développons cet aphorisme : une jeune

3

fille, une femme, appartenant au théâtre ou s'y desti-
nant, pourront être *plus en dehors* — c'est-à-dire
pourront mettre dans leur débit, dans leur chant
plus de feu, plus de passion, pourront davantage *se
livrer*, faire plus de gestes qu'une femme du monde,
sans pourtant forcer la note et vouloir jouer comme
au théâtre.

Il ne faut pas oublier que dans un salon l'artiste
est très près de l'auditeur, que l'on n'a ni costume
ni décor, partant pas d'illusion, il faut donc abandonner *le jeu* et appuyer sur la *diction*, talent qui
devient *de plus en plus rare*.

Une *jeune fille* du monde ne dira pas comme une
femme du monde ; elle mettra dans son débit plus de
modestie, plus de retenue ; on sera très prudent dans
le choix des morceaux à lui faire apprendre, car
pour bien dire on doit *savoir* ce qu'on dit. Ne lui
donnez donc pas à réciter des scènes de passion ; elle
serait censée la connaître si elle dit ou chante bien, et
il y a des risques pour qu'elle dise faux, même en
étant bien stylée. Si elle les dit trop bien, c'est pis.

Il nous revient à l'esprit un moment pénible du dernier hiver. Dans un salon on nous fit entendre un
enfant prodige, un gamin de treize à quatorze ans,
qui *récitait merveilleusement* des *scènes très vécues*.
C'était navrant : ce petit disait trop bien pour qu'on
pût l'appeler serinette, et on se demandait à quel
âge il était né pour savoir déjà tant de choses. C'était
dérisoire et douloureux.

La femme peut avoir plus de désinvolture que la jeune fille, sans se départir complètement de la réserve que nous recommandons comme une sorte de pudeur.

Cela n'exclut pas la chaleur, la diction parfaite, le sentiment, voire même les sous-entendus. Le sentiment sera d'autant plus intense qu'il apparaîtra plus refoulé, plus intérieur.

*
* *

C'est surtout le timbre de voix qui dénotera la passion, sans éclat bruyant, sans grands mouvements. Si c'est un sujet tragique, il sera dit en voix de poitrine, profonde, bien placée, et généralement basse — on se fait mieux écouter et cela permet les gradations savantes, les crescendo saisissants avec oppositions brusques. Les larmes dans la voix sont bien plus émouvantes lorsqu'on parle bas.

Il faut soigner son attitude ; autant que possible tourner le dos à un meuble élevé ou à un mur, où l'on puisse, *au besoin*, s'appuyer, mais qui, dans tous les cas, serve de cadre et arrête le regard de l'auditeur.

Il faut gagner cette place sans hâte ni lenteur — simplement toujours, et, dès qu'on y est, ne plus distribuer de regards ou de sourires à ses amis. A partir de cet instant on doit complètement s'isoler.

Qu'au début l'on appuie sa main sur un siège ou un meuble à sa portée, ou que l'on croise légèrement les doigts en laissant tomber ses bras, il faut toujours que l'attitude soit naturelle.

On dit le titre de la pièce et le nom de l'auteur. Ne pas dire ce nom laisse supposer que c'est l'auteur lui-même qui récite son œuvre.

Pas de gestes au commencement, à moins qu'il ne s'impose et alors qu'il soit sobre et très juste ! pas de va-et-vient monotone des mains qui dénote un embarras très voisin de la gaucherie, pas de précipitation, pas de sourire ou de froncement de sourcils stéréotypés ; que la tête n'ait pas de mouvements involontaires. Le naturel ! le naturel !

A mesure que l'on avance l'attitude peut se modifier, l'émotion se trahira par le regard, la chaleur du débit ; quelques gestes *bien justes* pourront alors se faire, *pas au hasard*, le geste devant se rapporter à une action.

Ce qui est plus difficile que le geste, c'est la résolution de ce geste. Lever le bras pour montrer ou pour maudire est facile, le sujet le porte ; mais ramener ce bras à la position primitive l'est moins.

Si on le laisse tomber c'est gauche et laid, si on le laisse trop longtemps suspendu c'est absurde, on a l'air de l'avoir oublié.

Tout cela doit avoir été étudié, prévu, arrêté pour ne pas être faux.

Si l'acteur doit jouer bien par respect pour le public, la femme du monde, récitant ou chantant dans un salon, doit être parfaite par respect pour elle-même. Si elle n'est pas parfaite, qu'elle garde ses talents pour son intimité, où son but, facilement atteint, sera seulement de distraire les siens, moins exigeants qu'un public d'élégants désœuvrés, prompts à railler ce qui ne s'impose pas.

Les pièces gaies sont beaucoup moins difficiles à composer ; on peut fort bien, pour ce genre-là, profiter de la plupart des observations ci-dessus.

Le chant laisse un peu plus de liberté d'expansion à la cantatrice mondaine, d'abord parce qu'on s'y abstient complètement du geste, et que le rendu de la musique est bien plus arrêté, bien plus définitif que la déclamation, où l'on met beaucoup de soi-même.

Mais il y a d'autres écueils à éviter : les grimaces qui défigurent le visage, le balancement rythmique de tout le corps, qu'affectent un très grand nombre de chanteuses, et qui permettrait de supposer qu'elles chantent sur un navire en luttant contre le roulis.

Une femme vraiment élégante choisira avec soin des morceaux bien dans sa voix sans tours de force, sans notes atteignant *son maximum*, trop souvent sous forme de cri.

Elle s'attachera à chanter avec aisance, ne cachera pas sa figure avec le morceau de musique qu'elle ne tient à la main que pour la forme, ne battra pas la mesure par le balancement de ce papier ni avec son pied de façon ostensible. Elle s'attachera à ne pas laisser la moindre prise à la moquerie toujours en

3.

éveil plutôt qu'à s'attirer des compliments trop souvent superficiels.

Qu'elle laisse de côté l'allégation trop usée du rhume ; qu'elle ne se fasse pas trop prier, surtout si elle doit céder, car rien n'est vulgaire comme la pose.

Façon de parler. — Timbre de voix. — Zozottement. — Locutions fausses. — Ce qui est également disgracieux, ou qui, certainement, fait perdre toute élégance à une femme, c'est le *zozottement,* c'est encore la voix nasillarde ou trop aiguë, c'est aussi l'emploi de mots, de locutions triviales ou impropres.

Pour n'en citer que deux ou trois, il est impossible de ne pas s'étonner lorsqu'une femme distinguée dit à quelqu'un : Venez donc me *causer* au lieu de *parler,* ou : J'ai vu une telle ; elle m'a *causé* longtemps.

Ce faux emploi du mot *causer* n'est pas très ancien, mais il gagne très rapidement tout le monde comme une lèpre, faisant beaucoup souffrir ceux, déjà rares, qui le remarquent ; nous l'avons même vu souvent imprimé.

La locution *de suite* au lieu de *tout de suite* est aussi défectueuse que l'autre et plus répandue encore, puisque nos bons écrivains mêmes n'y échappent pas et qu'elle s'étale dans les romans et dans les grands journaux.

Mais une femme élégante doit être plus puriste que les écrivains eux-mêmes, et cela sans affectation.

Dans l'emploi atténué des subjonctifs, dans la périphrase adroite qui évitera un imparfait disgracieux, il faut que l'on sente la femme en pleine possession de la forme pure de la langue française.

Il y a encore bien d'autres locutions aussi défectueuses, mais nous ne faisons pas une grammaire et n'avons d'autre but que de signaler un écueil.

La voix nasillarde ou trop aiguë étant une mauvaise habitude, rien n'est facile comme de s'en corriger en le voulant bien. Il n'y a pas de femme distinguée avec une voix semblable, qui détruit toutes les harmonies.

Le zozottement est plus grave, car il date généralement de l'enfance ; on trouve cela joli chez le bébé, on ne l'en corrige pas ; souvent même il l'a pris avec le parler absurde que certaines mères ont pour leurs enfants ; quelquefois aussi cela tient à une légère défectuosité à laquelle il est facile de remédier si on le veut bien.

Mais on peut sinon le faire entièrement disparaître, du moins l'atténuer beaucoup par l'observation de soi-même et par des exercices de diction avec *un bon professeur*.

Ce qui est joli à cinq ans l'est moins à douze, ne l'est déjà plus à dix-huit et devient ridicule à trente.

Il faut s'habituer à parler clairement, nettement, en articulant bien, et d'un ton qui n'oblige pas l'interlocuteur à vous faire répéter, mais qui ne s'impose pas à votre entourage. Rien ne donne de l'autorité morale comme une élocution très pure et une articulation nette.

L'élégance dans le choix d'un instrument de musique. — L'élégance et le bon goût sont en dehors de la question artistique, qui est, elle-même, trop rarement en cause dans le choix d'une étude musicale pour une jeune fille.

Il est bien entendu que le piano s'apprend toujours, comme base d'autres études, mais on aime que les jeunes personnes travaillent un instrument qui soit plus personnel.

Il faut en cela regarder un peu la plastique.

Si la jeune fille est laide, disgracieuse, boulotte, laissez-la au piano, où on est moins en vue et où tout passe.

Si elle est élégante, jolie, svelte, n'hésitez pas entre le violon et la harpe. A moins d'une vocation irrésistible, choisissez la harpe, instrument de suprême élégance, qui met en lumière toutes les beautés, toutes les grâces de la femme. Quoi de plus joli que le chant avec accompagnement de harpe !

Tout salon vraiment élégant devrait posséder une harpe, car vraiment il ne sied pas à une femme du monde de faire emporter la sienne comme un artiste de profession.

Il y a d'ailleurs, dans ce seul fait, quelque chose d'embarrassant, une sorte de promesse d'une exécution parfaite, autrement pourquoi tant de dérangement ! Mais si la harpe est dans le salon, c'est plus naturel, moins prétentieux, le public est plus indulgent et l'artiste plus à l'aise.

La mode ramenant les robes empire, pourquoi ne ramènerait-elle pas partout la harpe, si *décorative* quand même elle n'aurait pas d'autre utilité ?

Le violon est disgracieux pour une femme, et il est si difficile d'en jouer bien... je ne dis pas d'en jouer brillamment, mais d'en jouer avec âme ou simplement d'une manière captivante.

Et puis, quitte à nous faire honnir, nous aurons le courage de dire que nous n'aimons vraiment le violon que dans l'orchestre. Plusieurs violons nous enchantent, un seul nous agace souvent. Il est rare qu'un morceau de violon ne nous semble pas trop long, tandis que les symphonies nous semblent toujours trop courtes. On en peut dire autant du violoncelle.

Et que de gens sont de cet avis qui n'en conviendront pour rien au monde, tout haut, mais qui souriront avec indulgence en lisant ces lignes.

La harpe intéresse davantage, et les compositions pour la harpe sont généralement courtes.

On a d'ailleurs en tout : chant, déclamation, exécution instrumentale quelconque, beaucoup plus de succès avec les choses courtes qu'avec les morceaux longs, fussent-ils admirables et parfaitement exécutés.

L'orgue est un instrument qui, en dehors de l'église, convient mieux à l'intimité et à la rêverie qu'à l'exécution dans le monde ou dans un concert.

Il ne convient guère qu'à la femme ayant passé la

trentaine, et ne laissera une bonne impression qu'avec un morceau court et si l'on n'en joue qu'une seule fois dans la soirée.

L'élégance dans la façon de marcher. — Dans un salon, dans une exposition, dans un jardin, à la promenade, la démarche doit être lente et rythmique. Le pas doit être de longueur appropriée à la taille. Une grande femme faisant de petits pas est aussi ridicule qu'une petite femme faisant de grands pas.

Il faut éviter les glissements onduleux de couleuvre qu'affectent certaines femmes, même très comme il faut, et qui leur donnent une allure équivoque e t provocante.

Dehors, en course, le pas doit être plus rapide et plus relevé, sans précipitation. Une élégante doit toujours avoir le *temps*; car si elle est pressée, elle va en voiture.

Surtout pas de ces dandinements qui font croire à une désarticulation anormale.

L'élégante se tient bien droite, les épaules effacées, les coudes au corps — même si elle relève sa robe — et un peu en arrière, la poitrine se développant d'autant mieux. Elle avance comme si elle effleurait le sol, c'est-à-dire sans tourner ses épaules et ses hanches à chaque pas.

Si elle donne le bras, elle marchera du même pas que son cavalier à qui elle imposera naturellement son allure, et elle n'avancera pas le pied gauche lorsqu'il avancera le pied droit ; deux personnes doi-

vent renoncer à se donner le bras lorsqu'elles ne peuvent *aller au pas* comme deux militaires.

Dire ici qu'un homme, dans un tramway, doit céder
sa place à une femme et rester debout, que, dans la rue,
il doit lui céder le haut du trottoir, semblera un non-
sens, tant c'est naturel ; pourtant cela ne se fait en
France que par exception ; les Français laisseront
très bien une femme descendre du trottoir plutôt que
de lui céder le pas, et restent tranquillement assis
tandis qu'une femme — surtout si elle est âgée et commune — restera debout sur le marchepied.

Ce trait de mœurs nous choqua beaucoup à notre
retour de l'Amérique du Sud où le contraire est de
règle *absolue*. Dans un tramway, un homme ne saurait rester assis, si une femme est debout, que s'il
est malade ou estropié. Le conducteur aurait même
le droit de le faire lever si c'était nécessaire.

C'est d'autant plus remarquable que, là-bas, les
tramways ne sont jamais *complets ;* il y monte du
monde tant qu'un pied peut s'y poser, même sur les
marches, et, fort souvent, des gens sont debout
entre les banquettes, tant qu'il en peut tenir.

L'élégance dans la manière de danser. — C'est
dans la danse qu'une femme vraiment élégante sait
triompher par son attitude gracieuse, sans abandon
et sans raideur, avec des gestes arrondis et souples,
un ondulement réservé et chaste de tout le corps. Elle
ne s'approche pas trop de son cavalier mais ne s'en
écarte pas non plus, car il ne pourrait la soutenir.

Elle ne permettra pas que ce cavalier lui tienne le bras tendu en avant, ou replié sur sa hanche ou sur son épaule — en ce temps de laisser-aller il faut tout prévoir — mais elle le ramène au point précis qu'elle connaît toujours.

Si le rapprochement avec ce danseur lui déplaît pour une raison physique quelconque ou s'il danse mal, elle se prétendra fatiguée et prendra son bras pour se promener dans les salons jusqu'à la fin de la danse, ou demandera à regagner sa place.

Que l'on danse par telle ou telle méthode, peu importe la façon de faire les pas, et ce n'est pas notre but de les enseigner ; M. Paul, l'excellent professeur, le fera mieux que nous.

Ce ne sont que quelques conseils d'élégance que nous désirons donner ici, pour indiquer une évolution de la mode.

Il faut qu'une femme soit gracieuse lorsqu'elle danse, sinon pourquoi se donnerait-elle en spectacle? Mais cela ne veut pas dire qu'elle doit négliger les sentiments de réserve chaste qui sont un ornement pour elle.

Il y a quelques années, les deux danseurs se tenaient en face l'un de l'autre, l'épaule gauche de la dame touchant l'épaule droite de son cavalier, sur laquelle elle appuyait son bras. Les deux autres épaules s'éloignaient un peu en forme de V et l'on dansait ainsi, visage contre visage, les yeux dans les yeux, les souffles s'entrecroisant.

De plus, par le mouvement du bras gauche, l'encolure de la robe décolletée baillait, laissant le regard indiscret plonger dans le corsage, tandis que le dessous du bras devenait trop visible.

Les mamans s'alarmèrent de ces trop étroits enlacements et la mode vint à leur appel. Il y eut un déplacement des deux danseurs ; la dame se tourna un peu plus vers son cavalier, mais en ne restant pas tout à fait en face de lui, et son regard passa par-dessus l'épaule du danseur, dont elle ne reçut plus l'haleine en plein visage.

Mais le bras ne changeant pas de position, le corsage continua à se rendre complice de curiosités malséantes.

Nouvelle angoisse des mamans, nouvelle complaisance de la mode.

Maintenant les deux danseurs se font encore moins face que précédemment. Le bras de la dame ne s'appuie plus sur l'épaule du monsieur, mais sur son bras si elle n'a pas de robe à traîne. Dans ce dernier cas, elle relève sa robe de la main gauche, et presse, avec son coude, le bras du cavalier, se maintenant ainsi en harmonie de mouvement avec lui, tout en conservant l'aplomb des épaules et l'intégrité discrète du corsage.

La femme est ainsi plus élégante, moins abandonnée, et la traîne de sa robe ne l'encombre plus.

Il faut bien apprendre à relever cette traîne ; parfois on s'y prend mal, et la jupe, trop tirée de côté, dessine le corps d'une façon disgracieuse.

Il faut se baisser un peu, et l'empoigner d'un coup, *sous les genoux*. Ainsi on ne prend que le surplus de la robe dont le devant tombe bien.

Le cotillon. — Lorsqu'un homme conduit le cotillon, il doit s'attacher à mettre en lumière la danseuse qui veut bien le seconder dans cette tâche. Si l'on n'est pas sûr de soi, il vaut mieux laisser cet honneur à d'autres.

Il ne faut pas oublier que le cotillon n'est pas, comme nous l'avons vu faire, une absurde distribution de bibelots plus ou moins coûteux, plus ou moins ingénieux, mais que c'est une succession de figures ayant un sens, et devant être exécutées chacune distinctement.

Beaucoup de jeunes gens assument la responsabilité d'un cotillon, sans réussir à autre chose qu'à produire du bruit et du désordre, et sans amuser la compagnie.

N'oublions pas qu'il faut une entente préalable avec le chef d'orchestre, et qu'il faut savoir, d'un signe, rester en rapport avec lui.

Dans notre prochain livre, nous examinerons la danse plus en détail en nous inspirant, comme nous l'avons fait déjà, des conseils désintéressés d'un bon professeur.

L'élégance dans la façon de servir thé, maté et café au salon. — Une femme, une jeune fille peuvent mettre beaucoup d'élégance dans la façon de servir le thé ou le café au five o' clock ou après le dîner ; tenant d'une main la tasse, de l'autre le sucre, elle s'approchera d'un air aimable de chaque convive, puis elle passera un petit plateau avec des petits verres remplis de diverses liqueurs.

Elle veillera pour reprendre à temps les tasses ou les verres vides, et elle peut, dans ce petit manège, déployer toute sa grâce harmonieuse.

Pour servir le thé à la russe, c'est un peu plus compliqué.

Elle sera assise devant la table où sera posé le samovar bouillant. La théière est posée dessus, contenant un thé extrêmement fort ; les verres ou les tasses sont rangés sur le plateau.

Le thé se conserve plus agréablement chaud dans les verres ; c'est appréciable surtout lorsqu'on boit du thé en mangeant.

Sous le robinet du samovar est le grand bol de cuivre ou de porcelaine japonaise, auprès est une serviette brodée. On verse un peu de thé dans les verres, on y ajoute l'eau bouillante nécessaire, ; pour le mettre au degré de force voulu et au goût de chaque personne ; on y ajoute le citron ou le lait au gré de chacun.

(Le thé au lait est meilleur à l'estomac que le thé au citron, surtout si on en boit beaucoup.)

Si on veut un autre verre ou une autre tasse de thé, on versera un peu d'eau du samovar dans le verre ou la tasse, on la rejettera dans le bol, on

essuiera l'objet avec la serviette brodée et y res-
servira du thé.

Cette façon, pour une dame, de faire ainsi le ménage
au salon rappelle la mode japonaise du *tcha-no-you*
(cérémonie du thé) où l'amphitryon lave lui-même
devant ses hôtes et essuie chaque pièce devant servir
à la confection et à l'absorption de ce thé sans pareil
qu'ils conservent précieusement pour eux seuls [1].

*
* *

Le *mate* (prononcez : maté) peut être fait au salon,
par la jeune fille ; mais si la femme de chambre le prépare au dehors, c'est la dame ou la jeune fille qui le
prendra de ses mains pour le présenter au convive ;
il est bon, en France, d'avoir plusieurs mates et plusieurs bombillas, bien qu'en Amérique il n'y en ait
jamais qu'un seul (voir à la fin du volume).

Monter en voiture et en descendre. — Il y a une
élégance particulière à la grande dame qui fait que,
si même un jour elle prend un fiacre, on reconnaît
immédiatement qu'elle est habituée à monter dans
sa propre voiture.

Elle ne gagnera pas son équipage avec un air éva-
poré ou trop rapidement ; elle s'avance d'un pas
calme, soutenant sa traîne d'une seule main.

Si elle monte dans sa voiture, le valet de pied
relèvera la traîne de sa robe et la placera auprès
d'elle avant de fermer la portière.

[1] *Le Japon pratique.* — Hetzel, éditeur.

Lorsqu'elle descend de voiture dans la rue, comme la traîne, naturellement, s'est ramassée derrière elle, elle se retourne légèrement à droite, dès qu'elle a le pied à terre, et, d'un seul paquet, la saisit sans qu'elle effleure le trottoir. Une robe est toujours bien relevée ainsi, car on ne risque pas de relever en même temps le jupon, ce qui serait maladroit et disgracieux.

S'il fait beau, son valet de pied la précède

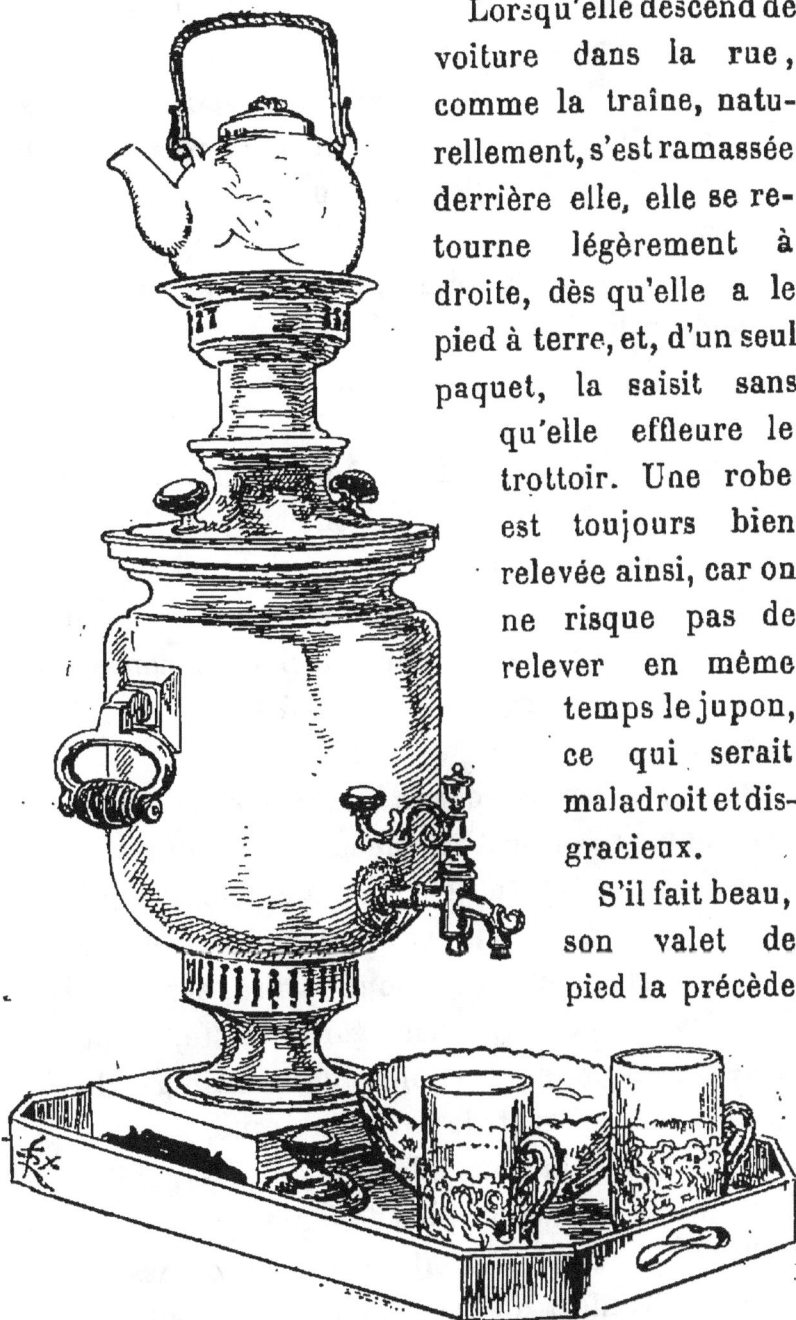

Fig. 1. — Le plateau du samovar.

4.

pour aller sonner ; s'il pleut, il l'accompagne en l'abritant sous un parapluie.

Lorsque la voiture a pénétré sous la porte cochère, la dame n'a pas à se préoccuper de sa robe ; c'est le valet de pied qui veillera à ce qu'elle ne s'accroche pas au marchepied.

Une dame dans sa voiture, conduite par son cocher, salue de la tête.

Quand la mère et la fille sont ensemble, la mère seule salue.

L'élégance dans la façon de conduire. — Une dame qui veut conduire doit choisir pour le bois ou la campagne : Un duc, à un ou deux chevaux, un phaéton de dame ou poney-chaise, ou un cart à deux roues, mais ce dernier modèle a l'inconvénient de forcer le cocher ou le groom d'être à côté de la personne qui conduit.

Pour monter en voiture lorsqu'elle va conduire, une femme se présente à gauche de la voiture.

Le domestique tient le cheval à la tête. Il a enroulé les guides au mantelet, par une demi-rosette, de façon à ce qu'il suffise de les tirer pour défaire l'enroulement.

La dame, s'appuyant au garde-crotte, monte du pied gauche, prend les guides de la main gauche, en X, et saisira le fouet de la main droite, s'il y a lieu.

En cas d'embarras, elle prendra les guides des deux mains pour avoir plus de force.

Elle se tiendra très droite, sans raideur, les coudes au corps. L'effort du bas du buste sera confirmé par l'appui du pied droit, en avant, sur la coquille.

Dans une voiture à deux roues, les deux pieds doivent être appuyés en avant ; cela donne plus de

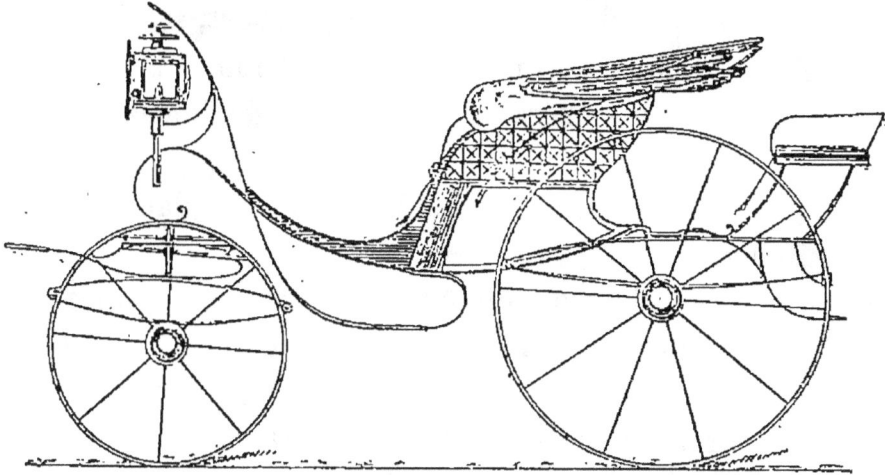

Fig. 2. — Duc de dame forme carrick.

sécurité en cas de chute du cheval, qui doit toujours être bien soutenu.

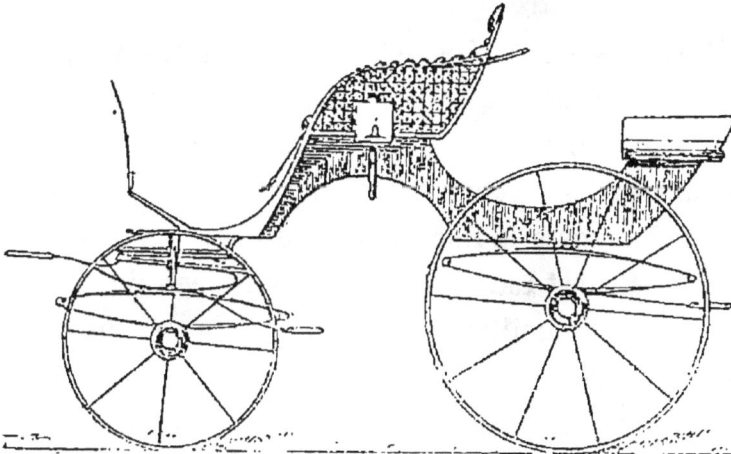

Fig. 3. — Poney-chaise (voiture de dame.)

La femme qui conduit ou qui est à cheval ne doit pas avoir une seconde de distraction et doit sans cesse s'occuper de l'animal dont les oreilles ont un langage fort clair. Elle n'est pas astreinte au port du fouet, tandis que le cocher ne doit pas le quitter.

La femme qui conduit saluera du fouet, si elle le tient, en l'inclinant un peu vers la personne; si elle ne le tient pas, elle saluera de la main comme l'amazone (page 46).

Pour descendre, elle remet les guides en place, au mantelet.

Les guides doivent toujours être débouclées, mais ne jamais sortir en dehors de la voiture.

*
* *

Un cocher ne quittant pas son fouet, lorsqu'il est sur son siège, recevra ses ordres sans toucher à son chapeau ; descendu du siège, il devra, comme le valet de pied, soulever ou toucher son chapeau tandis que ses maîtres lui parlent.

L'élégance dans l'équitation. — Ce n'est pas un cours d'équitation que nous voulons faire ici, mais seulement parler des détails d'élégance qui sont forcément négligés dans l'enseignement.

Nous devons à la bonne grâce de l'éminent professeur, M. Ernest Lalanne, les conseils techniques que nous avons recueillis de sa bouche pour en faire part à nos lectrices, ne pouvant mieux faire que de puiser à une source aussi autorisée.

Une femme trop grosse devra renoncer à monter à cheval, car le costume, en accusant les formes, la montre sous un jour ridicule.

Si elle est passionnée d'équitation, elle devra suivre d'abord un régime sévère pour maigrir ; l'équitation reprise lorsque l'amincissement sera presque suffisant y aidera puissamment, si on a soin de ne se mettre à table qu'une heure au moins après être descendue de cheval, et si l'on modère son appétit.

On peut, pour faciliter cette règle un peu dure, prendre un *maté* (voir ce chapitre à la fin du volume) en descendant de cheval. Ce breuvage calmera l'appétit sans donner de la graisse.

Une femme trop maigre devra au contraire monter à cheval à une heure telle que la fin de la promenade coïncide avec l'heure du repas, ce qui favorise l'embonpoint, témoins les officiers de cavalerie qui ont passé la quarantaine.

*
* *

Lorsqu'une femme est vêtue pour monter à cheval, (voir l'*amazone*), elle doit relever sa robe par la *grande poche* faite pour le genou, et qu'elle serre contre elle avec son bras droit un peu tombant. Ainsi sa jupe est presque ronde et ne découvre que la cheville. De la main droite elle tient sa cravache très près de la poignée, qui dépassera, en haut, d'environ vingt à vingt-cinq centimètres, de façon à ne pas effleurer le cheval en montant. La pointe est dirigée en bas et en arrière.

C'est dans cette attitude qu'elle vient près de son cheval, et à sa gauche, ou qu'elle attend qu'on le lui amène.

Un point de véritable *élégance pratique*, pour monter à cheval, est la coiffure qui doit être nattée et d'une absolue solidité. Rien n'impatiente le cavalier qui accompagne une dame, comme les soins à apporter à une coiffure mal échafaudée.

*
* *

Il est bien certain que l'homme qui se présente pour mettre une femme en selle doit en avoir l'habitude et, si elle n'est plus très jeune et très leste et qu'elle soit un peu lourde, il doit avoir la robustesse nécessaire pour l'enlever avec élégance.

La femme en prenant son élan doit conserver toute sa grâce; elle doit donc bien concerter son mouvement avec l'homme qui la met en selle; si elle part à faux sans prévenir, les deux efforts se neutralisent; il résulte un mouvement d'une gaucherie déplorable, et il faut recommencer ayant déjà perdu des forces.

On ne doit pas compter, ce qui manque d'élégance, mais, d'une légère pression du pied, la femme indique qu'elle est prête. C'est *toujours la faute de l'homme* si le mouvement se fait mal.

Cette charge incombe à l'écuyer, au piqueur ou au valet de pied.

Pour saluer, l'amazone passe sa cravache dans la main gauche et salue de la main droite, légèrement agitée, et dressée devant le visage, le dos en dehors.

Si l'amazone rencontre un vieillard ou une personne à qui elle veut marquer du respect, elle incline la tête et le buste.

Pour descendre de cheval, elle dégage le pied gauche de l'étrier et la jambe droite de la fourche en s'assurant que la jupe n'y reste pas attachée, puis elle se laisse glisser de façon à poser les deux pieds à terre.

La poignée de main. — Une femme élégante n'abusera pas de la poignée de main, qui doit avoir un sens pour n'être pas banale. Ce sera toujours chez elle, si elle tend sa main la première, une expression de sympathie.

La façon dont une main est donnée ou pressée décèle un peu le caractère.

Ne faire qu'effleurer la main ou ne donner que deux doigts est une impolitesse ou une ignorance complète des usages ; on pourrait y voir du dédain, mais alors ce dédain naîtrait de la sottise et de l'infatuation.

Broyer la main ou secouer le bras à l'anglaise, est disgracieux autant que brutal.

Il arrive parfois qu'au moment de la poignée de mains, entre gens un peu familiers ou en rapport de travaux ou d'affaires, la conversation reprenne et que la personne qui parle garde, dans la sienne, la main de son interlocuteur.

C'est à celui-ci à se dégager doucement, sans affectation et sans se formaliser, si cela n'est causé que par la distraction.

Une pression de main trop prolongée a un sens qui est du domaine du sentiment, et dont seuls les intéressés peuvent juger l'à-propos.

A une première visite on ne serre pas la main dès le début. Mais à une présentation devant amener des relations ultérieures on tend la main comme marque de cordiale bienvenue ; cela pourrait, en ce cas, accompagner ou remplacer la locution espagnole : lorsqu'une personne présente deux de ses amis l'un à l'autre, celui qui est chez lui dit :

— *La casa es de usted !* la maison est vôtre !

Il y a une nuance délicate entre la poignée de main courante de simple politesse, et la poignée de main qui traduit un mouvement spontané de sympathie. Les gens bien élevés ne s'y trompent pas.

Il y a la poignée de main charitable qui console un inférieur ou un égal ; la poignée de main qui encourage et conseille l'énergie ; la poignée de main triste, gaie, découragée, vaillante — car la poignée de main est la traduction visible d'un élan du cœur.

C'est la femme qui, la première, tend la main à un homme de même âge environ, de même que c'est le supérieur qui tend la main à un inférieur appartenant à son monde. Entre gens du même sexe, c'est toujours la personne sensiblement la plus âgée qui tend la main la première.

Le salut masculin. — Si quelqu'un ayant autorité dans le monde pouvait modifier le ridicule salut masculin, ce quelqu'un ferait œuvre pie.

Sans désirer voir revenir les grands saluts d'autrefois, sans aspirer aux génuflexions de l'Extrême-

Orient, nous souhaiterions un peu plus de souplesse gracieuse dans les saluts en général.

La femme peut, sans crainte, prendre l'initiative de cette réforme pour ce qui la concerne, elle ne perdra rien — au contraire — à une inflexion gracieuse du buste, à un joli mouvement de tête.

C'est la grâce que mettait l'impératrice Eugénie à saluer le peuple qui lui a valu sa popularité. Si elle eût salué d'un mouvement de tête automatique, elle eût été prise en horreur dès son avènement.

Manière d'écrire. — L'élégance se retrouve dans la façon d'écrire. Pas de grandes majuscules disproportionnées avec l'écriture, pas de déliés s'enchevêtrant les uns dans les autres et qui vous feront prendre, par les graphologues, pour une personne évaporée et brouillonne ou — ce qui est pis encore — sottement prétentieuse.

Si vous ne pouvez écrire très droit choisissez du papier réglé, car tout sert d'indice.

C'est une science qui se répand beaucoup — surveillez votre plume et votre paraphe qui est toujours très bavard.

Une lettre d'affaires se date en tête, toute autre lettre se date après la signature et l'adresse, que la politesse vous fera mettre *chaque fois*, pour éviter les recherches à votre correspondant.

Cette adresse peut être gravée en tête.

N'ayez pas de chiffre encombrant.

Si vous n'avez pas une devise de famille n'en prenez une qu'à condition d'y faire honneur ; qu'elle soit concise et simple.

Nous n'entrerons dans le détail d'aucune formule d'en-tête ou de salutations, cela sort de notre cadre ; on les trouvera, fort bien exprimées, dans les règles du savoir-vivre de madame de Bassanville ou de la baronne Staffe, nous ne dirons plus qu'un mot de la signature. Une femme signera toujours de son nom précédé d'une initiale ; pourtant en écrivant à ses très proches elle peut signer de son prénom seul.

A quoi bon dire aux gens nobles ou titrés comment ils doivent signer ? Ils le savent pour ainsi dire en naissant.

L'adresse est maladroitement écrite par beaucoup de gens, même instruits.

On écrit la première ligne à *mi-hauteur* de l'enveloppe ; les lignes expliquant les détails de l'adresse se rapprocheront de cette première ligne, de façon à laisser un espace plus grand entre la dernière ligne et le nom de la ville et du département que l'on ne doit pas mettre au-dessous l'un de l'autre ; comme dans l'exemple ci-contre.

Maintenant que l'on s'est avisé de faire jaser les timbres il convient de les mettre droit dans l'angle supérieur, à présent surtout qu'il règne une telle fantaisie et une telle variation dans les modes.

Ayez toujours des timbres chez vous et affranchissez vous-même vos lettres.

Donner une règle sur la qualité ou le format du

papier équivaudrait à dire en quelle étoffe une femme doit acheter une robe.

La carte-correspondance est charmante pour un court billet ; elle réclame une certaine recherche comme qualité et doit être chiffrée comme le papier.

La précieuse et commode carte-lettre est passée dans les mœurs pour le billet sans cérémonie, en affaires, ou entre amis.

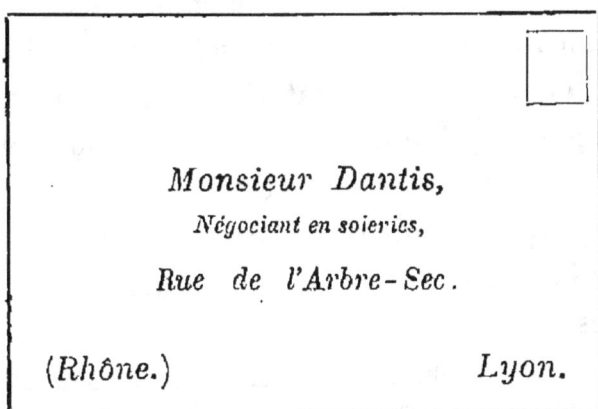

Monsieur Dantis,
Négociant en soieries,
Rue de l'Arbre-Sec.

(Rhône.)   *Lyon.*

La carte postale ne peut guère s'employer qu'avec les fournisseurs ou les gens avec qui on est très familier, à moins que, ayant le droit d'imposer ses fantaisies, on en fasse un genre comme le célèbre Lord qui n'écrit jamais autrement.

On doit joindre un timbre-poste à toute demande de renseignements ne devant rien rapporter à la personne qui le donne. On doit fermer séance tenante, et sans affectation, une lettre qui vous est remise non cachetée pour une tierce personne, à moins que cette lettre ne soit une recommandation, une présentation que, généralement, on vous prie de lire d'abord. On peut alors la remettre ouverte à la tierce personne.

Inscription des lettres. — Une excellente coutume est celle d'inscrire toutes les lettres que l'on expédie.

On a un petit carnet à cet usage et l'on écrit simplement la date, puis le nom de la personne avec qui on correspond.

Cela rend de réels services comme mémorandum, pour calculer le temps nécessaire à certaines réponses, ou comme constatations de certains faits. Cela ne prend qu'un instant et devient indispensable une fois que l'habitude en est prise.

Mais ce qui est mieux encore est de copier toutes celles qui ont une importance, en dehors des relations amicales.

Empreintes de cachets. — Manière de cacheter les lettres à la cire. — Frotter le cachet avec une brosse légèrement huilée, le saupoudrer ensuite de vermillon et essayer sur le papier. On passe ensuite le cachet au-dessous de la flamme d'une bougie ou d'une lampe, de manière à ce que les parties plates se teintent d'une légère couche de noir de fumée.

La cire qu'il faut employer, dite cire de graveur, coûte dix francs le kilog., ce qui la met à 60 ou 75 centimes le bâton.

Faites-la fondre *sans qu'elle s'enflamme* (au-dessus d'un verre de lampe c'est facile); on l'étend sur la lettre, que l'on a chauffée d'avance au-dessus de la

flamme de la bougie ou au-dessus de la lampe pour
liquéfier davantage la cire.

En courbant un peu le papier, vous ramenez la plus
grande épaisseur de la cire bien au centre et vous
apposez le sceau qui doit donner une empreinte à
arêtes vives d'une admirable netteté.

*
* *

Pour résumer cette longue causerie, nous pouvons
dire que l'élégance est surtout *native*. Si l'éducation
ne l'a pas complétée et développée, nos conseils
peuvent le faire, mais rien ne donnera de l'élégance
à une femme qui n'en a pas le germe, pas plus que
rien ne fera naître un cheveu sur un cuir chevelu
dépourvu de bulbe pileux.

C'est en matière d'élégance que l'influence des
milieux est d'une importance extrême et nous l'avons
observé d'une façon évidente. Nous avons vu la
même femme, élevée dans un milieu de farouche et
étroite bigoterie, passant ensuite dans un milieu grossier et presque sauvage, puis dans un milieu d'aus-
tères bourgeois pour arriver dans un milieu artiste,
et nous avons pu nous convaincre ainsi de l'influence
de ces divers milieux sur une nature éminemment
douée et qui a successivement pris, à ces mondes différents les uns des autres, ce qui pouvait convenir à
son développement, jusqu'au moment où sa personnalité a pu se faire jour, se développer et s'affirmer.

Il y a des gens très forts qui peuvent enseigner ce

qu'ils n'ont pas appris, et qui l'apprennent en même temps que leurs élèves ; ce sont parfois les meilleures leçons, celles-là, et les plus claires, car le professeur se met bien mieux à la portée de l'enfant.

Il en est de même de l'élégance. Dès qu'un être instinctivement élégant se trouve dans un milieu où cet instinct peut se développer, il dépasse tout ce qui l'entoure et peut arriver, si la fortune le favorise, à s'imposer au milieu même qui l'a fait éclore.

DEUXIÈME PARTIE

HYGIÈNE GÉNÉRALE

CHAPITRE PREMIER

Les bains.

Une des conditions essentielles de l'hygiène de la beauté est la possibilité de prendre des bains fréquents.

En France, nous manquons un peu du confortable voulu sur ce point ; dans les maisons neuves des quartiers élégants, on commence seulement à installer des salles de bains ; mais les neuf dixièmes des Parisiens sont privés de ce luxe si utile, et doivent aller prendre leurs bains au dehors, ou se les faire apporter chaque fois.

Dire que le bain journalier est indispensable pour

se bien porter serait condamner trop de femmes à la
maladie perpétuelle, car toutes n'ont pas l'installation ou les moyens nécessaires pour cela.

Mais ce que l'on peut dire sans rien exagérer, c'est
qu'une grande propreté est indispensable à la santé
et que le plus simple moyen de l'obtenir est de se
plonger chaque jour dans une baignoire, ou de
prendre un bain à l'éponge, car il est nécessaire d'ouvrir les pores de la peau. Néanmoins, un bain par semaine est suffisant, lorsqu'on procède chaque jour
aux soins de propreté rigoureuse nécessitée par l'hygiène.

Après chaque bain, ou chaque matin si le bain
n'est pas journalier, on fera, sur le dos et les membres, une bonne friction au gant de crin ou de laine
rude, à moins que l'on ne procède — ce qui est préférable — à un massage intelligent, qui doit cependant être intermittent.

Il ne faut jamais prendre de bains après avoir
mangé, c'est dangereux. On doit mettre deux, trois
ou quatre heures d'intervalle entre le repas et le
bain.

Il ne faut pas prendre de bain dans la même eau
qu'une autre personne, et ne jamais baigner ses enfants avec soi, car c'est fort nuisible à ces petits êtres
si délicats, dont la peau très fine absorbe tous les
principes morbides avec une extrême avidité.

Lorsqu'on est sensible au froid, il est préférable de
prendre son bain le soir avant de se mettre au lit

pour éviter les rhumes ; la peau bénéficie ainsi de la chaleur moite qu'elle garde pendant quelques heures.

Si on le peut, on prendra son bain le matin de bonne heure et on se recouchera pendant quelques minutes.

Bains froids. — Pour certaines constitutions, il est bon de se plonger pendant quelques instants, chaque jour, dans une baignoire d'eau froide. La friction est indispensable au sortir de ce bain, dont la réputation est peut-être surfaite.

Bain chaud. — Le bain chaud est bon aux personnes qui ont le sang porté à la tête. La température de ce bain doit être de 36 à 38 degrés.

Bain tiède. — Le bain tiède est préférable en général. On peut chauffer l'eau d'une façon très variable, de 25 à 30 degrés.

On n'y restera pas plus de trente minutes. Un quart d'heure suffit, s'il est fréquent ; les bains trop longs, amollissent et font perdre les forces, outre qu'ils détendent la peau d'une manière fâcheuse.

Bain à l'éponge. — Pour le lavage à l'éponge, on n'a besoin que de l'immense plateau en zinc inventé par les Anglais, et auquel nous avons gardé le nom donné par eux, le tub (prononcez *teub*).

On a un broc plein d'eau, une cuvette que l'on pose dans le tub, et une grosse éponge que l'on plonge dans la cuvette remplie d'eau. On fait d'abord couler l'eau sur la poitrine, puis sur le dos, en pressant l'éponge bien imbibée.

On s'essuie bien avec des serviettes très sèches, puis on s'enveloppe dans un peignoir-éponge sec et chaud.

On commence à prendre ce bain à l'eau tiède, puis, si on se porte bien, on abaisse progressivement la température de l'eau jusqu'à l'eau froide, à condition d'être dans une pièce chauffée. Les personnes faibles, celles dont les poumons sont délicats, ne se serviront que de l'eau tiède et feront même mieux de s'abstenir de ce bain qui a l'inconvénient de laisser trop longtemps le corps nu à l'air.

Bain au drap. — Certains médecins préconisent encore une autre sorte de bain — si on peut l'appeler ainsi. On enveloppe la victime dans un drap mouillé à l'eau froide et on l'y laisse plus ou moins longtemps. C'est, je crois, plus cruel que salutaire.

Après tous les bains, il est bon de faire une friction au gant de crin ou de laine rude, puis de marcher après au grand air et très vite.

Un bain ordinaire est de deux cents litres d'eau.

Les douches froides. — J'en parle sans les recommander. Elles doivent n'être prises que sur l'ordre d'un médecin éclairé.

BAINS CALMANTS

Bain printanier. — On prépare, au printemps, un bain délicieux avec trois poignées de coucous ou primevères sauvages. Ces fleurs, jetées toutes fraîches dans le bain, le rendent odorant et très calmant.

Bain de tilleul. — Ce bain calme le système nerveux. On fait une infusion de 500 grammes de ces fleurs que l'on verse dans la baignoire.

Bains à la rose. — Pour rafraîchir la peau, on dilue 60 grammes de glycérine et 100 grammes d'eau de roses dans trois litres d'eau que l'on verse dans la baignoire cinq minutes avant d'entrer dans le bain.

Bain à la glycérine. — Diluez dans le bain 500 grammes de glycérine.

Bain à la pâte d'amandes. — On délaie de la pâte d'amandes dans le bain et on le parfume, si on veut à la violette.

Bain onctueux à la gélatine. — On fait dissoudre de 500 à 1000 grammes de gélatine dans le bain, suivant que la peau est plus ou moins rugueuse ou irritée.

Bain de son. — On met, dans un petit sac, deux litres de son ou mieux encore de recoupe que l'on place dans la baignoire avec une petite quantité d'eau aussi longtemps que possible avant le bain, puis on le pétrit pour en faire sortir toute la farine.

Bain parfumé. — Mettez dans l'eau du bain un flacon d'eau de Cologne, de lavande, d'essence de thym, de Wintergreen, de verveine, de teinture de benjoin, etc.

*
* *

BAINS TONIQUES

Bain au sel de Pennès. — Faire dissoudre un flacon de ce sel dans de l'eau chaude et verser dans la baignoire.

Bain aromatisé. — On réduit en poudre du carbonate de soude et on l'arrose d'essences aromatiques. Préparation de flacons pour un bain :

Essence de lavande fine...............	15	grammes.
— de romarin....................	10	—
— d'eucalyptus..	5	—
Carbonate de soude (*vulgo* cristaux)..	600	—

On pile les cristaux, on les arrose et on les mêle avec les essences. On en remplit des flacons que l'on tient bouchés. Pour un grand bain, il en faut 315 grammes.

Bain aromatique. — On fait une décoction, dans trois litres d'eau, de 500 grammes de serpolet, de feuilles de laurier, de thym et de marjolaine; on laisse infuser pendant une heure, et on y ajoute un kilo de sel marin après l'avoir passé. Verser dans le bain.

Bain aromatique (excellente recette ancienne). — Faites bouillir dans suffisante quantité d'eau de rivière une ou plusieurs des plantes suivantes; telles que laurier, thym, romarin, serpolet, origan, marjolaine, lavande, aurone, absinthe, sauge, pouliot, basilic, baume, menthe sauvage, hysope, roses, œillets, giroflée, mélisse, anis, fenouil, et plusieurs autres herbes qui ont une odeur agréable. Quand on aura passé les plantes, on ajoutera à l'eau un verre d'alcool à 90°. Ce bain est excellent pour fortifier les membres, dissiper les douleurs qui proviennent d'une cause froide, augmenter la transpiration, et faire exhaler au corps une odeur agréable.

Bain de beauté (recette du moyen âge) recommandé. — Prenez deux livres d'orge mondé, une livre de riz, trois livres de lupin pulvérisés, huit livres de son, dix poignées de bourrache et de violier ; faites bouillir le tout dans une suffisante quantité d'eau de fontaine. Il n'y a rien qui nettoie et adoucisse la peau comme ce bain.

Bain fortifiant et adoucissant. — On fait dissoudre, dans l'eau du bain, un kilo de sel, une demi-livre de sous-carbonate de soude (cristaux), on y délaie deux poignées d'amidon en poudre, et on y ajoute une cuillerée à café d'essence de romarin. Température, 35 à 37 degrés ; n'y pas rester plus de quinze ou vingt minutes.

Bain ammoniacal. — On mêle au bain une once d'ammoniaque par dix litres d'eau. Ce bain rend les chairs fermes et lisses et purifie absolument le corps.

Bain alcalin. — On dissout 250 à 300 grammes de carbonate de soude dans une cuvette d'eau chaude et on verse dans le bain.

On peut, dans certains cas, y ajouter une décoction

de plantes aromatiques, thym, lavande, menthe, sauge, romarin.

Bain sulfureux. — On verse dans le bain 100 grammes de sulfure de potassium.

Bain antirhumatismal. — On mêle dans un petit bocal 100 grammes de savon mou et 60 grammes d'essence de térébenthine ; on secoue jusqu'à ce que le mélange mousse bien. On le mêle au bain. On constate presque immédiatement une diminution notable des souffrances, tandis qu'une chaleur salutaire se répand dans tout le corps. Au bout d'un quart d'heure, on éprouve un picotement, on sort du bain et on se met au lit. Après quelques heures de sommeil, on ressent un réel soulagement.

Bains de mer chauds, chez soi. — Il est facile de prendre des bains de mer chez soi et nous en donnons le moyen.

Voici la composition de l'eau de mer :

	Océan Atlantique	Méditerranée
Chlorure de sodium....	2.7558	2.9424
Bromure de sodium....	0.0326	0.0556
Chlorure de potassium..	—	0.0505
Sulfate de potasse......	0.1715	—
— de chaux.......	0.2046	0.1357
— de magnésie....	0.0614	0.2477
Chlorure de magnésium.	0.3260	0.3219
Carbonate de chaux....	—	0.0114
Sels, total.............	3.5519	3.7655
Eau.................	96.4481	96.2345

Pour un bain de 200 litres il faudrait donc employer de 7 à 7 1/2 kil. de mélange salin.

La Société Centrale de produits chimiques a bien voulu faire pour nos lectrices (on les trouvera au Comptoir de renseignement) des colis postaux dosés pour un bain renfermant les sels divers entrant dans la composition de l'eau de mer, soit de l'Océan, soit de la Méditerranée (ce qu'il faudra indiquer).

En ajoutant cinq kilog. de sel marin, acheté chez l'épicier, on aura de l'excellente eau de mer.

Pour faire fondre ces sels on les enfermera dans un sac, que l'on suspendra dans la baignoire et que l'on agitera beaucoup.

*
* *

Les bains russes, les bains turcs, les bains de vapeur, ne sont pas favorables à la beauté. Il ne faut les prendre que lorsque la santé l'exige, et sur les conseils d'un bon médecin.

BAINS FROIDS

Le bain de mer. — Une erreur très répandue est de croire que les bains de mer font *toujours* du bien, tandis que, souvent même, ils sont pernicieux ; dans certaines maladies féminines, par exemple, de ces maladies tellement répandues qu'on peut les appeler générales. Il ne faut donc en prendre qu'autorisé par un bon médecin.

En outre, lorsqu'on arrive dans une station maritime, il est bon de prendre un jour ou deux de repos pour laisser l'organisme s'imprégner des effluves marins, de modifier son régime en supprimant tous les excitants.

Le moment à choisir pour le bain est celui où la mer est « étale ». Il n'y faut entrer que trois heures au moins après le dernier repas.

Il est dangereux encore de se baigner quand on est très surexcité, quand on souffre d'une maladie aiguë ou chronique, ou après un exercice violent. Il ne faut pas courir en allant à la plage; il ne faut pas non plus avoir froid ou frais avant d'entrer dans l'eau. On se déshabille lentement, puis lorsqu'on est en costume de bain, on fait bien de se promener un peu sur la plage, enveloppé d'un manteau, afin que le corps ait assez de vigueur et de chaleur pour lutter contre le saisissement que fait éprouver la fraîcheur de l'eau.

Les personnes délicates — femmes ou enfants — qui ont souvent les pieds moites ou glacés, devront se déchausser quelques instants avant d'entrer dans la mer, et se les réchauffer sur le sable. Si l'on éprouve une sensation pénible lorsque l'eau arrive au creux de l'estomac, on peut se l'enduire d'un corps gras.

On peut encore boire un peu de vin de Malaga, avant de se plonger dans l'eau, où il faut toujours s'enfoncer rapidement. Il faut éviter de se mouiller la tête, car c'est mauvais pour les cheveux, qui doivent être enfermés dans un bonnet imperméable.

Le bain de mer ne dépassera pas cinq minutes si l'on n'est pas très vigoureux, et dans aucun cas il ne durera plus d'un quart-d'heure. En sortant de l'eau, on se couvrira d'un manteau, on regagnera sa cabine où l'on s'essuiera bien avec des linges très secs, puis on prendra un bain de pieds chaud de quelques minutes.

Il ne faut pas baigner les enfants dans la mer avant qu'ils aient deux ou trois ans ; s'ils ont peur on ne les plongera pas dans l'eau et on ne les forcera pas à subir le choc de la vague : cela peut surexciter dangereusement leur système nerveux.

On remplira de préférence leur baignoire d'eau de mer et on les laissera barboter dans les trous sur la plage. Ils s'accoutumeront ainsi à la mer.

*
* *

Lorsque, pour une cause quelconque, on ne peut pas prendre de bains de mer, on peut, chaque matin, faire une bonne friction à l'eau de mer. On peut procéder ainsi : on se mettra debout dans un objet quelconque, et l'on aura une grande cuvette pleine d'eau de mer chaude ; on y mouillera le gant de crin et on frictionnera d'abord le dos et les reins jusqu'à rougir la peau. On séchera avec une serviette, puis on en mettra une bien sèche pour préserver du froid.

Avec un gant de laine on frictionnera de même la poitrine et le ventre, on séchera, et on laissera les deux bras libres qui, ainsi que les hanches, les cuisses et les jambes seront énergiquement frictionnés au gant de crin. On s'habille vivement et on fait un peu d'exercice, car il faut avoir chaud après.

On doit, au bout de quelques jours, se trouver très bien, très fortifié de ce régime, applicable à tous, aussi bien aux hommes qu'aux femmes et aux enfants.

L'air de la mer. — Rien ne contribue à la santé comme l'air de la mer, lorsqu'il est approprié au tempérament (car ce n'est pas une panacée universelle).

Dans les cas de scrofule, de rachitisme, l'effet est surprenant : on l'a vu par les admirables résultats obtenus par le docteur Armaingand dans son sanatorium d'Arcachon et le docteur Cazin dans celui de Berck-sur-Mer.

Certaines personnes, néanmoins, ne s'en trouvent pas bien et ont, au bord de la mer, de fréquents maux de tête ; il faut donc pour cela, comme pour tout ce que nous indiquons dans ce livre, *s'observer et se rendre compte des résultats.*

Bain de rivière. — Ce bain, attrayant pour les personnes jeunes et vigoureuses, est très fortifiant pour les gens faibles, à condition de convenir à leur tempérament et leur état et d'être pris dans des conditions rationnelles. Il ne faut pas trop le prolonger, même lorsqu'on est fort. On prendra les mêmes précautions que pour le bain précédent.

Ne jamais se baigner par les journées pluvieuses ou fraîches ni après un orage, qui aura troublé les eaux de la rivière.

*
* *

L'hydrothérapie proprement dite étant du ressort de la médecine, j'arrive à quelques types de bains étrangers.

BAINS ÉTRANGERS

Bain japonais. — Comme installation, c'est bien simple. Le cabinet de toilette est une petite pièce voisine de la cuisine, ou un coin abrité du jardin. La baignoire se compose le plus souvent d'un tonneau coupé par le milieu; le grand luxe, c'est une cuve oblongue et profonde, cerclée de fer, et placée sur un fourneau; elle contient de l'eau chauffée à 60 ou 70°.

Qu'il y a loin de ces bains-là aux nôtres!

Dans cette eau où il nous serait impossible d'entrer sans nous brûler cruellement, la Japonaise se trouve bien. L'eau fume autour d'elle comme une marmite prête à bouillir.

Ce bain brûlant est un besoin journalier pour elle comme, d'ailleurs, pour tous ses compatriotes, même ceux du bas peuple.

Elle n'y reste que quatre minutes; elle en sort

toute rouge et rentre dans sa chambre, où elle se
nettoie en se frottant vigoureusement avec le
ténogui, pièce de toile bleue ou blanche ornée
de dessins blancs ou bleus, qu'elle humecte fréquemment dans de l'eau chaude.

Ensuite elle prend des petits sacs en grosse toile,
remplis d'écorce de riz pulvérisée, et s'en frotte à
tour de bras. Bientôt le contenu des sacs s'amollit,
une sorte de crème passe à travers la toile et enduit
le corps d'une mousse neigeuse.

Elle se replonge à plusieurs reprises dans la cuve,
en sort, et se sèche doucement avec son *tenogui*.

Il est certain que ce bain doit être éminemment
hygiénique, d'abord en ouvrant bien les pores, ensuite
il donne à la circulation du sang une activité salutaire. Pourtant je doute qu'il puisse être adopté, sans
modifications importantes, par la femme européenne.

Bain maure. — Le voici, tel que nous l'avons vu à
Alger.

Au fond d'un large corridor où causent des hommes
et des femmes indigènes, une portière épaisse donne
accès dans une pièce carrée; le milieu se creuse
de deux marches, laissant autour une galerie, dont le
sol est recouvert de nattes.

Pas un siège.

Tout le monde se déshabille pêle-mêle et laisse ses
vêtements à terre. De vieilles négresses, n'ayant
pour tout costume qu'une bande d'étoffe enroulée

autour des hanches, attendent là le moment d'entrer
à leur tour dans les étuves.

Les femmes doivent apporter leur linge tandis que
l'établissement le fournit aux hommes. Pourquoi?...
Nous l'ignorons.

On passe dans la première étuve, sombre et pas
toujours très propre, en traversant un étroit corridor.

Là, on se livre aux divers détails intimes de la
toilette de la Mauresque. A celle-ci, on met du henné
qui teindra ses cheveux en roux ou en rouge, à son
gré : à celle-là, on met une composition de noix de
galle calcinée et de fer, qui les teindra en noir de
jais.

Plus loin, c'est le massage ou encore la friction
avec un gant en poil de chameau bien savonné.

Dans la seconde étuve les femmes se reposent dans
une atmosphère brûlante ; elles y restent peu et
reviennent dans la précédente étuve pour, de là,
sortir dans la première pièce servant de vestiaire où
elles peuvent, si elles le désirent, s'étendre sur des
nattes et se reposer des fatigues du bain.

Partout c'est un caquetage gai et bruyant, des
éclats de rire auxquels se mêlent les voix d'enfants
amenés là par leurs mères.

On comprend bien, en voyant cela, à quelles
sources on est allé puiser pour construire notre Ham-
mam ; mais quelle différence ! Autant chez nous c'est
propre, élégant, commode, autant là-bas c'est

négligé, malpropre, répugnant même, pour la femme française. A celles qui voudront prendre des bains maures — et ils sont excellents à condition de n'en pas abuser — je donnerai le conseil d'y aller à Paris.

Mais en même temps je dirai à ceux qui dirigent ce splendide établissement : Pourquoi ne feriez-vous pas comme à Alger — et sans doute bien d'autres villes où ces bains sont en honneur?

La même installation sert pour les hommes et les femmes. Les uns viennent le matin, les autres le soir, ce qui facilite le recrutement du personnel. Que l'on ne nous objecte pas que les femmes ne voudront pas se baigner en commun. On peut très bien s'envelopper de ces grands draps-éponge que l'on donne pour entrer dans l'étuve; le massage peut se faire à l'écart et discrètement; la douche se prend à part. La pudeur et la coquetterie sont donc sauvegardées, et, pour les dames absolument intransigeantes, il resterait les bains particuliers actuels. Mais ce système permettrait à bien des femmes de prendre les bains maures, lorsqu'ils sont nécessaires pour leur santé; car les prix devenant ceux des hommes (5 fr. au lieu de 10 fr.) les rendraient plus accessibles à toutes. En outre, les baigneuses ne seraient pas astreintes, à une heure fixe, à se déshabiller et à se rhabiller en toute hâte pour ne pas dépasser les deux heures réglementaires, ce qui leur défend le repos après le bain, repos parfois très nécessaire.

Il résulte de ce prix, de cette heure fixe, de cette précipitation, que beaucoup de personnes, tout en aimant ce bain, préfèrent y renoncer.

BAINS DE PIEDS

Bain de pieds simple. — Commencer avec de l'eau tiède et ajouter graduellement de l'eau chaude.

Bain de pieds sinapisé. — 125 grammes de farine de moutarde dans 6 litres d'eau tiède (l'eau trop chaude empêche la moutarde d'agir).

Bain de pieds révulsif. — En cas d'urgence, on peut improviser un bain de pieds révulsif avec de la cendre, du sel et du vinaigre dans de l'eau chaude.

PEIGNOIRS DE BAIN

Les peignoirs de bain ne sont pas une grosse dépense à les acheter tout faits; pourtant nous donnons une manière facile de les établir chez soi.

On peut les faire en tissus-éponge; à notre gré, ce qui est bien préférable est d'en avoir un en toile, et par-dessus, un en laine ou en tissu-éponge, de belle qualité; on se sèche mieux avec la toile et on se réchauffe plus vite dans la laine, surtout si on se donne le luxe de remplacer le peignoir de toile mouillée par un autre sec et chauffé comme le premier, d'ailleurs.

On peut avoir plusieurs peignoirs de toile et un

seul de laine ou de tissus-éponge, ce qui permet de les faire à la taille de chaque personne de la maison. Il est inutile de donner à un enfant de douze ans un peignoir de 1ᵐ60 ou 1ᵐ70 de longueur, qui traînera d'une façon incommode.

On peut les tailler dans de vieux draps; lorsque ces peignoirs mêmes seront usés, les débris trouveront encore maints emplois dans la maison, la toile servant jusqu'au dernier fil, bien qu'on ne fasse plus de charpie.

Manière de les faire. — Avoir un morceau de toile ayant 1ᵐ60 de haut sur 2 mètres ou 2ᵐ10 de large; le plier en deux sur la largeur, ce qui donne 1ᵐ60 de haut sur 1 mètre ou 1ᵐ05; à l'une des extrémités, à 40 centimètres du pli, faire une fente de 30 centimètres dans les deux épaisseurs.

Ouvrir l'étoffe, la réunir au-dessus de chaque fente sur une longueur de 25 centimètres, ce qui fait les dessus d'épaules et les fentes des emmanchures; froncer le dos et le devant autour du cou.

Monter les fronces sur un large col qui se redoublera, et ourler le devant et le contour.

Le peignoir de toile aura toujours des manches toutes droites et très larges; on peut faire de même des peignoirs de tissus-éponge, de molleton épais de laine ou de coton. Mais, à notre idée, les manches ne sont pas indispensables lorsqu'on les met par-dessus le peignoir de toile. Suivant nous, il est préférable de n'en pas mettre. On ne ferait donc pas de

fente ni de dessus d'épaules, on n'aurait qu'à les
monter plissés autour du cou comme les mantes de
pêcheuses, en laissant dépasser devant, de chaque
côté, un morceau plat de 20 centimètres qui ferait
une grande croisure, commode pour bien s'enfermer.
Ces tissus se bordent plutôt que de s'ourler.

CHAPITRE II

Appareils pour bains.

Baignoire modèle pour les enfants. — Elle consiste en une table à deux étages ; celui de dessus, ayant 0^m80 de hauteur, est percé d'un trou ovale, où passe la baignoire, qui repose sur la tablette inférieure. On peut l'enlever pour la vider, mais, ce qui est mieux, elle peut être percée au fond, et se vider dans un seau en porcelaine placé au-dessous, dans lequel plongera un tuyau de caoutchouc pour éviter les éclaboussures (fig. 4).

De chaque côté de la baignoire sont deux crans où l'on accroche un petit hamac pour soutenir les nouveau-nés que l'on a tant de peine à soutenir dans l'eau.

Sur un des côtés se trouve une petite tablette à coulisse, avec tiroir en dessous, renfermant ce qu'il faut pour le bain.

En effet, enclavés dans ce tiroir, se trouvent la

boîte pleine de flocons de coton tenant lieu d'éponge, le savon, l'eau de Cologne et la poudre.

Le bain, une fois pris, est vidé ; on relève le tube en caoutchouc qui s'accroche de côté ; on met le couvercle sur lequel on jette un tapis, on suspend à l'air les éponges, si l'on tient quand même à s'en servir,

Fig. 4.

et l'on a un petit meuble pouvant servir de table à ouvrage.

Cette table doit être faite plus longue que la première petite baignoire, afin de servir aux deux baignoires successives jusqu'à trois ans au moins. Il serait imprudent de baigner un nouveau-né dans une baignoire trop grande. La première ne doit pas avoir plus de 0m50 de longueur. On entaillera ensuite la table pour la seconde qui devra avoir 0m70 ou 0m80 de longueur.

Baignoire-fauteuil pour malades. — Nous avons
vu cet ingénieux modèle à la Ménagère ; il nous a plu
par son côté pratique. Elle contient peu d'eau, ce
qui permet de la chauffer facilement; on y est bien
assis, chose précieuse pour les personnes souffrantes,
forcées de prendre de longs bains, comme les femmes
enceintes, par exemple, qui peuvent, là, coudre et
lire comme dans un fauteuil.

Il est facile de la vider avec un siphon.

Fig. 5.

Tablette à pupitre pour bain et pour lit. — Elle
est bien simple à établir ; c'est un plateau entouré
d'un rebord de trois côtés. Au milieu, une tablette
de feuillet (bois mince) se soulève et s'arc-boute derrière, par une baguette, au bord du plateau. Quand
cette tablette retombe, elle s'enclave dans la table.
C'est ainsi qu'elle sert pour le bain (fig. 6).

Cette tablette a quatre pieds plats à charnières, qui
se rabattent lorsqu'ils sont inutiles, et sont retenus,
par des crochets, à plat contre la tablette (fig. 7).

Lorsqu'on veut les redresser, on les maintient par un tasseau à charnières, qui s'aplatit aussi contre la table, lorsqu'il ne sert pas.

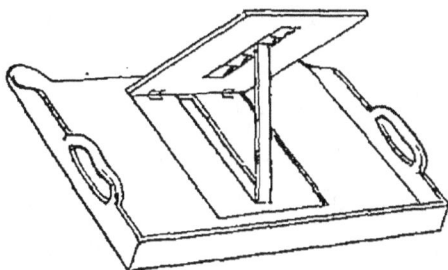

Fig. 6.

Tablette pour bain exclusivement. — On la fait comme l'autre, mais sans pieds, et beaucoup moins longue.

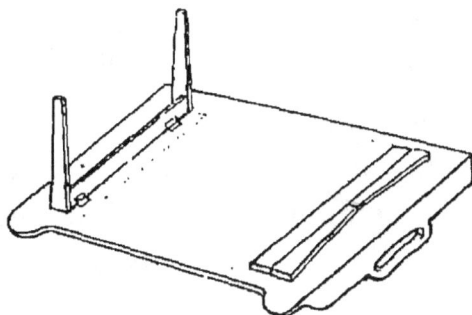

Fig. 7.

A ses deux bouts, et de chaque côté, une double courroie à boucle y est fixée ; dans cette courroie passe un crochet rond qui retient la tablette suspendue dans la baignoire.

Cela permet de l'avoir à fleur d'eau, c'est-à-dire à une meilleure hauteur que lorsqu'elle pose sur la baignoire.

7.

On en trouve de tous genres à la *Ménagère*.

Appareil économique et simple pour douches chaudes collectives. — *Applicable aux pensionnats, aux nombreuses domesticités, aux grandes collectivités quelconques.*

Cet appareil, remarquablement pratique, est d'une installation peu coûteuse, et d'une application facile, surtout si on a l'eau courante dans la maison.

Il consiste en un réservoir en zinc placé à une hauteur de trois mètres. L'eau froide y arrive directement. Un tuyau horizontal en part, ayant une pomme d'arrosoir de distance en distance.

A terre est une petite chaudière à vapeur de fabrication spéciale, recevant l'eau directement par un robinet, et communiquant avec le réservoir par un système qui y porte la vapeur, laquelle chauffe en quelques minutes l'eau du réservoir.

A partir de ce moment, on peut donner vingt-cinq douches par cinq minutes, la continuation de l'ébullition suffisant au maintien de la chaleur dans le réservoir.

Dans une pièce (chauffée par la chaudière), les pommes d'arrosoir peuvent être distancées de 1ᵐ à 1ᵐ20; des cloisons à hauteur d'homme, fermées par des rideaux, peuvent faire des boxes sous chaque pomme. Un porte-manteau extérieur se trouve à chaque cloison, le sol est à claire-voie.

Les enfants arrivent par escouades, enveloppées dans leurs peignoirs de bain et chaussées de pantoufles qu'elles laissent hors de leurs cabines.

Une fois enfermées, elles accrochent au dehors leur peignoir et leur chemise.

A un signal, le robinet s'ouvre et la pluie tombe pendant cinq minutes, qui sont bien suffisantes pour se savonner et se rincer.

La pluie cesse au commandement, les enfants, aidées des surveillantes, reprennent leur peignoir et leur linge, et font place à l'escouade suivante.

Cela n'a presque rien coûté et vingt-cinq enfants ont pris un excellent bain hygiénique en quelques minutes.

On peut faire cette installation plus luxueuse, on peut la faire pour deux ou trois personnes seulement ; on peut la faire pour chauffer un bain ordinaire.

CABINE-TRIPTYQUE

Nous allons maintenant décrire un appareil des plus remarquables et tellement nouveau que, de même que le précédent, il n'est pas encore dans le commerce ; les brevets viennent seulement d'être pris.

C'est à la fois une salle de bains, un cabinet de toilette et une armoire, le tout ayant la forme extérieure d'une de ces belles armoires à triple glace qui nous viennent, croyons-nous, d'Angleterre, et qui s'établiront à volonté sur une largeur de 1m80 ou 2m20.

Fig. 8. — Cabine-triptyque fermée.

Commençons par la description de la cabine-triptyque grand modèle, ayant 2m20 de largeur en tout. La cabine du centre a 0m60 de profondeur, celles de chaque côté ont 0ᵐ50. La hauteur totale est de 2ᵐ50.

Voyons d'abord la cabine A, celle du milieu, qui a 1ᵐ20 de largeur. La porte *a* ouvre de gauche à droite,

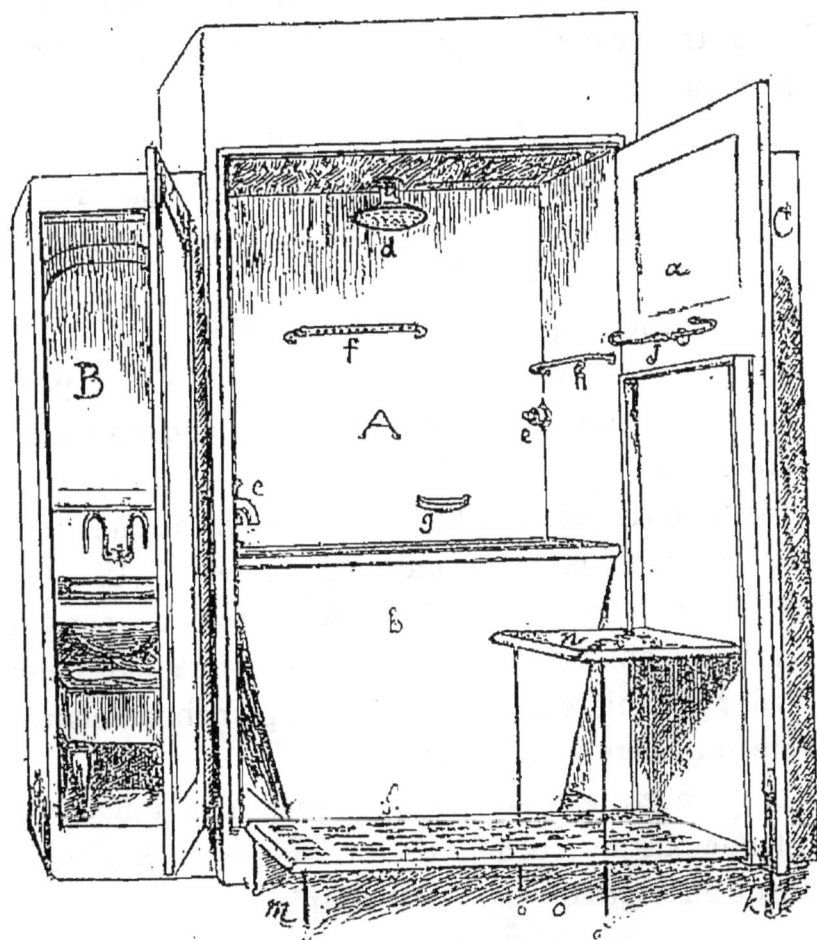

Fig. 9. — Cabine-triptyque ouverte.

et laisse voir une baignoire *b*, ayant 1ᵐ15 de long sur 0ᵐ60 de large et 0ᵐ75 de haut; les deux robinets sont au pied, à gauche *c*. Elle se vide par le fond.

En haut, au milieu, est une pomme d'arrosoir *d* pour les douches en pluie. Dans l'angle droit, au fond, est une douche en jet, *e*.

Au milieu, au fond, à hauteur des épaules est une barre transversale *f* pour la douche qui ne doit pas mouiller la tête.

A droite, au fond, est une coquille *g* pour le savon. Sur la paroi de droite, à la tête de la baignoire, est une barre transversale nickelée *h*, sur laquelle on passe une serviette.

Au plafond ouvre une soupape, c'est le chauffe-linge *i*. En se dressant dans la baignoire on peut l'ouvrir, prendre son peignoir que l'on pose sur une patère spéciale posée à la porte *j*.

Cette porte est compliquée ; en l'ouvrant on la cale sur le sol en baissant un pied de fer *k*. Une tablette *l* relevée contre la porte et retenue par un crochet s'abaisse et se trouve soutenue par deux pieds à charnière *m* ; cela forme un plancher à claire-voie qui longe la baignoire.

A la porte est encore appliquée une tablette *n* retenue par un crochet. Cette planche en s'abaissant forme un siège soutenu par deux pieds *o*.

C'est sur ce siège que s'étale le peignoir posé sur la patère, et tout prêt à envelopper le baigneur qui sort de l'eau sur la claire-voie couverte de serviettes, et sous laquelle on a placé une toile cirée. Une fois un peu séché, il prend le peignoir, et, assis sur la banquette, se sèche et se réchauffe ; abrité des regards par un rideau, qui va de la pointe de la porte à l'angle de la porte ouverte de la cabine B dans laquelle nous allons passer.

Elle est à gauche de la cabine A. La porte ouvre de gauche à droite, de façon à mieux enfermer la baignoire.

Cette porte ouverte nous laisse voir une tablette en marbre blanc dans laquelle est enclavée une cuvette.

Au-dessus se trouvent deux robinets pour l'eau chaude et l'eau froide. Au fond est une bonde, manœuvrée par un bouton, pour vider l'eau.

Au-dessus est une glace ayant de chaque côté une lumière, et au-dessous deux tablettes pour recevoir tous les ustensiles de la toilette.

A droite se trouve une traverse nickelée pour les serviettes.

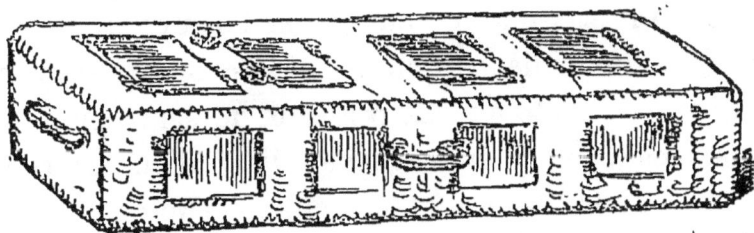

Fig. 10. — Réservoir en verre clissé pour vider l'eau.

Sous la tablette de marbre se trouve un bidet, avec son réservoir.

A la porte, intérieurement, se trouve une glace qui reflète la glace du fond. Au-dessous une tringle nickelée porte encore une serviette.

La cabine C est une armoire dont les divisions et les subdivisions montrent que c'est une femme intelligente qui les a aménagées.

Les réservoirs à eau chaude et à eau froide sont au-dessus de l'armoire, dissimulés par une corniche. L'eau est chauffée très rapidement par le gaz au moyen d'un système tubulaire des plus ingénieux et des moins coûteux comme emploi journalier. Le chauffe-linge est enclavé dans le réservoir à eau chaude.

Nous supposons, avec ce modèle-ci, que nous avons fait venir l'eau et le gaz et que l'eau sale s'en va dehors.

Mais comme cela n'est pas possible partout, nous avons, d'une part, un système pratique, ingénieux et propre, ne demandant que cinq ou six voyages pour vider un grand bain avec un récipient commode, ne pouvant mouiller l'appartement (fig. 10).

Dans le cas où on n'aurait pas l'eau courante et le gaz, on supprime les tablettes de la cabine C, on y installe une pompe à haute pression, qui servira pour les douches, et pour emmagasiner l'eau dans les réservoirs d'en haut où elle sera chauffée par la vapeur de la petite chaudière dont il est parlé page 78 et qui, installée avec élégance dans la cheminée, ne donnera que la peine d'allumer un feu.

On peut encore placer au pied de la baignoire, dans la cabine C, un chauffe-bain *système Samovar* qui chaufferait aussi, par la vapeur, l'eau pour la toilette dans le réservoir d'en haut.

Lorsqu'il faut remplir et vider la baignoire à bras et la chauffer sans gaz, nous conseillons de prendre le modèle n° 3 qui n'a, au total, que 1^m80 de largeur. La cabine A a 0^m80 de largeur au lieu de 1^m20 et, au lieu de renfermer une baignoire plate de 1^m20, elle renferme une baignoire-fauteuil de 0^m80 de longueur, 0^m50 de largeur et 0^m90 de profondeur; le siège aura 0^m30 de hauteur sur 0^m30 de largeur. Sous ce siège seront disposées deux marches que l'on tirera pour monter dans la baignoire; elles seront occupées chacune par un tiroir (fig. 5).

Cette baignoire a l'avantage de tenir moins de place, moins d'eau, et de pouvoir recevoir un couvercle, ce qui fait chauffer l'eau bien plus vite.

On peut encore et pour les mêmes raisons se servir de la baignoire-sabot, qui offre l'avantage de pouvoir s'y allonger (fig. 11).

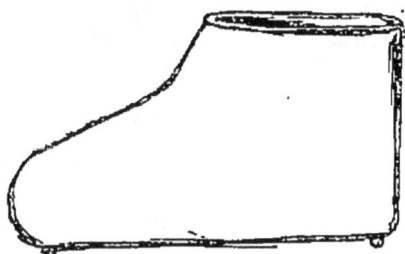

Fig. 11. — Baignoire-sabot.

Il est bien entendu que toutes les dimensions données ici peuvent être modifiées au goût de chaque personne, ces cabines triptyques ne se faisant encore que sur commande.

*
**

Pour les personnes devant faire de l'hydrothérapie, ce que l'on peut faire à l'eau chaude et froide, l'appareil complet de la *Ménagère* nous a semblé parfait. Douches en cercles, à arrosoir, en jet, ascendante, tout se trouve réuni en un volume relativement petit. Un appareil à air donne une pression de trois atmosphères, ce qui est plus que suffisant pour prendre d'excellentes douches.

Si l'on veut installer une salle de bains, on trouve là absolument tout ce qui est nécessaire, et les modes de chauffage les plus variés et les plus compliqués.

Nous y avons vu deux choses commodes, pour sortir de l'eau, le tapis de pieds en liège pressé et le tapis en épais tissus éponge qui conviendra très bien pour le plancher à claire-voie de la cabine triptyque.

Nous avons remarqué aussi un chauffe-linge au bain-marie et un chauffe-linge au gaz ; enfin un petit appareil très ingénieux pour se laver la tête.

CHAPITRE III

Massage et Frictions.

Le massage journalier est une chose excellente et d'une portée bien plus vaste qu'on ne le suppose.

Aucune partie du corps n'échappe à son action intelligente, qui peut faire maigrir ou engraisser à volonté. Le massage est le principal agent de la plastique chez les personnes dont les formes n'ont plus la pureté et la sveltesse gracile de la jeunesse.

En outre le massage excite la vitalité de la peau, et assouplit les articulations.

Le massage suédois consiste à faire faire un grand exercice aux membres d'une personne passive.

Le massage russe se fait avec un gant enduit de savon. Quelquefois on le fait suivre d'une légère flagellation au moyen de brins de bouleau.

Le massage doit suivre le bain et non le précéder. Au sortir de l'eau ou de la vapeur, la peau est plus souple et plus flexible, et absorbe mieux ce qu'on lui confie. On éprouve d'abord une grande fatigue après l'opération, mais on ressent promptement un sentiment de bien-être et de légèreté.

Il ne faut pas abuser du massage qui, à la longue, énerverait au lieu de fortifier ; il faut y procéder par séries de vingt à trente séances, suivies d'une assez longue interruption.

Il y a massage et massage ; c'est une véritable science, et telle masseuse vous fera un bien incontestable, corrigera avec art les imperfections apportées en vous par l'obésité ou la maigreur, alors que telle autre vous laissera brisée de fatigue, sans aucune amélioration.

C'est que l'on croit trop communément qu'il suffit de pétrir et de malaxer les chairs pour bien masser, tandis qu'il faut, par une longue, patiente et fatigante étude savoir comment traiter, en tel ou tel cas, telle ou telle partie du corps, tel ou tel muscle.

*
* *

Les frictions remplacent à la rigueur le massage, surtout si on a quelqu'un pour les faire.

On peut, il est vrai, se les faire seule, grâce aux lanières à poignées permettant de se frotter soi-même le dos et les reins, mais elles sont bien moins efficaces et généralement irrégulières, à cause de la fatigue qu'elles occasionnent.

On fait les frictions soit avec la main nue, soit

— ce qui est mieux — au moyen de gant de crin, de grosse laine ou de toile rude. On les fait sèches ou avec l'eau de Cologne, l'eau de verveine — ces dernières sont des plus toniques — ou à l'eau de mer vraie ou factice.

Si l'on ne peut se faire masser il faut donc se faire frictionner ou se frictionner soi-même, vigoureusement, après le grand bain ou le bain à l'éponge.

Après la friction sèche on peut encore se frotter le corps avec la main trempée dans une lotion alcoolique.

CHAPITRE IV

Hygiène de la Beauté.

Ce qui nuit à la beauté et peut se corriger.

1° L'emploi de l'eau froide.

2° L'action de l'air, et surtout de l'air de la mer.

Lorsqu'on emploie l'eau pour le visage, ne jamais sortir tout de suite après les ablutions.

3° Les rayons chimiques de la lumière, c'est-à-dire l'action du soleil et même de l'air chaud pendant les fortes chaleurs. La Nictiphane peut les intercepter.

En mer et dans les contrées tropicales, l'air chaud brûle *même à l'ombre.*

4° Les émotions, les chagrins, les insomnies, les veilles prolongées, l'abus des plaisirs.

5° L'abus du baiser qui rougit et irrite la peau délicate des joues.

6° L'abus de la bonne chère, des épices, des alcools, du tabac, qui congestionnent la face.

7° Les corsets et vêtements trop serrés.

8° L'excès du rire, ou l'air morose ; l'habitude de froncer le front, de faire, sans cause, mouvoir les muscles faciaux, certains rictus ; l'habitude, lorsqu'on est au soleil, de plisser tout le visage donnent — avant l'âge — des creux, des ombres et des rides vieillissant beaucoup la plus jolie figure.

9° Les éruptions eczémateuses ou acnéiques.

10° Le nez rouge, gonflé, couvert de points noirs, le nez de travers (se moucher du côté opposé et moucher les enfants avec soin, leur apprendre à se moucher des deux mains), le nez punais : le laver matin et soir par de lentes aspirations d'eau tiède bouillie et salée.

11° Les éphélides (taches de rousseur) et le masque de grossesse.

12° La couperose, les taches dites taches de vin.

13° L'obésité.

14° La maigreur excessive.

15° Ne pas avoir de cils ou de sourcils.

16° Avoir de vilaines dents.

17° Avoir des rides.

18° Avoir des lèvres pâles.

19° Avoir un double menton provenant de l'obésité.

20° Avoir des chairs flasques provenant d'un amaigrissement trop hâtif et mal dirigé.

21° Ne pas être coiffée à l'air de son visage.

ÉTUDE DE L'ÉPIDERME FÉMININ

Si les femmes s'observaient davantage, elles remarqueraient que les altérations de leur teint sont toujours en rapport direct avec leur état de santé ; il y a donc lieu de se préoccuper des défectuosités du teint et d'en rechercher les causes pour les détruire.

Une femme ne doit rien négliger en ce qui concerne son visage ; une éruption, des rougeurs, la peau qui se dessèche et se ride, le teint qui se plombe ou blêmit, tout doit l'inquiéter et elle doit s'occuper d'y porter remède.

Je ne parle pas ici des maladies de la peau qui sont alors choses de toute gravité; mais il faut être prudente dans le choix d'un médecin, car bien peu, même parmi les spécialistes, obtiennent de très bons résultats, surtout par les méthodes anciennes.

Il ne faut jamais dissimuler ces affections, non plus que les taches anormales que l'on peut avoir sur le corps, les mains ou le visage, car il y a toujours une cause qu'il faut détruire, sous peine de voir le mal s'aggraver.

Très souvent les taches sont causées par l'invasion d'un champignon microscopique, affection très répandue dans les pays de l'extrême Nord chez les personnes nerveuses.

Fréquemment aussi les altérations du teint sont causées par la présence de microbes que nous apportent la poussière, les serviettes mal lavées, les éponges mal nettoyées, les eaux crues et non filtrées, les matières impures, insuffisamment fraîches, que l'on met sur le visage.

Toujours elles viennent d'une hygiène défectueuse.

Certes la femme désire toujours être belle, mais *elle ne sait pas* comment s'y prendre, n'ayant, en général, aucune notion d'hygiène, lacune que nous allons essayer de combler.

Tout d'abord il est nécessaire de protéger autant que possible le visage et le cou contre les injures du vent, de la poussière et du soleil.

Au moyen âge, lorsqu'on ignorait l'art de soigner le visage, on portait un masque chargé, le jour, de préserver le teint des injures de l'air, et la nuit de remédier, par l'application de compositions rafraîchissantes, aux ravages des mauvais fards dont on abusait.

Les dames romaines se préparaient pour la nuit le *masque au mari* composé de mie de pain, de farine de fèves ou de riz, délayées dans du lait d'ânesse. Elles lui supposaient la vertu de prévenir ou enlever les rides.

Le matin on l'enlevait en se lavant avec du lait d'ânesse tiède.

Nous ne conseillons ni l'un ni l'autre, nous ne citons ces exemples que comme une preuve de la nécessité d'épargner l'action de l'air à la peau, si l'on veut conserver son teint.

L'usage de la voilette est recommandable, mais comme toutes les dames ne s'en accommodent pas, il faut tout au moins s'abriter sous un grand chapeau et une ombrelle.

Avant tout il faut éviter le dessèchement de la peau et la ride qui en est la conséquence. Une étoffe raide et empesée forme des brisures cassantes qui ne s'effacent pas ; une étoffe moelleuse, foulard ou lainage, s'arrondit en plis souples qui ne marquent pas.

Il en est ainsi de la peau. Sèche, elle s'exfolie et se ride ; soumise à une intelligente hygiène qui la conserve, la rend souple et onctueuse, elle ne se ride pas ou — si la ride a déjà fait son apparition — elle ne fait pas de progrès et peut disparaître.

En quelques lignes, expliquons la structure et la fonction de la peau, pour que l'on comprenne bien la nécessité de certains soins.

La couche extérieure de la peau, celle de laquelle dépend la beauté, se nomme *épiderme;* sans cesse il se renouvelle par une exfoliation invisible, constante et indispensable.

Le tissu principal se nomme *derme*, et contient les glandes cutanées, sébacées et sudoripares, dont le rôle est d'une extrême importance pour notre santé générale ; les premières éliminent les substances inutiles ou nuisibles de notre corps. — La transpiration modérée est en effet une bonne chose ; c'est une sorte de régulateur chargé d'équilibrer la chaleur du corps. Les secondes — les glandes sébacées — grâce à leur produit graisseux, servent à lubrifier et à nutrifier la surface épidermique.

Le bon fonctionnement de ces deux sortes de glandes rend la peau souple, moite, polie.

Chez les enfants, les sécrétions sébacées sont très
abondantes; de là leur peau et leur teint admirable.
A un certain âge (trente ans environ) elle diminue,
ce qui amène les rides; chez les vieillards elle cesse
tout à fait, et la peau se parchemine ou devient molle
et flasque.

Il est donc très important de noter que la beauté
de la peau dépend, en grande partie, de la couche
graisseuse qui la recouvre ainsi, et qui, ne se mélangeant pas avec l'eau, la protège contre l'humidité de
l'air, contre la chaleur et le froid excessifs, en un
mot, contre les brusques variations de température
qui sont plus nuisibles à l'épiderme.

Tout le monde sait que, dans le bain, l'eau, chassée
par cette enveloppe graisseuse, forme, sur la peau,
de grandes moires nacrées. C'est surtout remarquable chez les enfants, leur épiderme étant plus
jeune, partant plus *enveloppé* que celui des adultes.
C'est cette enveloppe graisseuse qu'il faut cultiver
et conserver, comme une précieuse condition de
beauté et de jeunesse, puisque, lorsqu'elle diminue et
disparaît, la peau se dessèche, se ride, la vieillesse
est là.

La peau du corps, constamment préservée des
atteintes de l'air, se conserve bien plus belle, plus

blanche et plus souple que celle du visage, du cou et des mains.

Il n'y a pas que les vêtements qui la protègent d'ailleurs; on la malmène moins. En effet, si on prend des bains journaliers, le savon y joue un rôle très sobre; si le bain est périodique, le savon ne peut pas nuire. Au sortir de l'eau on se sèche avec soin et on se couvre, par un besoin naturel de chaleur; l'épiderme ne souffre donc pas de l'action de l'air sur l'humidité persistante de l'immersion.

On comprend déjà que, pour le visage, le cou et les mains, les soins devront être tout autres.

Si on les lave de la même façon que le corps, comme on ne les sèche pas; qu'on ne les recouvre pas de la même façon, il se produit une action nuisible de l'air sur l'épiderme humide et récemment dépouillé, par les qualités détersives et dissolvantes du savon, de cette précieuse enveloppe graisseuse sécrétée par les glandes sébacées.

De là, dessiccation, rougeurs et autres nombreuses altérations de la peau, suivant le degré d'ignorance, d'imprudence ou d'indifférence de chaque personne.

Il est donc d'une importance capitale que la femme connaisse les *pourquoi* de ces effets désastreux, afin qu'elle se *soumette* à l'hygiène nécessaire pour les éviter et qu'elle repousse les conseils absurdes de gens qui prétendent l'instruire et qui ne savent rien eux-mêmes.

Pour pousser les choses à l'extrême, la lectrice d'un livre sur la beauté devrait s'assurer *de visu* si l'auteur a su conserver la sienne, et si cette lectrice se trouve en présence d'une personne, homme ou femme, au visage parcheminé ou apoplectique, donnant à son possesseur un âge supérieur au sien, elle devrait mépriser et rejeter ses avis. Si l'hygiène que l'on préconise est bonne, on doit en être le premier exemple, et si l'auteur, homme ou femme « ayant toujours vécu dans des conditions normales et dans un pays tempéré » n'escamote pas dix ans de son âge par l'état de conservation de sa peau et de son teint, il n'a pas le droit de prêcher une théorie quelconque sur ce sujet.

J'appuie sur ce fait : « d'existence normale et de pays tempéré », car il est certain qu'une existence semée de catastrophes et passée dans les larmes et les soucis, détruit l'équilibre de la beauté, de même que les années passées dans les régions intertropicales sont comme les années de campagne, elles comptent double.

* *
*

Le premier point dont il faut se rendre compte porte sur les causes d'irritations de la peau du visage.

En dehors de l'air, de la poussière, du soleil, en été ; du feu, en hiver ; et, en tout temps, des variations de température, il y a l'EAU FROIDE ! cette grande ennemie de la beauté du visage.

Je crains qu'il en soit toujours ainsi; «de mon temps » toute mère « bien pensante » enseignait à sa fille que l'unique soin à donner à son visage est de le laver à l'eau fraîche — tout simplement. Il y a même de récentes publications sur la beauté qui donnent ce conseil aussi primitif que désastreux, mais considéré comme *vertueux.*

Or, nous savons maintenant que notre peau est enveloppée, par la nature protectrice, d'un enduit graisseux ; comme l'eau ne peut dissoudre la graisse il faut donc, pour bien *nettoyer* la peau, employer le savon — et on ne le ménage pas — puis on se rince à grande eau, toujours froide, parfois même on plonge le visage dans la cuvette et, de ces ablutions, on sort le visage empourpré, se disant que l'on a « bonne mine ».

On s'essuie, le plus souvent en frottant énergiquement et, si on suit les conseils maternels, on s'en tient là.

Dans un livre plein de conseils sérieux, on ajoute que, lorsqu'on a très chaud, *on peut mettre sur son visage* ainsi récuré *un peu de poudre de riz.*

Je plains la personne qui suivra ces conseils.

L'eau froide est désastreuse : 1° parce que chez les personnes sanguines elle produit la couperose au premier degré; 2° parce que rien ne provoque plus les irritations de l'épiderme si fin et si délicat chez la femme, comme les alternatives de froid et de chaleur; 3° parce qu'elle ne nettoie pas et oblige à l'emploi du savon, qui détruit la couche graisseuse, laisse l'épiderme à nu et l'expose à la dessiccation, activée encore par la poudre employée seule.

Le visage subit déjà forcément beaucoup trop de changements de température sans en provoquer encore.

En outre, les microbes, dont il a déjà été question, trouvent bien meilleur accueil et plus de prise sur un épiderme irrité et dénudé. Un épiderme intact, bien nettoyé de ses impuretés (nous en donnerons les divers moyens) recouvert de son enduit sébacé et protégé par quelque bon produit qui l'enveloppe, risque beaucoup moins d'être envahi par ces malfaisants infinitésimaux. Si on y ajoute un emploi judicieux et raisonné des antiseptiques, il y a des chances pour être indemne de ces germes infectieux, car ils ne trouvent pas de terrain propice pour leur développement.

Beaucoup d'affections cutanées n'ont pas d'autre cause : une légère irritation s'est produite sous une influence quelconque, un microbe s'y installe, s'y développe ; pour peu que la constitution s'y prête, la lésion grandit, s'étale, se creuse, et si l'on continue l'emploi irraisonné de l'eau froide et du savon, elle peut prendre de désastreuses proportions.

Beaucoup de personnes, en ce cas, croient bien faire en employant des caustiques, et lavent les rougeurs avec du vin, du vinaigre, de l'eau-de-vie, de l'alcool camphré, de l'eau de Cologne, etc., lorsqu'elles n'ont pas recours à des lavages répugnants.

Avant d'arriver à ce qu'il faut faire, nous voulons donner un exemple sincère, exact et probant de ce qu'il faut *ne pas faire*, et l'on aura, croyons-nous, suffisamment compris pour admettre les théories des moyens préservatifs et curatifs, qui peuvent prolonger la jeunesse et conserver la beauté.

Histoire de la beauté d'une femme. — Il s'agit d'une mère, tranquille bourgeoise ayant aujourd'hui soixante ans et d'une fille d'environ trente-cinq ans, ayant passé dix ans sous les tropiques.

Conseils maternels : eau fraîche tous les jours, savon une fois par semaine pour laver le visage et tous les jours pour laver le cou. Absolument rien de plus.

Quelquefois, en cachette, la jeune fille mettait un peu de poudre.

La mère a mis cette théorie en pratique; elle a été toujours sujette, malgré un sang très sain, à des rougeurs, parfois furtives accompagnées de chaleurs, parfois s'installant par plaques. Elle se passait alors sur le visage de l'alcool camphré, de l'eau sédative ou de l'eau de Cologne, parfois — c'était le moins mauvais — un peu de pommade camphrée.

Elle a maintenant une peau rugueuse, plissée, pointillée de rouge. Les plaques, autrefois circonscrites et ne restant que quelques heures, envahissent maintenant une grande partie du visage et durent plusieurs jours; le front et les arcades sourcilières sont presque toujours d'un rouge vif et luisant ; les yeux, encore beaux cependant, perdent tout leur éclat dans ce teint marbré, et cette femme qui, sans cela, serait encore fort bien, car elle est restée jeune de caractère et d'allures, est laide, et qui pis est, d'une laideur vulgaire.

La fille a — par ignorance et par soumission — suivi les préceptes maternels.

Très blanche, presque trop, elle avait — grâce à un tempérament nervoso-sanguin — des joues d'un rose vif, tranchant violemment sur la blancheur éclatante d'un épiderme très fin et excessivement délicat, qui eût demandé de grands soins. Par une hygiène appropriée, en chassant le sang des joues et en respectant l'enveloppe sébacée, le teint aurait pris une harmonie et un éclat merveilleux.

Mais les ablutions d'eau froide attirant, au contraire, le sang à la peau, amenèrent aux pommettes, dès l'âge de quatorze ans, un peu de couperose.

La rougeur des joues s'en aviva, désespérant la pauvre enfant qui confia son chagrin au médecin ; il se contenta de sourire en lui disant qu'elle se plaignait d'un excès de santé ; elle demanda conseil à plusieurs pharmaciens qui donnèrent des lotions et des pommades d'une inutilité absolue.

Elle voyagea alors dans les pays chauds ; le soleil brûla cette peau très fine et déjà irritée, au point de la rendre d'une teinte brune très foncée ; à dix-huit ans, un observateur superficiel lui en eût donné trente.

Elle eut des enfants, et le masque de grossesse vint brunir encore cette teinte en la nuançant désagréablement.

Dans ce pays où elle était presque seule d'Européenne, elle ne rencontra personne pour lui donner un bon conseil ; pourtant elle entendit parler du lait antéphélique et s'en servit pour faire disparaître le masque.

A mesure que l'épiderme ; désséché par le lait antéphélique, s'exfoliait, le soleil implacable ou, pour mieux dire, la chaleur ambiante qui brûlait même à l'ombre, grillait cette peau nouvelle si fragile, et formait de nouvelles taches, de tons variés. Désespérée elle y renonça, ne continuant que les ablutions d'eau froide, tenant à honneur de ne pas mettre de poudre, *d'être naturelle.*

Enfin, elle vint dans un pays un peu plus civilisé et se trouva en contact avec quelques femmes qui lui donnèrent divers conseils sans efficacité. Un jour quelqu'un développa devant elle cette théorie que pour avoir la peau blanche il fallait se savonner le visage tous les jours, car le savon enlevait la première surface de l'épiderme qui, ainsi, se renouvelait peu à peu et se dépouillait du hâle.

Elle essaya. Oui, le hâle s'atténua, mais non la coloration excessive et vulgaire de son teint.

Elle avait alors vingt ans, et, grâce à ce régime — quelques fâcheuses contractions du visage aidant — elle avait le front tout ridé ; on lui donnait trente-cinq ans.

Un jour, une femme intelligente et bienveillante, doctoresse à ses heures, lui conseilla de supprimer complètement l'eau froide et de se laver à l'eau presque chaude.

Une grande amélioration se produisit; les couleurs s'atténuèrent notablement, les progrès de la couperose furent enrayés.

Elle commença à employer le cold-cream et la poudre.

Mais les cold-cream rancissent et les poudres sont rarement inoffensives; son teint resta défectueux.

Elle revint en France et là quelques bons avis lui furent encore donnés; on lui parla de la crème Simon qu'elle adopta, puis elle renonça à la veloutine pour une poudre sans nom retentissant, mais d'autant plus inoffensive, et elle fit un grand pas dans la récupération de sa beauté perdue. Après quelques années de ce régime, alors qu'elle avait trente-quatre ans, elle revit des gens qui ne l'avaient connue qu'à vingt ans et qui, stupéfaits, la trouvaient *rajeunie*... Il est incontestable qu'elle est bien plus jolie en sa maturité, avec sa science actuelle de l'hygiène de la beauté, que dans sa rayonnante et ignorante jeunesse.

De ces diverses observations et de maintes expériences que nous avons suivies avec intérêt, se dégagent les systèmes que nous allons développer pour les soins du visage et du cou.

Si nous avons raconté avec autant de détails

« l'histoire de la beauté d'une femme », c'est qu'elle contient un sérieux enseignement et qu'un exemple éclaire mieux, fait mieux « tableau », que de longues et ennuyeuses théories.

Recommandations générales. — Il est prudent de supprimer, pour les soins du visage, toute éponge, serviette, mouchoir ou linge. Même le mieux lavé peut contenir des microbes, à moins qu'il ne soit rincé dans une solution antiseptique.

Le mieux est de n'employer que du coton hydrophile et de la gaze salolée ; l'un et l'autre étant antiseptiques ne peuvent apporter de microbes sur la peau.

Manière pratique de se laver. — Les Anglais ont importé chez nous les ablutions profuses, les cuvettes grandes comme des tubs, les exagérations enfin, rendant presque impossibles les précautions hygiéniques devenues et reconnues indispensables pour se maintenir en bonne santé.

Si chaque personne, dans une famille, emploie un broc d'eau pour se laver le visage, comment donner de l'eau bouillie ? et quel effet produira un peu d'eau de toilette dans une pareille quantité d'eau ?

Pour être pratique, employons un demi-litre d'eau bouillie, dont le degré de chaleur est descendu à la température adoptée, mettons-y le son ou l'eau de toilette, et employons pour le savonnage et le rinçage — non des éponges, nids à microbes, impossibles à bien nettoyer chaque jour — mais deux petites serviettes *en toile fine*, ayant chacune 30 centimètres carrés. L'une, bien savonnée, est mise de côté après avoir servi, et on prend l'autre pour le rinçage ; de la sorte, on ne trouble pas l'eau par le savon et on se rince avec une eau bien plus claire et plus pure, que si on rince serviette et éponge savonnées dans la cuvette pleine d'eau, ainsi que cela se fait couramment.

Il est facile alors, pour le lavage des mains et des bras, de remplir la cuvette si on veut.

Ces deux petites serviettes se remplacent *tous les matins*, et on ne les donne pas à la blanchisseuse.

Une ou deux fois par semaine, on les fait bouillir avec quelques grammes de lessive Phénix, on les rince soigneusement, à grande eau, puis, en dernier lieu, on les rince dans une solution antiseptique. Elles peuvent sécher n'importe où, étant si petites.

Nota. — N'enfermez jamais la brosse à dents dans l'objet en porcelaine destiné, bien à tort, à cet usage. On devrait également laisser à l'air la brosse à ongles. Un petit plateau en porcelaine *sans couvercle* est convenable pour y déposer les brosses.

Lorsqu'on s'est lavé les dents, il faut bien secouer la brosse, puis la plonger dans la solution antiseptique, la secouer et la laisser sécher.

Il ne faut pas user, pour le visage, de certaines lotions un peu mordantes, telles que les laits antéphéliques, par exemple, qui éclaircissent le teint, c'est vrai, mais qui renferment tous du mercure et qui ont le défaut, dans certains cas, de trop amincir la peau, ce qui laisse voir tout ce qu'il y a dessous, taches, veinules, etc.

Une erreur courante consiste à croire que les peaux fines sont les plus belles. Non ; ce sont au contraire les peaux épaisses qui donnent le plus beau teint. Ne pas confondre avec les peaux rugueuses ou les peaux d'un gros grain.

La peau épaisse recouvre bien nettement tous les détails du derme ; de là, cette belle couleur unie, claire, nette.

Les peaux fines sont transparentes et ne recouvrent les détails sous-cutanés qu'à la façon d'un voile de gaze, laissant voir ou deviner ce qu'il enveloppe.

Il ne faut donc pas amincir la peau, sauf les cas d'éphélide ou de masque, où il faut la brûler, enlever ce qui est dessous, et la laisser se reconstituer.

Si on a besoin d'user d'une lotion antéphélique, ne le faire que par intermittence, en s'observant, et de préférence pour le cou.

La glycérine est trop irritante pour le visage ; elle y amène une chaleur et une rougeur désagréables.

Elle est précieuse pour les mains qu'elle rend fort belles.

La vaseline, le beurre de cacao, sont bons pour certains épidermes et peuvent leur tenir lieu des corps gras dont nous parlons plus haut. C'est une question d'observation ; il ne faut jamais employer aveuglément un produit, car la même méthode ne convient pas à tous les tempéraments ; il convient de s'étudier intelligemment soi-même.

La vaseline et le beurre de cacao sont précieux dans le maquillage et surtout dans le démaquillage des artistes.

La vaseline adoucit et protège bien certains épidermes ; d'autres jaunissent à son emploi ; c'est donc à étudier. La vaseline est excellente pour le *démaquillage*, car elle nettoie très bien, et laisse à la peau un bon revêtement, qui retient la poudre sans autre soin à prendre.

Elle a la grande qualité de ne pas rancir ; sa légère odeur de pétrole n'est pas supportée par tout le monde ; néanmoins elle disparaît très vite.

Contre la gerçure des lèvres. — Baume de la Ferté en petits pots d'étain vissés.

* *

Nota. — Dès que l'on met la moindre chose sur son visage — crème Simon, cold cream, crème Pokitonoff, poudre de riz — *il faut y veiller*.

D'abord, la poussière s'y arrête au lieu de pénétrer dans les pores, et il faut l'enlever de temps en temps ; puis, en se mouchant, en s'essuyant le visage, on enlève partiellement la poudre, etc.

Il faut avoir une petite glace dans sa poche ainsi qu'un flocon de coton imprégné de poudre pour réparer ces légers désordres ; essuyer le dessous des yeux ; en un mot, voir si tout va bien.

Le meilleur nécessaire de poche est un porte-monnaie-bourse ; dans l'une des poches on met le flocon de coton poudré, dans l'autre la glace, etc. C'est plus plat et plus commode dans la poche que la petite boîte à poudre qui, d'ailleurs, ne peut contenir qu'une houppe trop petite.

Nous faisons exception pour la Dorine, d'un emploi commode et qui produit le plus bel effet.

Il est extrêmement pernicieux de mettre, sur le visage, de la poudre de riz *seule* sans crème Simon, sans vaseline ou sans corps gras.

Cela se comprend facilement : ou l'on a bien séché la peau et la poudre ne fait que la sécher davantage et n'adhère pas — partant ne *protège pas* — ou bien on la met sur la peau humide et elle forme un petit enduit *desséchant* et fort laid d'aspect. Par conséquent, la poudre employée seule n'embellit pas, ne protège pas ; elle dessèche et irrite l'épiderme.

Quelques femmes très coquettes, à idées étroites et mesquines, ont des « procédés de beauté » qu'elles cachent soigneusement, heureuses de voir leurs amies ou connaissances patauger dans leur ignorance et enlaidir peu à peu sans rémission.

C'est un faux raisonnement qui les fait agir ainsi. Quand toutes les femmes d'une réunion sont jolies, les hommes sont plus assidus et plus aimables, et il y a toujours des hommages pour celles qui les méritent.

Il y a encore à vaincre l'opposition ridicule et irrai-

sonnée des maris, des pères et des hommes en général
contre l'usage de la poudre et d'une substance quelconque sur le visage. Dans les épanchements affec-
tueux, la poudre et les crèmes risquent de salir leurs
habits, et sans rien vouloir entendre ils les prohibent.

C'est ainsi qu'une charmante femme de vingt-huit
ans, déjà couperosée par l'usage de l'eau froide et
du savon, nous demandait un conseil contre l'exfoliation continue de sa peau ; il s'en détachait constamment une sorte de farine.

Sur l'indication de la crème Simon et de la poudre, seul système qui nous parût convenir ; elle nous
dit que son mari — un homme intelligent cependant
— ne les lui permettrait pas.

Il fallut les faire ordonner par un médecin, et en
quelques jours les exfoliations cessèrent.

CHAPITRE V

Méthode « recommandée » pour les soins du visage et du cou.

Nous ne saurions répéter avec trop d'insistance que l'eau froide est nuisible à la peau. Nous ajouterons qu'elle est nuisible en général, aussi bien pour les soins intimes du corps que pour les ablutions générales.

Bien des maladies spéciales de la femme n'ont pas d'autre cause, que l'emploi interne de l'eau froide, sous prétexte de tonifier les muqueuses. Il y a bien d'autres moyens pour cela! On ne songe pas au désastreux effet de ce violent changement de température, qui a pour effet d'appeler le sang où il n'a que faire, partant d'y provoquer de l'inflammation.

Condition absolue : il ne faut employer pour se laver que de l'eau non pas tiède, mais assez chaude *et ayant bouilli*; dans laquelle on aura exprimé toute la farine contenue dans une poignée de *recoupe* fraîche (son très fin.)

On met cette recoupe dans un carré de gaze salolée que l'on change chaque jour.

Un bon procédé est encore de se laver avec une légère eau de riz. Un autre bon procédé est l'eau de son fermenté.

Cette eau se fait en mettant au soleil pendant vingt-quatre heures une poignée de son dans un pot d'eau. On la passe pour s'en servir. L'odeur qu'elle dégage se dissipe très vite. On ajoute une cuillerée d'une solution salolée ou boriquée.

On se savonnera chaque jour, avec un savon inoffensif — le meilleur nous semble, jusqu'à présent, le savon à la crème Simon.

Après s'être bien rincé sans frotter, on s'essuiera doucement mais bien complètement avec un linge fin, on versera dans le creux de sa main un peu d'une lotion astringente sur le visage et le cou, on laissera sécher.

On peut alors essayer les produits suivants; chaque personne conservera celui dont l'usage convient le mieux à son épiderme.

Il n'y a pas plus un seul tonique, un seul régime convenant à tous les épidermes, qu'il n'y a, en médecine, un seul remède guérissant tous les malades.

1er Système : crème Simon. — On passe — avec la main — un peu de crème Simon que l'on étend bien également ; on essuie ce qu'il y aurait de trop avec un peu de gaze salolée, puis on met la poudre Simon.

2ᵉ Système: crème rafraîchissante Pokitonoff. — On peut prendre un peu de crème rafraîchissante sur un flocon de coton, en passer partout et mettre la poudre.

Les poudres de riz qui nous ont paru jusqu'ici les meilleures, c'est-à-dire les plus inoffensives, sont la poudre Simon et l'Invisible.

Nous donnons plus loin la manière de faire une poudre de riz bienfaisante; mais le travail de porphyrisation est très long et rebute souvent.

Une poudre appelée à un grand retentissement est la poudre Nictiphane.

Pour le visage et le cou, elle a une qualité précieuse aux bains de mer et à la campagne, car elle présente du hâle, ce que nous expliquerons.

Il faut se défier de toutes poudres et de tous fards, quelle que soit leur réputation, contenant du bismuth. Le bismuth est très pernicieux pour la peau.

Il faut toujours, le soir, nettoyer le visage avec de la crème de lait frais ou de la crème rafraîchissante.

CHAPITRE VI

Emploi exclusif des corps gras pour les soins du visage.

(Méthode de la doctoresse Pokitonoff.)

Conservation de la peau et préservation des rides. (*Pouvant être utilisée par les personnes qui ont la peau sèche*) — Il est bien entendu qu'il faut une extrême propreté pour bien se porter, cette propreté étant nécessaire au bon fonctionnement des pores.

Nous savons 1° que l'eau seule ne nettoie pas la peau, à cause de son revêtement graisseux ; 2° que le savon la nettoie par son émulsion avec ce revêtement graisseux, mais au détriment de l'épiderme qu'il dépouille de la couche préservatrice qui lui est indispensable.

Il faut donc, d'après madame Pokitonoff, pour obtenir la propreté en évitant l'inconvénient susdit, employer un corps gras qui, se mélangeant avec

10.

la couche graisseuse naturelle, dissoudra et entraînera les impuretés.

A défaut de crèmes préparées, on peut employer
un corps gras inerte — axonge très pure et très
fraîche — ou encore la crème de lait extrêmement
fraîche (il en faut très peu, une cuillerée à entre-
mets suffit.)

La doctoresse Pokitonofi a composé plusieurs
crèmes répondant aux besoins des diverses natures
d'épiderme, au point de vue réparateur.

La crème rafraîchissante, employée pour le *nettoyage* de la peau, est la même pour tout le monde.

On prend un tampon de coton, on le couvre de
crème et on nettoie soigneusement, en frottant doucement le visage et le cou. Avec plusieurs tampons
successifs, jetés au fur et à mesure, on essuie le surplus de crème qui entraîne les souillures de la peau;
elle reste alors très nette, très propre. On couvre
ensuite le visage et le cou d'une poudre bien faite,
la poudre Simon par exemple, rose pour les blondes,
Rachel pour les brunes — jamais blanche — et l'on
a, si ce système est approprié à l'épiderme, un teint
d'une extrême délicatesse de ton, avec une peau d'un
tissu très fin.

*
* *

Il est compréhensible, ajoute la doctoresse, que si
l'on adopte ce système avec un teint très défectueux,
une peau surmenée, desséchée, ridée, on n'obtient

pas immédiatement ce résultat. Il faut d'abord guérir la peau par un traitement que nous allons étudier, et qui demande de un à six mois, suivant l'état morbide.

Il ne faut pas oublier qu'il y a toujours une proportion entre la durée d'une maladie chronique et la durée de sa guérison ; plus le mal est récent, plus il guérit vite.

Il est certain aussi que ce traitement ne peut convenir aux peaux grasses, que cela détend outre mesure.

Recommandation très importante : la peau ayant toujours tendance à se détendre, il faut combattre cette tendance en faisant toutes les frictions légèrement et de bas en haut, ce qui a pour but de tonifier les chairs et d'en conserver ou améliorer la forme. Il faut surtout frotter très légèrement — caresser plutôt le tour des yeux, en contrariant le travail destructeur de la nature.

On fera très bien de renouveler cette friction le soir pour enlever toute la poussière de la journée.

Si on peut, on se couche ainsi, en essuyant seulement avec du coton ou de la gaze antiseptique.

Les jeunes filles pourront adopter cette méthode de très bonne heure, de 20 à 25 ans ; les enfants et les fillettes se trouveront très bien de lavages au lait très frais et crémeux ou à la crème très fraîche.

Nous appuyons surtout sur la suppression des serviettes ; rien d'ailleurs n'est plus doux pour la peau du visage que l'effleurement du coton, qui ne la meurtrit pas, ne l'irrite pas, n'y fait pas affluer le sang, et que l'on change autant de fois que cela est nécessaire.

N'oublions pas qu'il ne faut jamais laisser la peau du visage exposée *nue* à l'air, qui toujours lui est nuisible. Il faut donc, dès la jeunesse, et sans s'inquiéter des récriminations masculines, couvrir *toujours* la peau du visage de poudre de riz inerte. Lorsqu'on prend une part quelconque aux soins du ménage, il faut, à la maison, renforcer la couche de poudre pour que la poussière s'y arrête ; lorsqu'on sort, on peut se contenter de l'enlever avec un flocon de coton, ou mieux encore, l'enlever avec un peu de crème, et remettre un nuage de poudre fraîche.

Nous en avons bien fini avec ce préjugé qui faisait *mal voir* la femme qui se met de la poudre ; s'il subsiste encore en province, il tombera bientôt, et nous y travaillerons ardemment, car rien n'est plus douloureux que de voir un visage flétri et de se dire qu'avec un peu de soins et une bonne hygiène il serait charmant.

Nota. — Le système Pokitonoff est précieux en voyage, mais surtout à la campagne et dans tous les pays dont l'eau est — ce que l'on appelle — dure ; cette eau enlaidit considérablement, rend la peau rouge, marbrée, rugueuse, cela se remarque dans un grand nombre de localités des environs de Paris où l'on emploie encore l'eau de puits.

CHAPITRE VII

Divers remèdes contre les rides.

Méthode curative des rides et de la flaccidité des chairs du visage, système Pokitonoff. — Lorsque, par suite de certains rictus, de grimaces, d'amaigrissement rapide, on a des rides prématurées ou lorsque l'âge les a apportées, il faut, par un massage habile et persévérant, lutter chaque jour et combattre cette terrible ennemie de la beauté. La doctoresse a inventé, pour cet usage, un tampon en caoutchouc durci ; il en faut deux : un petit pour le tour des yeux et la racine du nez, un grand pour les larges surfaces.

On peut, à volonté, les envelopper d'un flocon de coton et d'un morceau de gaze, ou les employer tels quels, ce qui est mieux. On emploie, pour ce massage, l'une des diverses crèmes astringentes de la doctoresse, composées suivant la nature de chaque épiderme, dans le but de tonifier, resserrer et raffermir les chairs.

Avec une très petite pelle en ivoire, aux bords arrondis, on prend la crème et on l'étend, avec le dos de la pelle, en couche un peu épaisse sous les yeux, sur la place menacée par la *patte d'oie* et partout où des rides naissent et où des plis s'accusent.

Avec le petit tampon on frictionne très légèrement sous l'œil, en sens inverse des rides, puis en remontant doucement, on masse les pommettes et les parties proéminentes et un peu gonflées qui partent du nez, dans le but de les abaisser pour remplir le pli qui se creuse et cerne l'œil assez fréquemment. Toujours avec ce petit tampon on frictionne, en rond, l'angle externe de l'arcade sourcilière, la tempe et la racine du nez. Avec le grand tampon on masse largement et un peu plus fort le front, les plis qui encadrent la bouche, les méplats des joues, le menton et les maxillaires en remontant les chairs des joues.

Ce massage demande un quart d'heure.

On essuie ensuite cette crème astringente avec du coton formant tampon dans un morceau de gaze, on passe, sur tout le visage, de la crème rafraîchissante que l'on essuie avec du coton, et l'on met la poudre, en assez grande quantité, en enlevant le surplus avec le coton.

Nous ne conseillons pas, si ce n'est à des femmes vivant seules, de dormir avec d'épaisses couches de crème astringente sur le visage — ce qui est bon, paraît-il ; — mais nous sommes d'avis qu'il faut épargner aux maris ces douloureux spectacles; que la femme n'oublie pas qu'elle doit toujours être parée pour son mari, si elle tient à conserver sa tendresse.

On peut, une fois par semaine, laver le cou et les épaules avec de l'eau chaude, et du savon, à condition de se sécher doucement et de passer partout, immédiatement après, de la crème rafraîchissante et de la recouvrir avec de la poudre.

Eau Circe (contre les rides).

Faire dissoudre dans 250 grammes d'alcool :
    Benjoin pulvérisé.................   2 grammes.
    Encens pulvérisé..................   2   —
    Gomme arabique pulvérisée........   2   —

Ces substances étant dissoutes, on ajoute :

    Amandes douces pulvérisées........   3 grammes.
    Girofle pulvérisé.................   1   —
    Muscade pulvérisée...............   1   —

On laisse infuser pendant deux jours, en remuant deux fois par jour.

On ajoute ensuite :

    Eau de roses......................   45 grammes.

et on distille pour obtenir la moitié.

On emploie cette eau en lotions fréquentes, ou en compresses que l'on applique le soir en se couchant.

Lotions contre les rides précoces (C. James).

    Eau de roses......................   200 grammes.
    Lait d'amandes épais..............   50   —
    Sulfate d'alumine.................   4   —

Faire bien dissoudre.

Pommade contre les rides du visage (*recette du moyen âge*). — Prenez suc d'oignons de lis blancs, miel de Narbonne, de chacun deux onces, cire blanche fondue, une once ; incorporez le tout ensemble, et faites-en une pommade. Il en faut mettre tous les soirs, et ne s'essuyer que le matin avec un linge.

Secret pour enlever les rides (*recette du moyen âge*). — Faites rougir une pelle ; jetez dessus de la poudre de myrthe ; recevez-en la fumée sur votre visage, en vous couvrant la tête avec une serviette, pour rassembler la fumée et l'empêcher de se dissiper. Réitérez par trois fois ce procédé : ensuite faites chauffer de nouveau la pelle ; lorsqu'elle sera bien chaude, vous l'arroserez de vin blanc avec un pulvérisateur. Vous en recevrez ainsi la vapeur sur votre visage, et vous réitérerez de même trois fois, continuant ce procédé matin et soir, aussi longtemps que vous le désirerez.

L'applicable de ce procédé est assez difficile, mais nous croyons que le résultat est bon, sans pourtant avoir poussé l'expérience assez loin pour le recommander.

Divers moyens pour rafraîchir et blanchir la peau. — Dans la saison des concombres, il est bon de se laver, le soir, avec la première eau (sans sel) rejetée par le concombre.

Une des principales conditions pour avoir le teint frais et clair est le parfait fonctionnement de l'intestin non seulement comme périodicité, mais comme nature.

La plus légère constipation est funeste, qu'elle se produise par l'irrégularité, ou par d'autres manifestations, et il faut y remédier immédiatement, de même

qu'à l'état contraire ; l'un et l'autre état sont toujours, d'ailleurs, le résultat d'une inflammation qu'un
même remède peut guérir, en en guérissant la cause.

Il y a plusieurs moyens de remédier aux troubles
intestinaux ; nous les donnons plus loin.

Un peu de parfumerie.

Crème lénitive.

Blanc de baleine	35	grammes.
Cire vierge	15	—
Huile d'amandes	150	—
Eau de roses triple	30	—

Faire fondre à feu doux, couler dans un mortier,
triturer avec soin et ajouter :

Héliotropine	1	gramme.

Plus cette pommade est battue, plus blanche elle
devient et meilleure elle est.

Mettre en petits pots fermés bien hermétiquement
au parchemin.

La crème lénitive est excellente pour adoucir et
nettoyer la peau, enlever les ardeurs et les cuissons
légères, en un mot, supprimer toute irritation de
l'épiderme :

Eau de lavande.

Alcool rectifié	1	litre.
Essence de lavande	30	grammes.
Eau de roses	150	—

Laisser reposer deux ou trois jours et filtrer.

Lotion.

Eau de fleurs d'oranger............   1 litre.
Glycérine.........................   50 grammes.
Borax...........................   10   —

Masser la peau et appliquer la poudre de riz.

Lait virginal.

Eau de roses ....   900 grammes.
Teinture de myrrhe..............   10   —
    —   d'opoponax..............   10   —
    —   de benjoin........   10   —
    —   de guillaya. Q. S. pour
           émulsionner.
Essence de citron................   4 grammes.

Pour les épidermes irritables et ternes.

Lait d'amändes.

Amandes douces..................   62 gr. 1/2.
Eau de sureau...................   300 grammes.
Cire blanche....................   3 gr. 1/2.
Blanc de baleine........'.........   3 gr. 1/2.
Savon blanc.....................   3 gr. 1/2.
Alcool à 60°....................   30 grammes.
Essence d'amandes amères........   1   —
Essence de bergamote...........   3   —

On fait blanchir les amandes dans l'eau bouillante
pour enlever leur enveloppe, puis on les pile avec
soin dans un mortier, en ajoutant peu à peu l'eau de
sureau, et on passe à travers une mousseline, sans
presser. On fait fondre dans un autre vase, au bain-
marie, le savon, coupé en très petits morceaux ; on
ajoute le blanc de baleine et la cire, et on remue
jusqu'à ce que le tout soit bien fondu et mélangé.

Dans un troisième vase, on mêle l'alcool et les essences. Quand ces trois préparations sont bien faites séparément, on verse peu à peu le mélange de savon, de blanc de baleine et de cire dans le lait d'amandes, en remuant continuellement ; on verse ensuite l'alcool goutte à goutte, en continuant à remuer, on filtre de nouveau et on met en flacons bien bouchés. Ce lait d'amandes est très adoucissant pour la peau.

Essence de verveine (eau de toilette excellente pour frictions).

Esprit de vin rectifié..............	0 lit. 56 centil.
Essence de Schœnanthe (verveine de l'Inde).....................	5 grammes.
Essence d'écorce d'orange........	56 —
— de citron.........	14 —

Laisser reposer quelques heures, filtrer, mettre en flacons.

Extrait de verveine (pour le mouchoir).

Esprit de vin rectifié..............	0 lit. 56 centil.
Essence d'écorce d'oranges........	28 grammes.
— de citron.........	56 —
— de schœnanthe...	4 gr. 05 cent.
Extrait de fleurs d'oranger........	193 grammes.
— de tubéreuses..............	198 —
Esprit de rose.....................	0 lit. 28 centil.

Procéder comme pour l'essence. On peut opérer sur le dixième de ces quantités en observant les proportions, car ces deux extraits sont meilleurs *frais*.

Peau d'Espagne.

La peau d'Espagne est un cuir très parfumé que

l'on prépare soit avec de bons morceaux de peau de chamois ou de mouton chamoisé, ou avec du cuir de Russie, ce qui donne une variété de parfum.

Le cuir de Russie doit son odeur au santal odorant avec lequel il est tanné, et à l'huile d'écorce de bouleau avec lequel il est corroyé. Nous allons donner d'abord la préparation de la peau de chamois.

Essence de néroli	15	grammes.
— de rose	15	—
— de santal	15	—
— de lavande	8	—
— de verveine	8	—
— de bergamote	8	—
— de girofle	4	—
— de cannelle	4	—

On peut y ajouter d'autres essences encore.

On fait dissoudre dans 25 centilitres d'alcool 115 grammes de benjoin, puis on l'ajoute aux essences. On y met alors tremper le cuir pendant deux jours, puis on le presse et on le fait sécher à l'air.

Le cuir de Russie sera préalablement trempé dans de l'essence de santal ou de l'essence de Schœnanthe.

On fait ensuite une pâte en pilant dans un mortier deux grammes de civette et deux grammes de musc en grains avec une solution épaisse de gomme adragante pour donner une consistance qui permette de l'étendre ; on y ajoute quelques gouttes du bain.

On coupe alors la peau en morceaux d'environ 25 centimètres carrés, on l'enduit de cette pâte, on réunit les deux morceaux, on les met sous presse entre deux feuilles de papier et on laisse sécher pendant une semaine.

La peau d'Espagne est alors faite.

On peut ensuite la couper en morceaux, la mettre dans des sachets, en parfumer les lettres, etc.

On peut opérer au dixième, car c'est une préparation coûteuse.

D'ailleurs, faire la parfumerie soi-même est plutôt un amusement qu'une économie. Mais c'est un passe-temps charmant et passionnant pour la femme peu occupée.

Poudre hygiénique pour le visage et les épaules.

Amidon de blé précipité teinté au jus de carottes..................	50 grammes.
Poudre de talc de Venise.........	20 —
— de lycopode.............	20 —
Salol ou acide borique porphyrisé...	10 —
Essence préférée	Quelques gouttes.

Pour teinter l'amidon, il faut râper des carottes, en extraire le jus, et y délayer l'amidon, qu'on laisse reposer.

Massage parfumé.

Huile d'amandes amères	10 grammes.
— — douces...........	100 —
Baume de tolu....................	2 —
Benjoin.........................	2 —
Essence de citron.................	2 gouttes.
— de Cajéput	2 —

11.

Ce massage, après le bain, raffermit, parfume et rafraîchit la peau.

Contre la sueur mal odorante du corps. — Se poudrer avec la composition suivante, qui doit être impalpable :

Poudre d'amidon de blé précipité...	60 grammes.
Sous-nitrate de bismuth	15 —
Permanganate de potasse	10 —
Poudre de talc	5 —

Traitement des peaux rugueuses (peau de chagrin) (Monin).

Lavage journalier à l'eau de Vichy naturelle tiède.

Autre méthode (Startin).

Eau de fleurs d'oranger.............	1/5 de litre.
Glycérine.......................	10 grammes.
Borate de soude..................	2 —

Lotionner trois fois par jour et recouvrir de poudre de riz.

Ruban de Bruges.

Faire les deux teintures suivantes dans des bouteilles séparées :

Bouteille n° 1

Teinture d'iris....................	0 lit. 28 centil.
Benjoin entier..................	115 grammes.
Myrrhe	21 —

Bouteille n° 2

Alcool..........................	0 lit. 28 centil.
Musc...........................	14 grammes.
Essence de rose................	2 —

Laissez reposer ces deux teintures pendant un

mois. Prenez 150 mètres de ruban de coton et plongez-les dans la solution suivante :

Salpêtre......................	28 grammes.
Essence de rose chaude...........	0 lit. 50 centil.

Faites-le sécher. Filtrez les deux teintures, mêlez-les ; trempez-y le ruban, laissez-le bien s'imbiber, faites-le sécher et enroulez-le ; placez-le dans un petit vase muni en haut d'une étroite fente par laquelle passe le ruban comme la mèche d'une lampe ; allumez, soufflez la flamme aussitôt, en se consumant lentement il parfumera l'appartement, et s'éteindra en arrivant à la fente.

On peut en faire le quart en divisant bien chaque quantité.

Parfums pour le linge et les habits. — La racine d'iris est communément employée pour donner au linge lessivé une odeur très agréable. On l'achète en rondelles chez les herboristes ou les droguistes, et on fait un collier que l'on place dans le cuvier sur les couches de linge sale avant de verser l'eau chaude dans la lessiveuse ou bien on place les racines d'iris dans l'armoire, entre les pièces de linge sec. Ce dernier procédé nous semble le meilleur, mais on peut les employer tous les deux. On peut encore acheter de la poudre d'iris et en mettre dans l'armoire au linge.

Une autre plante, très recherchée aussi pour aromatiser le linge et les habits, est l'aspérule odorante, qu'on nomme à tort, dans le Nord surtout, le muguet des bois, bien qu'il n'ait aucune ressemblance avec le muguet de mai connu de tous. A l'état vert, l'aspérule ne sent rien, mais aussitôt desséchée, l'odeur la plus agréable s'en dégage. C'est dans cet état qu'on l'emploie pour parfumer les armoires.

Une troisième plante, très commune partout, qui peut rendre les mêmes services que les deux précédentes, est la racine d'aunée. On l'arrache à l'âge de deux ou trois ans, dès qu'elle est bien développée ; on la fend en quatre morceaux dans le sens de la longueur, et on la fait sécher au soleil, à l'air ou à l'étuve ; verte elle n'exhale aucun arome ; mais dès qu'elle est sèche, elle répand une douce odeur qui tient de celles de l'iris et de la violette.

Sachets pour le linge. — Racine d'iris ; écorce de bergamote sèche ; écorce d'oranges de Portugal ; fleurs de roses sèches. Le tout pilé par quantités égales et étendu entre deux feuilles de ouate.

Autre sachet. — Vous mettrez un lit de coton parfumé extrêmement mince et uni, sur un morceau de soie ; vous sèmerez sur ce lit de la poudre de violette très fine par dessus laquelle vous jetterez de la poudre de Chypre ; ensuite vous couvrirez le tout d'une autre ouate et d'un autre taffetas ; il ne vous restera plus, pour finir, que de piquer ce sachet et de le couper de la grandeur désirable ; vous le borderez d'un ruban de la couleur qui vous plaira.

QUELQUES RECETTES DU MOYEN-AGE

Voici, pour le teint, quelques indications prises dans de très vieux livres, de même que les recettes qui vont suivre ; mais nous n'avons pas eu le temps de les expérimenter toutes. Nous les transcrivons avec leurs bizarreries de style.

Pour enlever les taches du visage et le hâle, se frotter avec un oignon de lis — ou de la chair de melon — ou de la chair de concombre — ou du jus de raisin bien mûr — ou du jus de cyclamen.

Un blanc d'œuf battu en neige — s'en enduire le visage et laisser sécher [la nuit, est, paraît-il, excellent. — Les lotions à l'eau de mouron sont très rafraîchissantes.

Recette excellente pour déhâler le teint. — On peut, le soir, en se couchant, écraser quelques fraises sur son visage, les laisser sécher pendant la nuit, et le lendemain matin se laver avec de l'eau de cerfeuil.

Préparation pour se préserver du hâle. — Prenez une livre de fiel de bœuf, mettez un gros (4 grammes) d'alun de roche, une demi-once de sel gemme, une once de sucre candi, deux gros de borax, un gros de camphre. Mêlez le tout ensemble et l'agitez pendant un quart d'heure, ensuite laissez reposer. Faites la même chose trois ou quatre fois par jour. Continuez pendant quinze jours, c'est-à-dire jusqu'à ce que le fiel devienne clair comme de l'eau; ensuite passez à travers le papier brouillard.

On s'en sert lorsqu'on est obligé d'aller au soleil ou à la campagne. Il faut avoir le soin de se laver ensuite, le soir, avec de l'eau commune.

Eau distillée propre à faire une belle carnation. — Si quelques dames ont une vilaine carnation, elles peuvent se servir de la recette suivante :

Prenez deux pintes de vinaigre (93 centilitres environ); trois onces de colle de poisson, deux onces de noix muscade, six onces de miel commun, et faites distiller à feu lent. Ajoutez, dans la liqueur distillée, un peu de santal rouge, afin de lui donner un peu de couleur. Avant de s'en servir, il faut avoir le soin de se laver avec une eau de savon. On n'essuie point son visage après s'être lavé avec cette eau distillée; de sorte que le teint reste vermeil et annonce la meilleure santé.

Eau rafraîchissante. — Faites infuser pendant trois ou quatre heures du son de froment dans du vinaigre; joignez-y quelques jaunes d'œufs et un grain ou deux d'ambre gris; distillez ou faites distiller par un pharmacien. De cette distillation, il résultera une eau qui lustre merveilleusement le visage. Il est bon de la tenir au soleil pendant huit ou dix jours, la bouteille étant bien bouchée.

On peut se servir aussi, pour cet effet, des eaux distillées de melon, de fleurs de fèves, de vigne sauvage, d'orge vert, c'est-à-dire d'orge dont le grain n'est pas tout à fait formé et n'est encore que laiteux ; de l'eau qui se trouve dans les vessies qui se forment sur les ormes sauvages.

Rouge qui imite le naturel. — Prenez une chopine de bonne eau-de-vie, et y mettez une demi-once de benjoin, une once de santal rouge, une demi-once de bois de Brésil et autant d'alun de roche. Bouchez exactement la bouteille, et la remuez bien une fois par jour ; et au bout de douze jours vous pourrez vous servir de la liqueur. Lorsqu'on s'en est frotté légèrement les joues, il est fort difficile de s'apercevoir si la personne a mis du rouge, ou si ce sont ses couleurs naturelles.

Eau épilatoire (recette du moyen âge). — Prenez du polypode de chêne que vous fendrez et couperez par morceaux ; mettez-les dans une cucurbite [1], versez dessus du vin blanc, que ce vin surpasse d'un doigt ; faites digérer vingt-quatre heures au bain-marie ; puis distillez à l'eau bouillante, jusqu'à ce qu'il ne monte plus rien. Il faut tremper un linge dans cette eau, l'appliquer partout où c'est nécessaire, et l'y laisser toute la nuit ; il faut continuer jusqu'à ce que le poil soit tombé. L'eau de feuilles et racines de chélidoine distillée et appliquée comme ci-dessus fait le même effet.

[1] Partie de l'alambic dans laquelle on met les matières à distiller.

CHAPITRE VIII

La jeune fille.

A la jeune fille il faut l'exercice, la natation, la gymnastique, l'équitation, la danse, le grand air ; alimentation saine, sobre, variée — éviter la voracité — repas réguliers ; pas de sucreries, pas de gâteaux entre les repas ; eau rougie, pas de mets épicés : le vin et les épices gâtent le teint.

Il lui faut neuf heures de sommeil. Si c'est possible, elle se lèvera matin et ne veillera pas tard ; pourtant, elle ne se couchera qu'ayant bien sommeil et étant très fatiguée par l'exercice de la journée.

Pas de lecture au lit qui perd la vue et inspire mal.

Porter, très jeune, un corset non serré qui soutient le buste.

Si elle adopte le système Pokitonoff, elle se lavera, jusqu'à dix-huit ou vingt ans, avec du lait frais et des flocons de coton hydrophile souvent renouvelés. Elle se sèchera avec du coton et de la gaze salolée, et passera un très léger nuage de poudre, qu'elle enlèvera presque complètement avec du coton.

On soignera scrupuleusement ses dents, qu'elle lavera toujours avec de l'eau à 20° aiguisée de quelques gouttes d'arnica, et avec le dentifrice convenable à son hygiène buccale.

Depuis la première enfance, on la conduira chaque mois chez le dentiste; ne jamais passer trois mois sans remplir ce devoir.

Après la seconde dentition, y aller tous les six mois, à moins qu'une légère douleur, un point noir, la sensation désagréable de l'air, du sucre, du sel sur une dent, n'avertisse qu'il faut y courir.

L'instruire, entre onze et douze ans, des phénomènes de la formation, pour éviter toute imprudence.

Elle fera toutes ses ablutions avec de l'eau ayant bouilli, refroidie à 25°.

CHAPITRE IX

Taches pigmentaires.

Éphélides — masque de grossesse. — Ce sont des taches pigmentaires qui se trouvent entre le derme et l'épiderme, et qu'aucune lotion ne peut détruire, puisqu'elle est recouverte par la surface cornée de l'épiderme. Il est indispensable, pour l'atteindre, de brûler cette pellicule épidermique qui la recouvre, et avec laquelle elle disparait ; mais il faut agir avec précaution, les préparations salutaires étant très énergiques ; elles devront être employées en prenant les précautions suivantes et en s'observant intelligemment :

Ne pas opérer pendant les fortes chaleurs ni au bord de la mer.

Rester enfermée au moins pendant huit jours au moment de la desquamation ; ne sortir, ensuite, pendant quelques jours, qu'avec une voilette un peu épaisse.

Eviter soigneusement toute lotion ou préparation mercurielle. Pourtant, nous donnons quelques recettes de médecins où le sublimé entre pour une faible part; mais nos lectrices ne les emploieront qu'en connaissance de cause et en s'observant sans cesse.

Voici plusieurs moyens pour se débarrasser du masque.

Première méthode :

Vaseline.........................	20 grammes
Acide chrysophanique	0,4 —

Les émanations de ce remède ne valant rien pour les yeux, il faut soigneusement les protéger pendant l'application qui se fait le matin en se levant. On en prend sur un flocon de coton et on en étend une couche mince sur les taches pigmentaires. Le soir, on essuie avec du coton en protégeant toujours bien les yeux. Si la desquamation n'a pas commencé au bout de cinq ou six jours, on refait une application, si on juge la peau en état de la supporter. On dosera suivant la sensibilité de la peau en commençant par la dose au cinquantième, et en faisant ajouter de l'acide dans la proportion de 0 gr. 05 à la fois, si la desquamation ne s'est pas produite au bout de six jours.

2° Eau oxygénée, lotionner jusqu'à desquamation.

3° Acide phénique concentré appliqué seulement sur la tache. Ne pas enlever la petite croûte qui se formera, comme d'ailleurs, dans aucun cas, ne pas activer la desquamation, ce qui donnerait un très mauvais résultat.

Préparations contre le masque de grossesse. — Formule du docteur Monin.

Kaolin...............................	4 grammes
noline	10 —
Glycérine...........................	4 —
Carbonate de magnésie...............	2 —
Oxyde de zinc........................	2 —

Appliquer sur le visage et laisser sécher.

Pâte contre les taches de rousseur (Numa)

Eau distillée.....................	10 grammes
Dextrine.........................	10 —
Glycérine.........................	15 —
Oxyde de zinc.....................	10 —
Oxychlorure de bismuth...........	2 —
Sublimé.	30 centigrammes

Faire cuire jusqu'à consistance de pâte; appliquer chaque soir sur les éphélides.

Pour les taches très rebelles (Monin).

Lait virginal.....................	100 grammes
Glycérine pure...................	60 —
Acide chlorhydrique.............	10 —
Chlorhydrate d'ammoniaque........	8 —

Toucher les taches matin et soir avec un pinceau.

Lotion contre les taches pigmentaires, éphélides ou masque (Hardy)

Sublimé......................	1 gramme
Sulfate de zinc.................	2 —
Acétate de plomb...............	2 —
Eau distillée, quantité suffisante pour dissoudre	
Eau distillée.....................	260 —

Lotionner matin et soir en mêlant d'un peu d'eau chaude au début; puis on l'emploie pure; elle amène la rougeur et la desquamation qui entraîne les taches.

Pour les taches très superficielles (Monin)

Huile de ricin.....................	30 grammes
Cire blanche.....................	5 —
Paraffine.....................	5 —
Spermaceti.........	5 —
Acide salicylique................	2 —
Essence d'amandes amères........	15 gouttes

Appliquer chaque soir.

Méthode de Cuma. — Laver à l'alcool le soir et appliquer sur les taches de petites plaques d'emplâtre au précipité blanc que l'on garde toute la nuit.

Pendant le jour on applique au pinceau la solution suivante qu'on laisse sécher.

Amidon de riz	2 grammes
Oxyde de bismuth................	2 —
Craie préparée..................	4 —
Onguent de glycérine............	10 —
Eau de rose.....................	90 gouttes

CHAPITRE X

La Couperose.

Cette désagréable affection consiste, au 1er degré, en la dilatation de petites veines à fleur de peau. Aux autres degrés c'est une affection horrible qui empourpre et fait bourgeonner le visage, déforme le nez et rend le patient un objet d'horreur.

Bien des causes l'amènent : afflux du sang au visage par abus de l'eau froide ; constipation invétérée ; froid habituel aux pieds ; chère trop plantureuse, trop épicée, trop échauffante ; abus des alcools.

Il est donc nécessaire, pour guérir la couperose, d'observer d'abord son régime et de le modifier dans le sens indiqué ; puis il faut combattre la constipation et le froid aux pieds. Voici maintenant quelques remèdes que nous conseillons d'essayer sans en répondre :

1° Eau........................... 300 grammes
   Sublimé .... 2 —

Verser une cuillerée à café du mélange dans un verre d'eau très chaude et lotionner matin et soir pendant trois ou quatre minutes.

2° Eau	300	—
Soufre	4	—

Parfumer à volonté avec de la teinture de benjoin. Procéder comme ci-dessus.

3° Solution d'alun à 3 °/₀

Une cuillerée à bouche par verre d'eau chaude ; procéder comme ci-dessus.

Formule du docteur Vigier.

Sulfure de potasse	1 gramme	
Teinture de benjoin	1	—
Eau distillée	100	—

Autre formule.

Sulfure de potasse	1	—
Teinture de benjoin	1	—
Eau de rose	50	—
Eau distillée	50	—

Nota. — Protéger nuit et jour la peau par une couche de vaseline ou de crème rafraîchissante.

Mais le meilleur moyen de guérir la couperose au 1er degré est peut-être une petite opération des plus simples et des moins douloureuses.

D'un coup de bistouri un médecin habile coupe la veinule dilatée; on laisse saigner, en essuyant le sang avec du coton hydrophile. La veine ainsi atrophiée disparaît. On ne peut couper que trois ou quatre veines à la fois, il faut donc recommencer aussi souvent que cela est nécessaire.

La grande couperose, la vraie, ne se guérit qu'au moyen de piqûres électrolytiques, procédé du docteur Darin.

*
* *

Taches de vin. — Le traitement consiste en opérations successives comme pour la grande couperose.

Voici cependant quelques recettes :

1° Laver tous les soirs, à l'eau de son tiède, les parties couperosées et frictionner avec la pommade suivante (Leroy) :

Soufre précipité......................	
Glycérine purifiée...................	
Craie précipitée.....................	8 gr. de chaque
Eau de laurier-cerise	
Alcool rectifié......................	

Recouvrir ensuite d'un masque de gutta-percha laminée.

Régime alimentaire rigoureux.

Boire des eaux alcalines et prendre des sucs d'herbes.

Badigeonnage contre la couperose (Monin)

Baume de Pérou.....................	40 grammes
Iodoforme...........................	2 —
Huile de bouleau...................	1 —
Extrait de ratanhia.................	1 —
Essence de géranium...............	10 gouttes

Enduire la couperose matin et soir et recouvrir de gaze glycérinée.

Lotion pour la couperose 1er degré (Veinules rouges).

Eau..........................	2 litres
Feuilles de noyer.................	50 grammes.
Alun en poudre..................	50 —

Faites bouillir et filtrez, puis faites des lotions chaudes, matin et soir, avec ce mélange.

CHAPITRE XI

Les yeux.

Soins à leur donner. — Les laver fréquemment avec une infusion tiède de bleuets et de cerfeuil.

Larmoiement hibernal (Goreck).

Eau distillée de bleuets............	200 grammes.
Alcool de Montpellier.............	20 —
Hydrolat de laurier-cerise........	10 —
Acide borique pur	8 —

Bassiner trois fois par jour et mettre des compresse de batiste pendant 10 minutes avec cette solution mêlée de moitié d'eau très chaude. Pendant le traitement éviter le vent et la poussière.

Ne jamais sortir sans voilette et se laver avec soin les yeux à l'eau chaude en rentrant, avant d'appliquer les compresses.

Ne jamais employer d'eau froide pour les yeux.

Orgelet (Panas).

Précipité rouge...................	0 gr. 10 c.
Vaseline........................	20 —

Onction matin et soir sur le bord des paupières.

Précautions contre l'orgelet. — Ce désagréable bobo, qui revient très souvent et dépouille la paupière de ses cils, la laissant rouge et d'un aspect déplaisant, demande pour disparaître un régime général rafraîchissant, et la suppression de tout excès.

Il faut éviter la lumière crue, la poussière, les courants d'air.

On fera de fréquents lavages à l'eau de myrthe ou à l'eau de camomille. Le docteur Monin, dans son livre *Hygiène de la beauté*, recommande des onctions avec la pommade suivante :

Vaseline blanche.....................	8 grammes.
Précipité blanc.....................	10 centigr.
Huile de bouleau.....................	10 —

Autre méthode (Monin). Se laver les paupières matin et soir avec de l'eau de plantain additionnée de bicarbonate de soude et de quelques gouttes d'eau de Cologne.

Aux premiers symptômes douloureux, prendre sur du sucre, une goutte de teinture de belladone et lotionner les paupières à l'eau de sureau chaude.

Inflammation des paupières. — Parfois il se forme en dedans de l'œil une humeur épaisse qui, pendant le sommeil, agglutine les paupières et amène en général une inflammation et une démangeaison pouvant causer la chute des cils et de plus graves désordres encore.

Comme palliatif, il faut laver très souvent les yeux

à l'eau boriquée aussi chaude que possible (sans brûler); veiller au bon fonctionnement de l'intestin et remédier à la santé générale en cherchant la cause des malaises.

Remède pour fortifier la vue.

Eau de rivière......................	1 demi-litre.
Sulfate de zinc (couperose blanche)..	30 centigr.
Racine d'iris de Florence en poudre.	1 gr. 55 c.

On bouche la bouteille que l'on met dans un endroit frais pendant vingt-quatre heures; passez à travers la soie. On l'emploie en ouvrant l'œil fatigué, dans un petit objet à baigner l'œil ou dans une cuiller à bouche remplie de cette eau.

Autre remède. — Laver l'intérieur de l'œil avec du thé léger, et les paupières avec de l'eau aiguisée d'un peu de bon cognac.

Dès que les yeux sont fatigués et résistent à tous les palliatifs, et que cette fatigue s'accompagne de maux de tête, consulter un bon oculiste.

Ne pas résister aux indications que donnent les yeux pour l'adoption de verres appropriés, sous peine de perdre la vue.

CHAPITRE XII

Les Sourcils et les Cils.

Il faut lisser les sourcils avec un petit peigne ou une petite brosse. Les sourcils doivent être séparés d'un bon travers de doigt; lorsqu'ils se réunissent, il faut les séparer en épilant cette place par l'électrolyse, procédé du docteur Darin. Les trop gros sourcils rendent le visage dur et commun; par l'épilation électrolytique, on peut les effiler d'une façon convenable, sans souffrance, si on emploie la cocaïne comme anesthésique.

Soins à donner aux sourcils (Monin). — Les brosser tous les matins avec une étroite brosse très molle, imbibée d'eau mêlée de moitié d'alcool ou de moitié de glycérine.

Soins à donner aux cils (Hubert). — Les frotter légèrement avec la mixture suivante :

Pétro-vaseline liquide............... 5 grammes.
Acide borique....................... 0 gr. 05 c.

Méthode pour faire croître et épaissir les sourcils.
— Lorsqu'il y a des bulbes pileux, on commence par rafraîchir l'extrémité des poils avec des ciseaux — en en coupant fort peu : à peine 1 millimètre — puis on applique sur le sourcil un petit morceau de glace (renouvelé à mesure qu'il fond) pendant dix minutes pour y faire affluer le sang. On réitère cette application matin et soir, puis on étend dessus gros comme un pois de pommade Dupuytren ; en peu de temps les sourcils les plus clairs acquièrent une épaisseur convenable.

Pour teindre les cils et sourcils en blond.

Sel de nitre......................	15 grammes.
Lupin concassé, buis rapé, écorce de citrin, racine de gentiane, racine de berberis, de chaque..........	22,5 —
Fleurs de genêt, stœchas, cardamome, de chaque....................	15 —
Eau............................	1/4 litre

On fait dissoudre à froid le sel de nitre dans l'eau, puis on fait bouillir pendant trente minutes à petit feu. On passe et on imbibe les sourcils trois fois par semaine avec une brosse douce.

On peut les teindre au henné et à l'eau oxigénée comme les cheveux.

Pour teindre les cils et sourcils en noir.

Vin rouge.....................	360 grammes
Sel gris......................	4 —
Sulfate de fer................	7 —

On fait cuire cinq minutes et on ajoute :

Oxyde de cuivre...............	4 grammes.

On laisse cuire deux minutes et on ajoute :

Poudre de noix de galle.......... 7 grammes.

On retire du feu et on passe.

On imbibe les sourcils avec une brosse douce en ayant soin de ne pas les dépasser ; au bout de dix minutes on les essuie avec un linge chaud, puis on les lave à l'eau tiède.

On peut aussi les teindre avec la teinture noire des Mauresques. La suie de sapin est conseillée pour le même usage par un très vieux livre.

On essaie bien de faire repousser les sourcils, mais c'est presque toujours en vain ; on peut faire quelques lotions d'eau chaude et les frictionner avec de l'huile d'olive tiède. On prétend que les infusions de menthe dans du vin blanc peuvent être bonnes, en frictionnant doucement les sourcils plusieurs fois par jour.

CHAPITRE XIII

Le Nez.

Nez. — Il est essentiel de toujours respirer, la nuit comme le jour, par le nez et sans bruit. Si on est forcé de respirer par la bouche et obligé de la garder ouverte, ce qui est fort laid et pernicieux pour la santé, c'est qu'il y a quelque chose à soigner et à guérir dans les fosses nasales qui obstrue le passage de l'air.

Même quand la santé générale semblerait bonne, il ne faut pas négliger cette infirmité — car c'en est une — qui éloigne beaucoup les étrangers et incommode amis et parents.

Par politesse, par égard, on n'en laisse rien paraître, mais qui n'a souffert de l'aspect d'une bouche sans cesse ouverte — qui donne toujours en outre un air niais — qui n'a souffert d'une respiration sans cesse haletante, faisant un bruit de soufflet de forge;

qui n'a souffert d'un nez mal odorant chez une personne chère, à qui on craint de faire de la peine en s'éloignant ou en laissant voir une fâcheuse impression ?

C'est donc au malade à se soigner, s'il ne veut pas être un objet de répulsion ; que la femme n'oublie pas surtout, bien que cela puisse lui paraître extraordinaire, mais son médecin le lui confirmera, que le nez bouché est cause de bien des stérilités.

Il est bien certain, en outre, qu'avec le nez bouché, il n'y a plus de chant, car la plus jolie voix du monde sera défectueuse au premier chef, puisqu'il faut que le son, pour être pur, *passe par le nez* — ce qui prouve combien est fausse cette expression « parler du nez », employée pour les gens qui, atteints de coriza, ont une voix nasillarde et ne peuvent articuler certaines consonnes.

Les aspirations lentes d'eau salée sont excellentes en toutes occasions.

Odeur accidentelle du nez. — Lorsqu'on est sorti par une journée chaude et sèche, et qu'on a respiré beaucoup de poussière, ou si, chez soi, on a pris part à un rangement, à un nettoyage qui a produit un grand déplacement de poussière, il arrive souvent que le nez exhale une très mauvaise odeur.

Personne n'est à l'abri de cet accident dont la disparition ne peut être subite, surtout si l'on mouche peu.

On pourrait le prévenir en prenant d'avance, dès

le matin, une potion de *sulfure* teinture-mère (terme homœopathique) que l'on continuerait toutes les deux heures jusqu'au soir; si on respire lentement un peu d'eau salée tiède à deux ou trois reprises, ou au retour de la promenade, il y a de fortes chances pour que cette incommodité ne paraisse pas ou soit très légère.

Nez bouché, nez punais, inflammation du nez. — Ce même médicament répond merveilleusement à une affection qui désole bien des gens et contre laquelle la médecine allopathique se montre désarmée.

Souvent le nez est *bouché* et par conséquent *punais* par l'accumulation des mucosités.

Cela arrive tout naturellement par la conformation défectueuse du nez — nez trop aplati ou trop mince. — Dans un cas observé et guéri, nous avons vu, avec un nez à racine large et aplatie, les mucosités s'arrêter à un point, toujours le même, s'y dessécher et former une première obstruction, sur laquelle se produisait une véritable accumulation.

Le résultat était une odeur intense et de violents maux de tête. Au bout de cinq ou six semaines, à force de lavages, de grattages, de maintes pratiques désagréables et douloureuses, on arrivait à une désobstruction momentanée, mais après une huitaine de jours cela recommençait.

La teinture-mère de *sulfure* amena une guérison rapide par désagrégation; on en mit dix gouttes dans un grand verre contenant 1/5 d'eau filtrée, on remua bien et on prit par cuillerées à bouche à jeun, chaque demi-heure, jusqu'à midi.

Deux heures après le déjeuner, on recommença jusqu'à six heures, et on en prit encore deux fois le soir.

Le lendemain, la désobstruction s'opérait ; on réduisit les doses à six par jour, puis à quatre et, le nez étant parfaitement libre, on continua ainsi pendant huit jours. Au lieu de moucher sans cesse des mucosités sales et de mauvaise odeur, cette fonction devint normale.

On cessa le médicament, que l'on reprit à la moindre tendance de rechute, et depuis, cette personne se porte très bien en ce qui concerne ce point particulier.

Lorsque le mal vient d'une conformation spéciale du nez, la guérison ne peut être radicale et définitive; on ne peut pas empêcher qu'un repli interne n'arrête une mucosité au passage ; mais lorsqu'on a le moyen immédiat de dissoudre et dissiper ce qui gêne, il n'y a qu'à s'observer pour ne jamais être indisposé.

CHAPITRE XIV

Points noirs.

Les points noirs, auxquels certaines personnes sont très sujettes, ne sont pas des vers, sinon une concrétion de matière sébacée.

Voici quelques moyens pour les faire disparaître :

1° *Méthode* : S'il y en a peu, on les presse isolément avec une clef de montre ou un petit tube en caoutchouc durci à bords arrondis. Une fois extraite la matière sébacée, laver à l'alcool pur, puis mettre une pommade astringente soit au tanin soit à l'alun, suivant ce qui convient le mieux à la peau.

2° Quand il y en a beaucoup, on touche la surface envahie avec de l'éther qui fera fondre cette graisse. On lavera ensuite avec une solution alcoolique antiseptique, puis on appliquera une pommade astringente.

3° On peut encore frotter ces surfaces avec un mélange d'eau oxygénée et d'un corps gras en évitant de toucher les cils et les sourcils que l'eau décolorerait.

Les personnes qui ne pourront se livrer à ces soins, laveront les points noirs avec de l'eau chaude contenant une forte quantité de bicarbonate de soude jusqu'à disparition, puis on y passera un peu d'alcool pur.

Méthode Hébra.

Eau de roses.................... 10 grammes.
Alcool......................... 10 —
Glycérine...................... 10 —
Borax......................... 5 —

Lotionner chaque matin, puis frictionner avec la pâte suivante :

Alcool rectifié................. 80 grammes.
Alcool de lavande.............. 10 —
Savon noir.................... 40 —

Méthode Kaposi.

Savon vert.................... 50 grammes.
Alcool à 90°................... 100 —

Dissoudre au bain-marie pas trop chaud, et ajouter quelques gouttes d'essence de lavande et de bergamote.

Après lavage des points noirs à l'eau chaude, frictionner énergiquement avec ce liniment, extraire les tannes soit par la pression des ongles, soit à l'aide d'une clef de montre, puis enduire d'huile d'amandes douces ou de vaseline.

Autre méthode.— Il faut presser chaque point noir entre deux ongles et cautériser ensuite avec de l'eau-de-vie à 20 degrés ou de l'alun en poudre.

CHAPITRE XV

Les Dents.

Dans la beauté des dents les parents ont la plus grande part, et trop souvent ils sont fautifs par ignorance ou négligence.

Une personne qui a de belles dents est une gloire pour sa mère, car les soins que peut prendre l'adulte sont presque toujours trop tardifs.

Les parents doivent s'attacher à faire guérir les dents de leurs enfants, et ne les faire arracher que si la guérison est impossible. Autrefois, on arrachait une dent aux premières douleurs ; c'est l'ignorance de nos ascendants qui est cause des trop fréquentes dentures défectueuses de la génération actuelle.

Une autre cause presque identique est la croyance que les soins de la bouche ne doivent commencer qu'à l'adolescence.

Le choix d'un dentiste est des plus délicats et nous

conseillerons aux mères de ne pas faire ce choix au hasard ni sur la foi de recommandations frivoles.

S'il est bon de lui demander d'être au courant de la science moderne, il faut aussi, et surtout, lui demander de l'expérience, de la patience et de la prudence, ce qui manque parfois aux jeunes gens. Nous avons trouvé toutes ces qualités unies à une grande science chez le Dᵣ Victor Lecauday, auquel nous devons la santé de nos dents.

Trop souvent, le client, ennuyé de la course journalière que nécessite le pansement de la dent, presse la conclusion.

Le jeune dentiste y consentira plus volontiers que le vieux praticien — nous en avons fait l'expérience à nos dépens — et il résultera, d'une dent obturée trop tôt, des périostites dont on souffrira pendant des années.

L'homme expérimenté calmera ces impatiences, mais n'avancera pas d'un jour la date par lui fixée pour l'opération finale, et médecin et client y gagneront tous les deux.

*
* *

Recommandation importante.— Dès ses premières années, l'enfant doit être mené chez le dentiste qui veillera à ce que la dentition se fasse normalement.

Si les dents poussent doubles ou enchevêtrées, il y remédiera.

Lorsqu'elles poussent de travers, tout en ayant la place nécessaire, c'est à la mère qu'incombe le redressement, qu'elle obtiendra par de douces pressions avec les doigts, préalablement lavés soigneusement dans une eau légèrement antiseptique.

Il ne faut pas, pour cela, attendre que la dent soit poussée ; cette surveillance et cette direction commencent à l'apparition de la dent.

Avec ces soins-là, ceux que nous indiquerons dans l'Encyclopédie des mères de famille, la visite mensuelle au dentiste intelligent, la guérison immédiate de la moindre carie, l'emploi de la brosse deux fois par jour et les gargarismes autant de fois que l'on a mangé, il y a dix-neuf chances sur vingt de conserver à l'enfant, devenu adulte, un ratelier complet de dents saines et blanches.

Il n'est pas discutable que les dents arrachées doivent être remplacées immédiatement par des dents artificielles, les incisives parce que leur absence dépare affreusement, les molaires parce qu'elles sont indispensables à la mastication.

La plupart des maladies d'estomac n'ont pas d'autre cause qu'une mastication défectueuse due à l'absence des molaires en nombre suffisant. De là résulte un état de perpétuel malaise qui altère le caractère. On devient malheureux et on rend son entourage très malheureux aussi.

Si l'on regarde ce que deviennent les joues sans soutien, faisant saillir les pommettes et le menton, on verra qu'il est indispensable de faire remplacer les dents perdues.

Mais ces dents artificielles exigent une excessive
propreté, trois ou quatre lavages journaliers avec des
antiseptiques ; il ne faut jamais les garder la nuit.
Ces pièces doivent être déposées dans un verre
avec de l'eau ayant bouilli et antiseptique.

*
* *

Une coutume qui tend à disparaître à la grande joie
de certaines personnes jugeant les choses superficiellement, mais au grand désespoir des gens soucieux
de l'hygiène, est celle des rince-bouche.

Nous en recommandons vivement l'usage, au moins
dans l'intimité, bien qu'ils soient surtout indiqués au
restaurant ou dans le monde, puisqu'on n'a pas, hors
de chez soi, la ressource de passer, après le repas,
dans son cabinet de toilette.

Pour se rendre compte de leur utilité, il faut voir à
quel point on est incommodé lorsque, en ayant l'habitude, on doit s'en passer.

On objectera que ce lavage à table est malpropre,
que certaines personnes sont indiscrètes dans leur
façon de le pratiquer.

Mais lorsque tout le monde se livre, en même
temps, à un même exercice, on remarque moins la
façon dont les voisins le font.

D'ailleurs, qu'importent ces petites répugnances
lorsqu'une hygiène aussi importante est en cause !

Il est facile de donner le bon exemple, de faire
ce lavage sans bruit, discrètement derrière sa serviette,

et de rejeter l'eau doucement en penchant le bol qui dissimule mieux ainsi cette action.

Nous n'ignorons pas que cette opinion choquera bien des personnes, mais nous nous faisons une loi de dire, dans ce livre, tout ce que notre conscience nous dicte, en ce qui touche la beauté, l'élégance et l'hygiène.

Sur cent personnes blâmant l'usage du rince-bouche, combien iront le pratiquer dans leur cabinet de toilette après chaque repas? Pas une d'une façon régulière! Et d'ailleurs, si vous avez des invités, irez-vous les quitter pour remplir ce devoir? etc.

Aussi combien de fois n'êtes-vous pas incommodé, après le dîner, par les émanations buccales d'un interlocuteur peu soigneux de ses dents.

Je préconise donc nettement, ouvertement, l'usage régulier du rince-bouche comme éminemment hygiénique.

SOINS DE LA BOUCHE ET DES DENTS

Une chose importante est de savoir quel est le dentifrice qui convient à l'état de la bouche de chaque personne.

C'est la salive qui peut renseigner à cet égard, suivant qu'elle est alcaline, neutre ou acide.

Si la salive est normalement alcaline ou neutre il n'y a ni dents cariées, ni dépôt de tartre, la muqueuse est intacte, les dentifrices neutres conviendront fort bien.

Quand la salive est trop alcaline il se forme autour des dents des dépôts de tartre fort abondants, mais les dents ne se carient pas.

Les dentifrices neutres conviendront encore fort bien, de préférence aux dentifrices acides — il y a toujours assez d'acidité dans la bouche — si pourtant on veut des dentifrices acides, qu'ils le soient très légèrement. Si la salive est neutre ou acide, il existe des dents plus ou moins cariées et peu ou pas de tartre. Les dentifrices alcalins conviendront absolument et surtout le savon antiseptique.

Mais comme le dentifrice n'est employé qu'une fois par jour, il ne suffit pas pour neutraliser suffisamment l'acidité des salives vraiment acides. Ces personnes pourront sucer lentement plusieurs pastilles de Vichy par jour, car elles sont très alcalines.

Les dentifrices agissent le plus souvent et principalement en enlevant aux microbes leurs conditions de développement.

Toute maladie buccale ou dentaire — gingivite, carie, dépôt de tartre, fétidité de l'haleine, pyorrhée alvéolaire, amygdalite, stomatite — est produite par des micro-organismes apportés par l'air extérieur, les boissons et les aliments, et qui, trouvant là une température élevée et une alimentation qui leur convient, s'y développent presque toujours au détriment de notre santé ; car, parmi eux, se trouve parfois le germe des maladies telles que la pneumonie, la pleurésie, la méningite, etc.

Il faut donc détruire ces conditions favorables de développement.

On reconnaît l'état de la salive au moyen du papier de tournesol.

Manière de faire le papier de tournesol. — Achetez chez le fabricant de produits chimiques, 2 gr. 5 de tournesol en pastilles que l'on fait fondre dans un litre d'eau filtrée. On filtre encore, puis on y trempe un papier buvard blanc qu'on laisse sécher. On le met, une fois sec, dans un bocal bien bouché pour le conserver.

On peut en faire rougir un morceau par un acide quelconque ; pour faire la double épreuve on garde, dans la bouche, pendant deux ou trois minutes, à peine un morceau de papier tournesol naturel. Une salive acide le fera rougir.

Si le papier est resté intact on essaiera avec le papier de tournesol rougi, et si la salive est alcaline le papier reprendra sa vraie couleur. Si le papier ne change pas c'est que la salive est absolument neutre.

Résumé. — Se rendre compte, à l'aide du papier tournesol introduit à jeun dans la bouche, de la nature de la salive.

Le papier de tournesol devenant rouge indique la salive acide (dentifrices alcalins).

Le papier rougi de tournesol redevenant bleu, indique la salive trop alcaline (dentifrices neutres ou légèrement acides).

Le papier de tournesol ne changeant pas indique une salive neutre (dentifrices alcalins).

Les gingivites réclament les dentifrices antiseptiques; la fétidité de la cavité buccale réclame les dentifrices antiputrides.

Eau dentifrice alcaline (Vigier).

Eau distillée......................	980 grammes.
Bicarbonate de soude.............	20 —
Alcoolat de menthe.................	20 —
Carbonate de magnésie...........	2 —
Essence de menthe surfine.........	20 gouttes.

Faites dissoudre le sel dans l'eau contenant l'alcoolat; broyez le carbonate de magnésie avec l'essence, ajoutez-y peu à peu le liquide et filtrez.

Savon antiseptique (Hélot).

Crème de savon de parfumeur.......	90 grammes.
Acide borique....................	15 —

Incorporer mécaniquement.

Dentifrice astringent.

Eau de fenouil....................	100 grammes.
Teinture de Gaïac.................	13 —
— de myrrhe.............	5 —
Chlorate de potasse...............	2 —

Des frictions douces et répétées sur les gencives combattent les douleurs vives accompagnant l'éruption des dents de sagesse.

On peut utiliser également contre les douleurs des gencives et des dents provoquées par les éruptions dentaires, les propriétés éminemment calmantes du chlorhydrate de cocaïne (en solution dans l'eau distillée au 1/50). Le chlorhydrate de cocaïne remplace avec avantage les alcaloïdes de l'opium, dans les formules des sirops dits de dentition.

Pastilles contre la mauvaise haleine (Cazenave):

Café en poudre......................	45 grammes.
Charbon végétal...................	16 —
Sucre en poudre..................	15 —
Vanille............................	15 —
Mucilage de gomme du Sénégal....	Q. S.

Faire des pastilles de 1 gramme (5 à 6 par jour).

Dentifrice pour les porteurs de pièces dentaires (Loerve).

Alcoolé de cresson du Para........	50 grammes.
Teinture de cachou ou de ratanhia.	10 —
Thymol pur......................	10 centigrammes.
Essence de thym.................	10 —

Vingt gouttes dans un demi-verre d'eau trois fois par jour en gargarismes.

Mixture Dentaire (Martin, de Lille).

Collodion.........................	5 à 8 gr.
Acide salicylique..................	0 gr. 35.
— phénique....................	0 gr. 25.
— lactique....................	0 gr. 25.
— arsénieux..................	0 gr. 25.

L'acide arsénieux se déposant, il est nécessaire de bien mélanger avant de puiser dans le flacon ; on imbibe un morceau d'amadou, qu'on loge dans la dent cariée, où, après l'évaporation de l'éther, le collodion l'y maintient ; on renouvelle ce pansement jusqu'à complète guérison, puis on la fait aurifier.

Pommade pour faire supporter les dentiers (Martin, de Lille).

L'auteur veut parler des dentiers qui, assez bien
faits cependant, blessent un peu, au début, une
gencive sensible :

Vaseline.........................	10 grammes.
Teinture baume du Pérou.........	1 cuillerée à café
Tanin en poudre.................	1 gramme.

Il suffit souvent de mettre un peu de cette pommade
sur le dentier, afin qu'elle soit en contact avec l'endroit sensible. Après une ou quelques applications,
le dentier peut être supporté.

A cette dose, cette pommade est absolument inoffensive.

Dentrifice (Neneki).

Eau de menthe poivrée................	5 parties.
Girofle................................	10 —
Écorce de cannelle de Ceylan............	10 —
Teinture d'anis étoilé..................	10 —
Alcool...............................	100 —
Poudre de cochenille..................	5 —

Laisser digérer la masse pendant huit jours, filtrer et ajouter :

Salol très pur......................	2 grammes 5.

Gargarisme contre l'ébranlement des dents (Quincrot).

Tanin................................	8 grammes.
Teinture d'iode......................	5 —
Iodure de potassium.................	1 —
Teinture de myrrhe..................	5 —
Eau de roses	200 —

On met une cuillerée à café de cette préparation
dans un tiers de verre d'eau tiède, pour baigner les

gencives tous les matins pendant quelques instants, après la toilette de la bouche.

Eau dentifrice de Botot.

Auis vert......................	16 grammes.
Cannelle......................	4 —
Girofle......................	0 gr. 25 cent.
Pyrèthre......................	1 —
Cochenille......................	1 gr. 25 cent.
Crème de tartre................	1 gr. 25 cent.
Benjoin ou myrrhe.............	0 gr. 50 cent.
Essence de menthe..............	1 —
Alcool à 80 degrés..............	500 —

Concasser et faire macérer pendant huit jours, après avoir mêlé ensemble la crème de tartre, la cochenille et le benjoin.

Il ne faut pas employer de dentifrices contenant de l'alun, qui attaque l'émail.

Les dentifrices antiputrides sont à base de : phénol Bobœuf, acide phénique, acide salicylique, acide thymique, permanganate de potasse, etc.

Dentifrice (Dujardin-Beaumetz).

Acide phénique..................	1 gramme.
Acide borique..................	25 —
Thymol......................	0 gr. 50 cent.
Essence de menthe..............	20 gouttes.
Teinture d'anis	10 grammes.
Eau......................	1 litre.

Contre l'atonie des gencives (Delestre).

Cachou......................	8 grammes.
Myrrhe......................	8 —
Baume du Pérou................	1 —
Alcoolé de cochléaria............	38 gr. 75.

Faire macérer huit jours, filtrer et employer comme collutoire, coupé de moitié d'eau.

Savon dentifrice mou (Ridler).

Savon médicinal pulvérisé.........	6 gr. 25.
Pierre ponce porphyrisée..........	2 gr. 25.
Talc de Venise......	30 grammes.
Glycérolé d'amidon...............	5 —
Glycérine ....…...	5 —
Essence de menthe................	0 gr. 05.
— de girofle...............	0 gr. 25.

Faire chauffer au bain-marie et ajouter peu à peu de l'eau distillée jusqu'à consistance convenable.

Pastilles contre la fétidité de l'haleine (Smith).

Café torréfié pulvérisé............	75 grammes.
Charbon —	25 —
Acide borique —	25 —
Saccharine......................	0 gr. 65
Teinture de vanille, mucilage de gomme....................…..........	Quantité suffisante.

Faire des pastilles de 0 gr. 70 chacune.

Badigeonnage pour raffermir et colorer les gencives (Combe).

Teinture de pyrèthre..............	15 grammes.
— de gaïal................	4 —
— de myrrhe..............	4 —
— de thébaïque............	4 —
— de coquelicot........…....	Q. s. pour colorer.

Badigeonnages matin et soir.

Autre méthode (Vidal).

Poudre de quinquina.............	15 grammes.
— de ratanhia..............	5 —
— de chlorate de potasse.....	5 —

Aromatiser à son parfum préféré, menthe ou vanille.

Frotter les gencives trois ou quatre fois par jour avec le doigt imprégné de cette poudre.

Contre la sensibilité des dents et des gencives (Monin.)

Mastiquer des fragments d'écorce de cannelle de première qualité.

Odontalgie occasionnée par la carie dentaire (Gsell-Fels.)

Camphre.........................	5	parties.
Chloral.........................	5	—
Chlorhydrate de cocaïne............	1	—

Introduire une petite quantité de cette mixture dans la dent cariée.

Odontalgie (Wilson).

Il faut se frictionner les gencives avec la mixture suivante :

Chlorhydrate de cocaïne..........	1 gr. 15.
— de morphine........	0 gr. 30.
Acide benzoïque................	9 gr. 40.
Eugenol.......................	3 gr. 75.
Alcool absolu	30 grammes.

Dentifrice antiseptique (Beaumetz).

Acide phénique..................	1 gramme.
Acide borique..................	25 gr. 10.
Thymol	0 gr. 50.
Essence de menthe...............	30 gouttes.
Teinture d'anis	10 grammes.
Eau.........................	1 litre.

Coton anti-odontalgique (Eller).

Soluté de cocaïne à 3 pour 100......	28 grammes.
Sulfate de morphine..............	75 centigrammes.
Coton absorbant.................	28 grammes.

Saturer le coton, le faire sécher dans un courant d'air chaud, puis le recarder.

Une parcelle introduite dans la dent et dans l'oreille correspondante calmerait les douleurs dentaires les plus violentes.

Opiat Dentifrice (Monin).

Magnésie décarbonatée............	20 grammes.
Chlorate de potasse...............	4 —
Acide borique....................	4 —
Laque carminée..................	4 —
Tartrate acide de potasse.........	2 —
Glycérine très pure..............	Q. S.

Pour une pâte :

Saccharine......................	0 gr. 50.
Essence de géranium rosat.........	15 gouttes.
Essence de romarin...............	8 —

La saccharine, par ses propriétés anti-fermentescibles, remplace avec avantage le sucre et le miel, seuls usités jusqu'ici dans les opiats dentifrices, et qui ont à leur actif la production de tant de caries.

Dents de sagesse (Delioux de Savignac).

Glycérolé d'amidon...............	10 grammes.
Borax porphyrisé................	1 —
Safran pulvérisé.................	50 centigrammes.
Teinture de myrrhe..............	10 gouttes.
Pour collutoire.	

CHAPITRE XVI

Les Cheveux.

Nous voici arrivés au sujet sur lequel on a le plus écrit sans beaucoup de résultat.

Que de conseils, que de remèdes on a préconisés en vain contre la chute des cheveux, ou pour remédier à leur rareté native!

On connaît bien, à peu près, les causes de ces divers états ; mais cela ne donne pas le remède.

Autrefois, on rasait la tête pour faire repousser les cheveux ; nous avons vu une dame se faire raser six semaines de suite ; elle n'a pas eu plus de cheveux pour cela, et, comme auparavant, ses cheveux ont repoussé très longs, très rares, et d'une finesse désolante.

On recommande de ne couper les cheveux — soit courts pour les enfants, soit seulement les rogner — qu'au moment de la nouvelle lune, et jamais dans un moment d'affaiblissement physique ou de trouble moral.

Les rogner tous les trois mois est bon ; arrivé à une certaine longueur, le cheveu se partage en une fourche qu'il faut supprimer, car elle arrête la croissance.

On a longtemps cru que tenir les cheveux ras pendant l'enfance les faisait épaissir ; ce n'est, à nos yeux, qu'un préjugé qui a fait son temps ; s'il y avait ombre de vérité en cela, les hommes ne devraient pas être chauves, et la calvitie est bien plus fréquente chez les hommes que chez les femmes !

Donc, n'enlaidissez plus les bébés en coupant leurs jolis cheveux soyeux. Nous avons ouï dire à des personnes âgées et dignes de foi, que les plus jolis cheveux, comme épaisseur, souplesse et couleur qu'elles avaient vus, n'avaient jamais été coupés, mais seulement rognés à la lune nouvelle.

Habituez les enfants à être toujours nu-tête à la maison et au lit. Ils s'en trouveront bien toute leur vie.

La propreté de la tête est une condition essentielle de santé pour le cuir chevelu.

Il faut la laver une fois par mois — pas plus souvent — dans une cuvette d'eau chaude dans laquelle on met une cuillerée d'ammoniaque ; on savonne bien, on rince à grande eau (toujours chaude) à l'aide du petit appareil que l'on appelle, à la *Ménagère*, *douche de toilette* et qui est extrêmement commode.

15

Cela arrête très souvent la chute des cheveux et les dégraisse toujours fort bien sans les fatiguer.

On peut, à la rigueur, remplacer l'ammoniaque par une pincée de carbonate de soude, mais la chute des cheveux n'est pas arrêtée.

Ne vous peignez au peigne fin que tous les huit ou dix jours ; cette opération hâte la tombée des cheveux. Nous accordons que ceux qui tombent y étaient destinés et font place à d'autres, mais ceux que l'on perd sont longs et les autres à naître ; nous croyons donc qu'il faut, autant que possible, conserver ce que l'on possède. — Frictions appropriées à l'état du cuir chevelu.

*
* *

Comme palliatif aux divers états de la chevelure, il faut se rendre compte de plusieurs choses, et ne pas oublier que pour bien se soigner, il faut d'abord *bien s'observer*.

Examinons les divers états morbides du cuir chevelu ou de la chevelure. (Nous laissons de côté ce qui est purement maladif et du ressort du médecin.)

Si les cheveux sont naturellement gras, il ne faut employer que des substances fortifiantes, des frictions à l'alcool à 86 degrés, des lotions alcalines au borate ou au carbonate de soude, à la saponine ; les lavages à l'ammoniaque ou à l'eau ammoniaquée parfumée (voir plus loin) ; une décoction de feuilles de noyer est excellente pour raffermir les chairs en cas de faiblesse du tissu capillaire.

L'eau-de-vie au quinquina est bonne pour les personnes sujettes aux névralgies.

L'eau anglaise (voir plus loin) convient aux blondes qui ont la tête grasse ; elle fait épaissir les cheveux.

Des frictions au sel fin sont bonnes pour les démangeaisons et les points noirs du tissu capillaire.

*
* *

Si au contraire les cheveux sont secs, si le cuir chevelu est écailleux, farineux, prédisposé aux croûtes, on emploiera l'huile de bouleau, l'huile de ricin, l'huile de cade, la pommade de moelle de bœuf.

Les natures lymphatiques se trouveront bien de l'emploi de l'eau anglaise.

Les lavages à la bière conviennent à certaines natures blondes. L'eau de lessive et les frictions au jus de citron réussissent à certaines natures brunes.

En résumé, il faut, par l'observation, donner au cuir chevelu ce qui lui manque. Mettre des corps gras sur des cheveux naturellement gras, c'est faire pourrir la racine.

Dessécher des cheveux déjà secs, les épuise et aggrave le mal.

Voici une pommade inoffensive contre la calvitie, on peut l'essayer, mais nous ne garantissons pas la réussite, n'en ayant pas fait usage.

Vaseline blanche......................	40 grammes.
Huile de ricin........................	20 —
Acide gallique.......................	3 —
Essence de lavande..................	10 gouttes.

Pommade pour faire épaissir les cheveux bruns des personnes ayant le cuir chevelu sec et irrité.

Moelle de bœuf	30	grammes.
Sel marin	30	—
Jus de cresson	30	—
Cire vierge	5	—
Essence au choix	20	gouttes.

Faire fondre la moelle au bain-marie, incorporer en remuant toujours le sel et le jus de cresson, puis la cire. Ne mettre l'essence qu'en retirant du feu.

Si on peut remplacer la moelle de bœuf par la graisse d'ours on a la *pommade russe* qui est meilleure que celle-ci, mais c'est une substance très rare en France et presque introuvable.

Eau ammoniaquée parfumée pour la tête (deux cuillerées par grande cuvette d'eau).

Eau de rose	50	grammes.
Eau-de-vie de romarin	25	—
Essence d'amandes amères	3	—
Ammoniaque liquide	3	—
Essence de macis	1	—
Huile de ricin	2	—

On commence par mélanger l'essence de macis au romarin, puis on les mêle à l'huile de ricin et à l'ammoniaque déjà uni à l'essence d'amandes ; on ajoute enfin l'eau de rose peu à peu.

Contre la seborhée (pellicules) sèche.

Se mettre le soir une bonne pommade à la moelle de bœuf ; savonner le matin au savon antiseptique, soit à l'acide phénique, au naphtol, au soufre ou au goudron. Jamais d'alcool.

Contre la seborhée humide.

Savonner le soir avec savon de Panama ou de goudron; bien sécher; faire suivre de lotion alcoolisée, poudrer le matin avec Poudre moyen âge, qui parfume la tête et qui est fort jolie, ou avec la poudre suivante sans parfum, et qui a l'inconvénient d'encrasser la tête.

Amidon porphyrisé, sous-nitrate de bismuth, acide borique pulvérisé, par parties égales.

Autre méthode : Se frictionner la tête au pétrole.

Pour les cheveux gras. — Employer les lotions alcooliques et toniques. L'*Elixir capillaire*, à base de quinquina, dont l'usage fortifie les bulbes capillaires, donne de très bons résultats. L'eau de quinine est également très bonne quand elle est bien préparée. En voici la recette :

Sulfate de quinine............	2 grammes.
Baume de Fioraventi..........	30 —
Alcool à 45°.................	100 —
Eau de laurier-cerise..........	30 —
Carbonate d'ammoniaque.......	10 —
Huile de ricin................	5 —

On doit s'en servir deux ou trois fois par semaine au moins.

15.

Pommade pour les cheveux trop secs :

Vaseline blanche................	60 grammes.
Tanin.........................	4 —
Alcool à 45°...................	6 —
Essence de géranium...........	2 —
— de Santal..............	50 centigr.

Autre méthode :

Vaseline blanche................	60 grammes.
Extrait mou de quinquina........	4 —
Teinture de cannelle.............	10 —
Essence de bergamote...........	2 —

Autre méthode.

Vaseline......................	30 grammes.
Soufre lavé....................	50 centigr.
Huile d'amandes douces.........	10 grammes.

Une onction tous les trois jours, et chaque quinzaine laver la tête avec de l'eau de panama tiède, en ayant soin de bien sécher les cheveux en les laissant flotter sur les épaules dans une pièce chauffée.

Pommade de Dupuytren contre la calvitie :

Moelle de bœuf.................	300 grammes.
Acétate de plomb..............	5 —
Baume noir de Pérou...........	20 —
Alcool.......................	50 —
Poudre de cantharide...........	2 —
Essence de girofle.............	10 gouttes.
— de cannelle.............	10 —

Eau anglaise.

Eau de rose...................	100 grammes.
Acide acétique.................	25 —
Teinture de cantharide..........	25 —
Essence de violette.............	15 —

Mélanger le tout et agiter le flacon chaque fois

avant de s'en servir. En frictionner la racine des cheveux deux fois par semaine le soir, ce qui produit une légère mais salutaire irritation à la peau.

Contre la chute des cheveux. — Mettre du sulfate de fer dans de l'eau; verser un peu de cette eau rouillée dans une assiette, et en mouiller non la tête, mais les cheveux dans toute leur longueur, au moyen d'une brosse.

Autre remède :

Mettre du sel gris dans du bon rhum et en frictionner le cuir chevelu deux fois par jour.

*
* *

Tout traitement contre la chute des cheveux doit être interrompu pour en observer l'action. Ainsi on opère les frictions ou les lotions trois ou quatre jours de suite, on s'arrête aussi longtemps ; on reprend encore trois ou quatre fois. Si alors la guérison n'est pas complète c'est qu'il faut changer de remède.

Une bonne chose est de se décoiffer le soir et de natter les cheveux sans les serrer pour la nuit.

*
* *

Pour bien comprendre l'inutilité de tant de recettes contre la calvitie plus ou moins complète nous devons jeter un coup d'œil sur la structure du cheveu.

C'est un filament en général cylindrique, dont une minime partie reste dans le cuir chevelu, logée dans le *follicule pileux*, sorte de petit sac au fond duquel le cheveu se termine par un renflement appelé *bulbe*. De fins vaisseaux y apportent la nutrition nécessaire.

Au dehors le cheveu est droit ou frisé suivant la figure géométrique que donne sa section ; plus la surface en quelque sorte épidermique du cheveu est franchement cylindrique, plus il est lisse et droit. La frisure est le résultat de l'enroulement en spirale de l'un des bords sur l'autre.

Au centre se trouve la moelle, formée de cellules arrondies ; entre la moelle et l'enveloppe externe du cheveu se trouvent les cellules contenant la substance colorante. On comprend, nous l'espérons, que c'est dans le *follicule pileux* ou mieux, dans la papille annexée au *bulbe*, que le cheveu prend naissance et alimentation. La calvitie vient donc de l'atrophie ou de la disparition de cette source vitale que tous les remèdes de la terre ne peuvent faire renaître.

Les cheveux secs sont cassants, les cheveux gras sont plus élastiques mais aussi plus lourds ; dans tous les cas ils sont hygronométriques.

Il faut donc se souvenir : 1º que l'humidité est funeste au cuir chevelu et à la vitalité du bulbe pileux — partant pas de lavages journaliers.

2º Que le cuir chevelu demande une aération constante — partant pas de coiffure dans la maison ni pour dormir. Les chapeaux seront aussi légers que possible.

3º Qu'il ne faut pas tirailler les cheveux, ce qui fatigue inutilement le cuir chevelu — Partant se démêler avec précaution avec un démêloir à dents plus ou moins écartées suivant l'épaisseur de la chevelure.

En cas de maladie se faire peigner tous les jours et natter les cheveux avec soin pour éviter l'emmêlement. Pour le moment des couches se faire coiffer en nattes dès les premières douleurs sans serrer les cheveux près de la tête, mais en serrant les nattes un peu plus bas pour qu'elles ne se défassent pas ; bien nouer la pointe.

Le peigne doit toujours être en écaille, de préférence même à l'ivoire. Le celluloïd ne remplace l'écaille que très imparfaitement.

Epingles à cheveux. — On n'emploie plus guère l'ancienne épingle à cheveux grosse et lourde ; on lui a substitué l'épingle en écaille ou celluloïd, à deux ou trois dents, qui ne fatigue pas la tête.

Pour les frisures on emploie les épingles demineige ondulées, courtes et longues.

Les peignes à chignon ne peuvent se conseiller, ils sont au goût de chacune et dépendent de la mode, de la coiffure adoptée et de la quantité de cheveux,

*
* *

Il est impossible de dire à une femme comment elle doit se coiffer, autrement qu'en lui recommandant de porter *ce qui lui va,* et de ne suivre la mode que dans cette proportion.

La mode qui va aux fronts bas et étroits ne peut convenir aux fronts hauts et larges ; une femme grande et majestueuse ne peut porter la même coiffure qu'une femme petite et sémillante.

D'ailleurs les modes changent trop souvent pour

prétendre donner, à ce sujet, d'utiles indications.

Il faut éviter la frisure au fer, de quelque façon qu'on le chauffe, car cette chaleur est nuisible aux racines. Si l'on a des cheveux tenant bien la frisure, il faut les mettre le soir sur bigoudis en roulant bien soigneusement les pointes, et en humectant les doigts d'un peu d'eau alcoolisée.

Si on ne veut pas se déparer ainsi pour la nuit, ni fatiguer ses cheveux, il faut se faire faire un léger postiche en frisures naturelles, que l'on posera sur son front, en le fixant par des épingles neige et un filet de cheveux.

FRISURE NATURELLE; POSTICHES ET PERRUQUES.

C'est un achat très délicat ; nous avons vu des dames être odieusement volées par de grands coiffeurs leur vendant, à un prix fou, des cheveux plats, frisés momentanément, et ne tenant pas même pendant la durée d'un bal.

Nous indiquerons, pour rendre service à nos lectrices, M. A. Perrier [1], un coiffeur très consciencieux, qui vend de la frisure naturelle garantie, et à des prix très modérés. C'est, en outre, un homme de goût.

Voici d'ailleurs comme il faut procéder lorsqu'on n'est pas absolument sûre de son fournisseur ; nous tenons ce renseignement de M. Perrier lui-même.

(1) 59, rue de Châteaudun.

Une fois que l'on a convenu du prix, du genre de coiffure que l'on veut, *en frisure naturelle garantie*, on déclare que l'on veut voir l'objet *non coiffé*. On le plonge alors dans une cuvette d'eau, on l'imbibe bien puis on le peigne et on le laisse sécher.

Il doit être plus frisé après qu'avant. On le fait alors coiffer par le coiffeur une première fois, et cela dure un an, dix-huit mois ou deux ans sans autres soins qu'un ou deux lavages par mois identiques à ceux de la tête. Lorsque les cheveux sont mouillés, on les arrange *à sa figure* sur une tête ou un *front* en carton — objets indispensables lorsqu'on porte des postiches — on laisse sécher et c'est charmant. Cette frisure est plus naturelle que celle, plus régulière, du coiffeur. On peut de temps à autre les faire sécher enroulés sur les bigoudis de bois.

Pour laver ce postiche il faut bien le démêler et bien éviter, de l'emmêler en le savonnant et en le rinçant; on le démêle tout mouillé pour le coiffer immédiatement.

Si on se teint les cheveux, il est nécessaire de teindre le postiche du même ton, car certains tons roux obtenus par le henné ne peuvent se réassortir.

Mais le henné agit parfaitement sur le postiche; avec des soins on arrive à fort bien harmoniser sa coiffure.

Coiffure de l'amazone. — Une amazone doit se coiffer en nattes serrées, fortement épinglées à la tête. Si elle n'a pas de cheveux assez épais, si ses cheveux sont trop fins et trop flous, *ne tenant pas*, qu'elle n'hésite pas à se faire faire une perruque très bien faite, en cheveux frisés qu'elle peut nouer derrière par un simple ruban, ou arranger en petit chignon. M. Perrier fait les perruques les plus parfaites, qui ne se reconnaissent pas, et adhèrent à la tête avec une solidité défiant toutes les secousses, ce qui est extrêmement rare.

TEINTURES DES CHEVEUX

En dehors des divers moyens que nous allons indiquer, nous déconseillons énergiquement les teintures ; toutes celles *qui sont dans le commerce sont nuisibles,* et rarement elles donnent un résultat satisfaisant au point de vue de la coquetterie.

Les procédés que nous allons décrire sont inoffensifs et donnent de bons résultats, dont l'appréciation est l'affaire de chacune pour l'approprier à son desideratum.

Décoloration des cheveux pour les rendre blonds. — Toutes les eaux d'or, toutes les teintures blondes vendues vingt francs le flacon sont simplement de l'eau oxygénée qui agit en décolorant le cheveu. On peut même, de la sorte, arriver au cheveu blanc, ce que certaines dames grisonnantes font, pour abréger la période désagréable des cheveux poivre et sel. On comprend que, par conséquent, elle ne teint pas les cheveux blancs.

On achète l'eau oxygénée dans certaines drogueries ; très souvent elle est éventée et n'agit pas ; il faut s'adresser à une maison de confiance pour ne pas être trompé.

Avant d'appliquer l'eau oxygénée il faut se laver la tête et laisser sécher complètement les cheveux.

Puis, avec une brosse o u une éponge, on les mouille bien de la racine à la pointe et on les les laisse — étalés sur les épaules — sécher sans les essuyer. Si l'on peut, sans risque, s'exposer à l'air lorsqu'ils sont à peu près secs, l'action est plus rapide.

Il faut, presque chaque semaine, mouiller les racines, non pas que les cheveux aient poussé comme le croient certaines dames, qui prétendent que l'eau oxygénée *fait pousser les cheveux;* mais parce que le principe colorant tend à rendre au cheveu sa couleur première, et monte comme une sève.

Il faut prendre garde, une fois que l'on a atteint la décoloration que l'on désire, de ne pas trop mouiller les cheveux lorsqu'on réapplique l'eau oxygénée aux racines recolorées ; l'eau, descendant naturellement le long du cheveu en pâlirait trop la pointe. Eviter les taches sur les tapis ou les étoffes, elles sont indélébiles.

*
* *

Voici une teinture blonde qui est inoffensive, mais qu'il faut répéter très souvent :

Vin blanc...................... 1/2 litre.
Rhubarbe......,............... 150 grammes.

Faire bouillir et réduire à moitié, appliquer comme l'eau oxygénée.

Teinture orientale des cheveux. — Nous ne parlerons ici que de deux teintures orientales que nous savons inoffensives, pour les avoir observées nous-même.

En Orient toutes les femmes se teignent les cheveux de la couleur qui leur plaît : les brunes se les rougissent, les blondes les noircissent ; jamais elles ne conservent leur propre couleur. L'habitude en est telle que l'on teint les enfants depuis l'âge de deux ou trois ans.

Elles ont, pour se teindre ainsi, des produits d'une innocuité parfaite, et nous allons tâcher d'expliquer ces procédés, dont l'un, du moins, est fort simple, mais ennuyeux.

Application du henné pour colorer les cheveux du brun cuivré au cuivre rouge. — Le henné en poudre, que l'on vend fort cher à Paris, se vend très bon marché en Algérie ; on en trouvera au Comptoir de renseignements.

On le délaie, avec de l'eau chaude, pour en faire une sorte de pâte que l'on éclaircit avec une cuillerée à bouche de vinaigre jusqu'à ce qu'elle ait la consistance d'une bouillie claire.

On a préalablement lavé les cheveux à l'eau ammoniaquée ou au carbonate de soude. Il n'est pas nécessaire de les laisser complètement sécher.

Le reste de l'opération demande absolument une aide, autant que possible intelligente.

On enduit alors abondamment les cheveux de la racine à la pointe avec cette bouillie, en ayant soin de bien les écarter par petites mèches, que l'on roule en chignon enduit de pâte. On doit commencer par le sommet de la tête, en arrière, et on tourne autour de ce centre, sur lequel on aplatit chaque mèche nouvelle. On arrive ainsi à avoir un épais bonnet de henné; ce bonnet doit avancer sur le front, descendre sur le cou de façon à couvrir tous les petits cheveux.

Pour la première application, il faut bien la garder pendant deux heures, puis on lave à cinq ou six eaux chaudes; dans la troisième, on met une petite pincée de carbonate de soude et l'on savonne. Si l'on a atteint la coloration voulue et qu'elle soit bien égale, on n'a plus qu'à l'entretenir en renouvelant cette opération chaque mois; seulement on ne doit plus laisser le henné qu'une demi-heure ou trois quarts d'heure; c'est encore et surtout là une question d'observation personnelle.

Si la couleur est inégale, il faut remettre de la pâte aux places qui n'ont pas la coloration voulue; cela demande du tact de la part de la femme de chambre pour arriver à bien harmoniser la teinte.

Elle devra, avant de commencer l'opération, se frotter les mains d'un corps gras qu'elle essuiera; cette précaution facilite le nettoyage des mains qui, sans cela, restent jaunes pendant plusieurs jours.

Le henné a l'immense avantage, étant un colorant, de teinter les cheveux blancs en une belle couleur d'un blond vif ; ils se trouvent ainsi, s'ils sont encore en petit nombre, donner teinte la dorée dans l'ensemble plus foncé.

Une teinte fort jolie, très naturelle et très distinguée, c'est le brun roux, où brillent quelques fils d'or ; cela sied à tout âge, mieux que le blond souvent trop jaune obtenu par l'eau oxygénée, qui vieillit affreusement les visages un peu mûrs où les rides commencent à paraître.

Tout le monde ne peut obtenir le même résultat, car la couleur naturelle des cheveux y est pour beaucoup.

Les cheveux noirs deviennent plus volontiers acajou, teinte que nous déconseillerions volontiers, et que l'on peut atténuer et jaunir par une légère application d'eau oxygénée.

L'observation intelligente peut faire trouver, à une femme qui a des loisirs, maintes combinaisons en mariant les effets du henné, de l'eau oxygénée et la teinture noire obtenue par la noix de galle dont nous allons parler.

M. Oberlin nous a obligeamment livré un petit secret. En mêlant deux grammes de sulfate de cuivre, dissous dans l'eau chaude, à 125 gr. de henné, on brunit la couleur rouge que donne le henné, ce qui donne une couleur brun-roux, très distinguée et très recherchée.

Emploi de la noix de galle pour teindre les cheveux en noir de jais. — Les mauresques font cette teinture au fur et à mesure qu'elles doivent l'employer. L'attirail se compose d'un petit poêlon spécial en terre épaisse, muni d'un couvercle à rigole, d'un petit réchaud plein de charbon de bois allumé, et d'un petit pot d'eau froide. Les ingrédients sont : des noix de galle et du *hadida*, dont nous n'avons pas la traduction, et que l'on trouvera au comptoir de renseignements.

On met le poêlon *à sec* sur feu doux avec les noix de galle; on le couvre et on met de l'eau dans le couvercle, frotté intérieurement au *hadida*; on fait ainsi calciner — mais non brûler — lentement les noix en les remuant ; au bout d'un moment, on frotte encore le couvercle et à plusieurs reprises, avec le *hadida*; on remet de l'eau dans la rigole du couvercle.

La noix de galle, une fois calcinée, est pulvérisée, ainsi qu'une certaine quantité de *hadida*; on mêle le tout et on le délaye avec de l'eau pour en faire une pâte, dont on enduit les cheveux, lorsqu'elle est chaude, puis on les lave au bout d'un certain temps. Les mauresques gardent cette pâte parfois toute la nuit, d'autres fois pendant la durée de leur bain d'étuve.

Nous tenons ces renseignements de trois mauresques dont pas une ne savait le français ; l'interprète ne le savait pas non plus très bien ; il a donc été impossible d'avoir des renseignements plus précis, bien qu'on les ait recherchés encore à Alger, mais nous croyons qu'en faisant avec soin quelques

16.

essais avec nos indications, on doit arriver à un excellent résultat. Ces femmes ont des cheveux d'un noir de jais, très brillants, très épais, et assurent n'éprouver aucune incommodité de cette teinture employée dès l'enfance. C'est avec cette pâte que les mauresques se font les sourcils et les yeux ; c'est très tenace et dure plusieurs jours malgré les lavages.

Si, ayant les cheveux très blancs, on veut obtenir une teinte d'un brun roux, on peut d'abord les teindre ainsi en noir, puis, après lavage, faire une application de henné jusqu'au degré de coloration voulu.

Au début de ces manipulations, il y a évidemment des tâtonnements jusqu'à ce qu'on se soit fait sa méthode *à soi ;* la routine vient alors simplifier ce qui, au début, semble très compliqué.

L'emploi de ces teintures est intelligent tant que le visage, le teint surtout, l'allure et la démarche sont restés jeunes.

Quand tout, la taille, la voix, les mains, le corps vieillissent, quand le visage prend des rides sérieuses, il vaut mieux blanchir nettement, et même brusquement, par la cessation des teintures et l'emploi réitéré de l'eau oxygénée.

C'est à la chevelure blonde qu'il faut renoncer le plus tôt, soit en *redevenant* brune, soit en blanchissant, car rien n'est douloureusement ridicule comme un visage vieux, ou même simplement flétri, coiffé de cheveux blonds. Il ne semble que plus vieux et plus flétri encore. Le blond exige un teint très pur.

Il y a une certaine coquetterie à ce changement de décor qui embellit certaines femmes dont le visage est encore charmant, bien que fané.

Cela n'exclut pas les soins du visage et de toute la personne, car rien n'est joli comme une belle vieille femme, qui sait se parer, se coiffer, se vêtir harmonieusement.

Si avec cela elle est bonne, si elle est indulgente et bienveillante pour les personnes plus jeunes qu'elle, elle sera adorable.

Observation importante. — Lorsqu'une femme très brune se blondit, elle doit se blondir un peu les sourcils par le même procédé, car, sans cette précaution, ils dénotent l'artifice et rendent le visage dur.

Il faut toujours que les sourcils s'harmonisent avec la teinte des cheveux, tout en restant plus foncés.

Les femmes qui se servent d'un crayon pour tracer leurs sourcils, ne devront pas oublier cette recommandation.

Poudre moyen âge pour les cheveux (recette trouvée dans un très vieux livre). — Son auteur lui donne la propriété de parfumer la tête, de faciliter la régénération des cheveux, de fortifier leur racine, *enfin d'égayer l'imagination et de fortifier la mémoire.*

Nous avons fait exécuter cette recette ; le parfum, très singulier, est extrêmement distingué et délicat, et nous croirions volontiers que l'auteur n'a pas exagéré.

Nous avons fait essayer cette poudre à plusieurs personnes ; elle convient parfaitement aux têtes grasses, les cheveux s'en trouvent bien, ils bouffent davantage. On frotte, avec une houppe, le cuir chevelu le soir, le lendemain on brosse.

Il est tout naturel que cette poudre, alliée aux sécrétions sébacées du cuir chevelu, salit un peu la tête, mais l'inconvénient est léger ; la brosse y obvie facilement.

Les cheveux secs s'en trouvent très bien aussi lorsqu'on veut se poudrer, soit pour chez soi, soit pour soirées et bals, car cette poudre est d'un effet ravissant ; au lieu du blanc cru de la poudre ordinaire, elle a un ton neutre, un peu rosé, et comme blondissant, qui est très seyant et adoucit beaucoup les traits et l'expression du visage. Comme elle ne peut se faire qu'en très grande quantité, nous l'avons fait exécuter pour nos lectrices ; on la trouve au *Comptoir de renseignements*.

CHAPITRE XVII

Les Mains

Procédé recommandé. — Les laver comme la figure dans de l'eau chaude ; on peut y mettre soit du son ou de la recoupe, soit de la teinture de benjoin, soit du lait virginal.

Bien les savonner, les brosser, les poncer s'il y a lieu ; on peut, si l'on veut, terminer avec un peu de pâte d'amandes, puis on les essuie fortement, et, *immédiatement*, on les frictionne fortement avec très peu de glycérine bien pure, parfumée par quelques gouttes de l'essence préférée.

Nous appuyons sur ce mot *immédiatement*, car si l'on attend si peu que ce soit, les pores se referment et la glycérine n'agit plus du tout.

Après la friction on essuie l'intérieur de ses mains en y roulant un peu la partie *humide* de la serviette, puis on essuie le dos avec la serviette *bien sèche*.

Ainsi les mains sont blanches, et ne sont jamais

gercées, sans qu'il soit besoin de pâte compliquée, sans gants de nuit, sans autres soins. Mais il faut mettre de la glycérine *chaque fois* qu'on se mouille les mains, afin que la peau humide ne soit *jamais* en contact avec l'air. Si pourtant on les a laissé gercer, on peut essayer l'eau Gorlier pour les guérir ou le baume de la Ferté.

Les taches s'enlèvent avec du citron et du sel.

Excellente pâte d'amandes pour les mains.

Amandes amères..................	350 grammes.
Farine de riz....................	250 —
Sel de soude....................	20 —
Essence de bergamote............	10 —

Mêler avec soin et prendre une pincée qu'on délaie en se lavant les mains.

* *
*

Contre la sueur des mains (Numa). — Les laver chaque jour dans de l'eau additionnée de vinaigre ou d'alcool camphré.

Les frictionner ensuite avec une composition stimulante.

Ichthyol..........................	5 parties.
Térébenthine....................	5 —
Pommade à l'oxyde de zinc..........	10 —

Les poudrer ensuite avec de l'Antozine.

Les taches de rousseur qui apparaissent sur les mains et les bras peuvent disparaître en les touchant à l'acide phénique pur jusqu'à desquamation.

Ne pas surcharger les doigts de bagues.

Se ganter à l'aise et plutôt d'une demi-pointure trop grand que trop étroit.

Si on peut, *à la rigueur*, mettre du 6 1/4, il vaut mieux prendre du 6 1/2.

Nota. — Les pointures ne sont pas les mêmes dans toutes les maisons et varient facilement d'une demi et même d'une pointure.

Le gant trop étroit recroqueville la main et la rend laide, gauche et disgracieuse ; gantée un peu à l'aise, la main reste souple, élégante et adroite. On ne doit d'ailleurs pas croire que des gants trop justes rapetissent la main, bien au contraire.

Avec la manche longue on peut porter le gant mousquetaire, hauteur six boutons, ou le gant à quatre boutons, jamais le gant à deux boutons.

Avec une manche mi-longue, il faut un gant arrivant jusqu'à la manche, sans solution de continuité ; s'il est plus long et froncé, c'est mieux.

Avec la manche courte ou la robe sans manche, le gant doit dépasser le coude ou tout au moins y arriver ; s'il fronce un peu ce n'est que mieux.

C'est du dernier mauvais goût de porter des gants trop courts, allant, par exemple, au milieu de l'avant-bras avec une manche très courte.

Il vaudrait mieux porter des mitaines ou même rien du tout.

LES ONGLES

La beauté des ongles consiste dans leur couleur, leur transparent, leur forme arrondie, leur longueur dans l'enchâssement des chairs. L'habitude de soins journaliers peut seule donner le poli, la transparence ; l'ongle négligé est terne.

Il faut les couper souvent et en rond ; le niveau du doigt indique la mesure naturelle que doit avoir l'ongle. Trop courts, ils se détachent du doigt ; trop longs, ils sont plus fragiles, se fendent facilement et s'aplatissent. Souvent la membrane qui entoure le contour de l'ongle s'étend outre mesure et cache le petit cercle blanchâtre. Il faut, après s'être lavé les mains, repousser et, au besoin, enlever doucement cette peau envahissante, à l'aide de ciseaux très fins. En faisant cette opération, on doit bien se garder d'arracher les petits filaments de peau qui s'élèvent autour des racines de l'ongle et qu'on appelle envies : on les coupe de très près avec des ciseaux.

*
* *

Pour rendre les ongles brillants, transparents et rosés, il faut, chaque jour, en terminant sa toilette, se laver les doigts avec de l'eau tiède aromatisée de quelques gouttes d'eau de rose. Quand les ongles sont bien nets, on les frotte avec un petit tampon sur lequel on a étendu du Brillant algérien, on polit ensuite au polissoir avec très peu de Poudre algérienne. Le brillant ainsi obtenu est résistant, naturel, et les soins ne demandent que deux ou trois minutes par jour.

N'employez à l'ordinaire aucun vernis, il n'y en a pas de parfait; tous sont trop colorés et encrassent les ongles. Ils ne conviennent que pour le théâtre, où l'on n'a pas le temps de faire mieux.

Pourtant, si vous êtes pressée, employez de temps à autre du vernis blanc de Dorin, que vous ne trouverez qu'au Comptoir de renseignements, cet article ne se faisant pas habituellement.

Quand le vernis a encrassé les ongles, il faut les laver dans l'alcool et les polir ensuite.

Pour fortifier les ongles. — Lorsque les ongles sont d'une nature trop friable, on les recouvre, la nuit, de la pommade suivante :

Huile de lentisque..................	15 grammes.
Sel blanc....................	2 —
Colophane en poudre.............	2 gr. 60 centigr.
Alun pulvérisé..................	2 gr. 60 —
Cire vierge...................	5 grammes.

Mêler et former une pommade.

Pour faire recroître un **ongle** tombé, on plonge à plusieurs reprises le doigt malade dans de la cire blanche fondue et un peu chaude ; il se forme ainsi des couches successives qu'on laisse refroidir et qu'on garde jusqu'à ce que le nouvel ongle, étant formé, repousse cette enveloppe protectrice.

Moyen pour enlever les taches blanches sur les ongles.

Poix..	10 grammes.
Myrrhe...................................	10 —

On mêle ces deux substances et on les applique, la nuit, sur les ongles.

VERRUES

Pour se débarrasser des verrues, le meilleur moyen est l'électrolyse, méthode du docteur Darin. On anesthésie la partie en cause avec de la cocaïne et en une séance on est débarrassé sans retour. (Recommandé.)

Méthode Esmarch.

Acide arsénieux........................	1 gramme.
Sulfate de morphine..................	1 —
Calomel...................................	8 —
Gomme arabique pulvérisée.........	48 —

Chaque jour projeter un peu de cette poudre sur la verrue que l'on aura, au préalable, dépouillée de son épiderme.

Méthode Latour.

Chlorure de zinc.......................	12 gr. 5 c.
Nitrate de zinc.........................	25 —
Eau...	20 —

Faire dissoudre à chaud, laisser refroidir, y ajouter 42 grammes de farine de froment, faire une pâte que l'on applique sur les verrues.

Méthode Kaposi.

Bichlorure de mercure...............	1 gramme.
Collodion.................................	30 —

Faire dissoudre, enduire la verrue une fois par jour avec un petit pinceau.

Méthode Langlebert contre les condylomes (excroissances douloureuses).

Poudre de sabine		5 grammes.
—	alun calciné	5	—
—	calomel	2	—
—	sublimé corrosif	10	—

Faire deux applications par jour ; enlever chaque fois ce qui reste de la précédente application.

Autre conseil. — Les toucher chaque jour avec de l'acide salicylique.

CHAPITRE XVIII

Les Pieds.

La propreté exige qu'on les lave tous les matins avec de l'eau chaude, été comme hiver, qu'on les savonne et qu'on les frotte avec une éponge mouillée d'eau aromatisée de teinture de benjoin. On ne doit point poser les pieds nus à terre ni porter de pantoufles dont le talon serait rabaissé, de peur d'exposer le talon au froid ou de le faire devenir trop gros relativement au reste du pied.

Il ne faut pas garder chez soi les chaussures avec lesquelles on a marché dehors, le pied se fatigue et s'échauffe.

En hiver il est sain, pour les personnes frileuses, de faire remplacer, par une semelle de flanelle, la semelle de peau blanche qui garnit l'intérieur des chaussures de dames : c'est préférable aux chaussures fourrées, qui rendent le pied trop sensible à l'impression du froid. Il est sage de faire faire les semelles un peu épaisses.

Il est très mauvais de rester au lit avec les pieds froids ; si on y est sujet, il est bon, en se couchant, de les envelopper dans un morceau d'étoffe de laine chaude, ou de placer un cruchon au pied du lit.

L'usage des chaufferettes est extrêmement nuisible ; elles portent le sang à la tête et congestionnent le visage.

Pour fortifier les pieds tendres et sensibles.

Menthe......................	30 grammes.
Sauge......................	30 —
Angélique......................	90 —
Baies de genièvre...............	120 —
Romarin......................	300 —

On fait bouillir un quart d'heure dans cinq litres d'eau.

On y laisse les pieds pendant un quart d'heure. On continue plusieurs jours de suite.

Pour guérir les ampoules, cors et durillons

Se frotter les pieds le soir avec la pommade suivante :

Graisse de mouton fondue..........	50 grammes.
Armoise ou herbe de Saint-Jean, fraîchement cueillie et pilée..........	10 grammes.

On mêle, et on enduit les pieds.

Pour guérir les durillons

On prend, pendant quatre jours, des bains de pieds émollients ainsi composés :

17.

Eau...............................   5 litres.
Racine de guimauve...............   125 grammes.

On fait bouillir pendant une demi-heure, on laisse refroidir au degré voulu.

On y laisse les pieds pendant vingt minutes. En se couchant, on applique des feuilles de rose fraîches qu'on fixe avec une bande de toile.

Contre la sueur des pieds (Unna). — Les laver chaque jour dans de l'eau additionnée de vinaigre ou d'alcool camphré. Les frictionner ensuite avec :

Ichthyol..........................   5 parties.
Térébenthine......................   5   —
Pommade à l'oxyde de zinc.........   10   —

Saupoudrer le jour les pieds avec :

Farine de moutarde................   2 grammes.
Talc pulvérisé....................   60   —

Bains de pieds fréquents avec une cuillerée à bouche d'ammoniaque et une poignée de sel marin.

Autre méthode (Bardet). — Se laver tous les soirs en hiver, matin et soir en été et faire après des frictions à l'alcool camphré. Changer de bas ou de chaussettes chaque jour, et verser sur la semelle un peu de la poudre suivante qui doit être impalpable :

Talc.............................   60 grammes.
Sous-nitrate de bismuth..........   45   —
Permanganate de potasse..........   13   —
Salicylate de soude..............   2   —

Remède contre la sueur des pieds (Legoux).

Glycérine........................   10 grammes.
Perchlorure de fer...............   30   —
Essence de bergamote.............   20 gouttes.

Badigeonner les pieds, matin et soir, avec un pinceau trempé dans cette mixture.

Autre méthode (Pol Vernon)

Eau distillée.....................	200 grammes.
Bichromate de potasse	30 —
Essence de lavande................	2 —

Pour les badigeonnages interdigitaux matin et soir.

Autre méthode (Gaffard).

Oxyde rouge de plomb.............	1 gramme.
Sous-acétate de plomb liquide.......	29 —

Badigeonner chaque semaine avec ce liquide les intervalles digitaux : Guérison en deux ou trois mois.

Ongle incarné. — Il disparaît si on le soigne au début par des badigeonnages au perchlorure de fer.

*
* *

Il faut couper les ongles en carré.

*
* *

L'unique moyen que nous puissions *préconiser* pour ne pas souffrir des cors qui ne guérissent presque jamais chez une personne bien portante, c'est d'apprendre à les couper et à les creuser *soi-même*, afin de le faire assez souvent.

Nous avons vu tenter inutilement tous les moyens; le pédicure lui-même est un mauvais palliatif, car il n'enlève que superficiellement la peau morte, afin de voir son client plus souvent; or, il n'est pas toujours facile de recourir au pédicure, en voyage, ou dans des villes de province, par exemple.

A l'aide d'un petit instrument long, mince, aiguisé
seulement du bout, facilement maniable sans danger,
et que l'on trouve à la maison Charrière, rue de l'E-
cole-de-Médecine, on a raison de ses cors avec la plus

Fig. 12. Instrument pour les cors.

grande facilité; cet instrument est préférable à tous
les autres, car il va chercher et fouiller la racine
sans faire souffrir et sans risque de coupures, à moins
d'insigne maladresse. Avec les ciseaux recourbés on
enlève ce qui reste soulevé, avec un *coupe-cor* (dont
on peut se passer), on égalise la surface.

Si le cor n'est pas sensible (ce qui arrivera bientôt
en le traitant ainsi chaque semaine), on le ponce
après l'avoir creusé, au lieu de l'égaliser au *coupe-cor*.
S'il est sensible, on le recouvre, après l'opération,
d'une couche de collodion riciné qu'on laisse sécher;
on en met plusieurs couches qu'on laisse bien sécher
avant de se chausser.

En acquérant cette petite adresse on ne souffre
jamais des cors, puisqu'on peut y remédier immédiatement, et qu'on n'attend pas même de les sentir
pour les extirper.

Recette du moyen-âge contre les cors. — Faites
cuire une gousse d'ail dans la braise ou cendre
chaude, et appliquez-la ainsi cuite sur les cors, en

ayant soin de l'y assujettir avec un linge. On ne doit employer ce cosmétique qu'au moment où l'on se met au lit. Il amollit tellement le cor, qu'il détache et enlève en deux ou trois jours le câlus ou durillon, quelque invétéré qu'il soit ; ensuite on se lave le pied dans de l'eau tiède ; en peu de temps les peaux qui formaient la corne du cor s'enlèvent et laissent la plaie nette, à peu près comme si elle n'avait jamais été offensée d'aucun mal. Il est bon de renouveler ce remède deux ou trois fois dans les vingt-quatre heures.

Méthode Vigier contre les cors.

Acide salicylique...................	1 gramme.
Extrait de cannabis indica...........	50 —
Alcool à 90°.......................	1 —
Ether à 62°.....................	2 gr. 5
Collodion élastique	5 grammes.

Tous les deux jours, pendant une semaine, badigeonner le cor avec un petit pinceau, le cor s'enlèvera après un bain de pied.

Ne pas dépasser la surface cornée.

On peut faire exécuter cette ordonnance au cinquième comme quantité, cela sera plus que suffisant.

* *

Au moment de mettre sous presse, nous puisons dans le *Figaro* les remèdes suivants qui nous semblent bons à enregistrer. Coupez soigneusement et creusez le cor aussi à fond que possible ; mettez dessus, le soir, un morceau de citron bien attaché, et recommencez quatre ou cinq soirs de suite jusqu'à ce que la racine du cor vienne sur le citron ; couvrez ensuite de collodion riciné, pour protéger la peau devenue un peu sensible.

Autre remède.

Ether............................. 5 grammes.
Collodion......................... 10 —
Acide salicylique................. 2 —

En mettre sur le cor avec un pinceau, matin et soir pendant cinq ou six jours, mettre ensuite les pieds dans l'eau pendant trois quarts d'heure, le cor, ensuite, s'enlève au doigt ou au coupe-cor.

Si le remède épaissit trop, ajouter de l'éther. Laver chaque fois le pinceau dans l'éther.

*
* *

Froid aux pieds. — Un des bons moyens de le combattre est l'usage de jambières de laine ou de soie tricotées à la main et portées par-dessus les bas de fil d'Ecosse, de coton ou de soie; pour les jambières de soie, il faut les tricoter en soie d'Alger; il en faut près d'une livre pour une paire.

Ce qui est plus chaud encore est la jambière en poil de lapin angora mêlé aux fibres de lapin sylvestre.

Généralement la jambière donne très chaud aux pieds; si on est sensible des bronches, il ne faut, en été, les quitter que très prudemment, ou même pas du tout; il n'y a aucun inconvénient à les porter hiver et été. On peut en avoir de plus ou moins chaudes, voire même en coton.

Un autre moyen pour se réchauffer les pieds est de mettre de la fleur de soufre dans les bas.

On peut encore y mettre de la farine de moutarde, mais c'est plus malpropre et ne donne pas de meilleurs résultats que le soufre.

CHAPITRE XIX

Ablutions intimes de la femme.

En abordant le chapitre de la toilette intime, nous ne pouvons nous dispenser de dire un mot des appareils qui contribuent à la bonne hygiène intime et de prévenir nos lectrices de certains dangers, en même temps que nous les ferons revenir sur certaines préventions.

Nous sommes dans l'obligation de nommer par leurs noms des objets et des détails peu poétiques ; mais il est bien entendu que ce livre n'est que pour les femmes, que les hommes n'y jetteront, qu'en cachette, un coup d'œil curieux; ils n'ont donc qu'à tourner quelques pages pour trouver des sujets plus attrayants, ou même à fermer ce livre qui n'est pas écrit pour eux.

Ceci dit, revenons à nos appareils. Il y en a plusieurs en caoutchouc qui ne sont pas mauvais, si l'on prend de minutieuses précautions pour ne pas faire pénétrer l'air avec l'eau. Mais peu de dames ont la patience de le faire, peu ont la crainte salutaire du mal qu'elles se font.

Il est donc mille fois préférable d'adopter un bon irrigateur véritable T M. du Dr Eguisier [1]. qui réunit toutes les conditions nécessaires à un service parfait. En ayant la simple précaution de le faire essuyer en dedans et en dehors après vous en être servie ; de passer de temps à autre un peu d'huile d'olive au cuir obturateur, il est impeccable.

Il ne faut jamais essayer d'enfoncer le piston d'aplomb, mais il faut le présenter verticalement et l'enfoncer en tournant de façon à ne pas détériorer *le cuir*.

Nous engageons d'ailleurs les dames à faire une visite à la maison de la *rue Cadet ;* elles seront surprises de la quantite d'objets d'une réelle utilité pour l'hygiène bien comprise, objets auxquels elles ne songent pas, ou que même elles ignorent ; il y a notamment un bidet de voyage enfermé dans une toile élégante, en forme de valise, qui est le dernier mot du genre.

Ce sont encore les boules en étain fin pour chauffer les lits ou les pieds, les filtres de tous genres, les marmites à jus de viande ; les pulvérisateurs perfectionnés, et maint *et cætera* d'un ordre plus intime encore et d'autant plus commode, mais que l'on ne peut décrire.

[1] 7, rue Cadet, et 65, boulevard de Strasbourg, Paris.

Ainsi une innovation charmante est celle de la Cabine-Bijou, petite armoire secrète, que l'on accroche au mur à la hauteur que l'on veut et qui enferme et dissimule l'irrigateur. Point n'est besoin de l'en ôter pour s'en servir, au contraire: on n'a qu'à ouvrir la porte, cela peut se suspendre à côté d'une table, d'un lavabo, à bonne hauteur pour s'en servir. Cet objet d'élégance pratique est appelé à obtenir un grand succès auprès des dames assez soucieuses de leur dignité pour vouloir cacher discrètement tout ce qui n'a pas besoin d'être vu.

Lait virginal pour ablutions intimes.

Teinture de benjoin.	50 gr.
Eau de roses.	500 gr.
Eau de melilot.	449 gr.
Perchlorure de fer	1 gr.

Injections. — Deux fois par jour la femme procédera à ce soin indispensable, que la jeune fille remplacera par un lavage à l'éponge et à l'eau chaude.

Pour la femme en bonne santé, sur ce point particulier des organes génitaux, de simples injections d'eau ayant bouilli et refroidie à 30 degrés suffiront, surtout si elle y ajoute une petite cuillerée à café d'acide borique.

Faites toujours bouillir l'eau pour toutes vos ablutions, et laissez-la refroidir au degré voulu.

La grande majorité des femmes, celles surtout ayant eu des enfants, ont une certaine faiblesse de ces organes, et ont besoin de les tonifier. Voici plusieurs moyens simples et basés sur l'hygiène, que nous ferons précéder d'une recommandation générale.

Avant de prendre une injection astringente, il faut en prendre une avec de l'eau simple à 30 degrés, pour entraîner les impuretés que l'eau astringente *enfermerait*.

Quelques injections astringentes. — 1° Une assez forte infusion de thé, qui doit être d'un brun doré, mais non pas noire. On peut s'en servir matin et soir, pendant une période de temps plus ou moins longue.

2° Une fois par jour, alterner un jour l'un, un jour l'autre, une pincée de tanin et une pincée d'acide borique.

On peut sans inconvénient adopter l'acide borique pour tous les jours.

3° Eau de feuilles de noyer ; une poignée par litre d'eau, faire bouillir une demi-heure, l'employer une fois par jour.

4° Faire bouillir quinze grammes de roses de Provins et quinze grammes de racines de ratanhia dans un litre d'eau. L'employer une fois par jour.

5° Eau d'immortelles sauvages ; une poignée par litre d'eau.

CHAPITRE XX

Obésité.

Contre la faiblesse chez la femme, contre l'obésité de l'homme et de la femme ; pour l'équitation (homme et femme). — Beaucoup de femmes conservent, de l'épreuve de la maternité, une grande faiblesse de ces organes, une fatigue dans les reins, une douleur dans le bas-ventre, le tout compliqué de gonflement.

Elles ne peuvent plus marcher ni rester debout, et sont condamnées à la chaise longue perpétuelle.

Une malade a inventé une ceinture et l'a peu à peu perfectionnée ; les quelques amies auxquelles elle a fait connaître ce précieux objet l'ont baptisée la « Ceinture Merveilleuse », nom qui lui convient fort bien, et qu'on lui a conservé en la faisant breveter.

Elle est très simple, absolument ronde, par conséquent sans boucles ni agrafes pour la fermer ou pour blesser. Par sa forme bien comprise, elle prend tout le ventre qu'elle soutient admirablement, formant comme un second épiderme collé au vrai, car on la porte à nu sur la peau avec une mince bande de gaze salolée derrière, jusqu'aux hanches.

Étroite sur les reins, elle ne gêne pas sous le corset qu'elle complète.

Rapidement le ventre s'atténue très notablement, par la transpiration continuelle et locale, diminuant d'autant la transpiration ailleurs.

Mais ce qui est surprenant, c'est la force que la femme prend dans cet objet; elle marche légère et transformée, reprend une allure jeune, de languissante et fatiguée qu'elle était, et ne peut pas plus se passer de sa chère ceinture qu'un aveugle de son bâton.

Elle est précieuse aussi pour les femmes enceintes, auxquelles elle épargne bien des vergetures, surtout si elles ont la précaution de s'enduire, matin et soir, le ventre de vaseline.

Elle leur sera plus précieuse encore après les couches, en remplaçant, dès qu'elles se lèveront, tous les bandages possibles.

Enfin elle est des plus nécessaires aux amazones et aux cavaliers, à qui elle épargnera la fatigue que beaucoup d'entre eux éprouvent dans le ventre après une longue promenade.

La malade qui a inventé cette ceinture ne pouvait plus, il y a dix ans, faire dix pas sans douleurs; elle

18.

est maintenant alerte, vive, danse des nuits entières, et marche d'un pas jeune et souple qui ne ressemble en rien à la démarche lourde et fatiguée d'autrefois.

Cette ceinture a, en outre, l'avantage de tenir très chaude la région abdominale, et de maintenir la rate, qui a trop souvent tendance à se gonfler lorsqu'on marche. Néanmoins, les personnes sujettes à cette dernière incommodité, qui se manifeste par des douleurs dans l'hypocondre gauche, dès que l'on marche un peu plus qu'à l'ordinaire, devront se soigner sans tarder, et sérieusement, pour ne pas devenir complètement incapables de marcher.

Nous n'avons pas encore expérimenté suffisamment ce remède, mais d'anciens livres préconisent la salade de chou cru contre le mal de rate.

Nous avons vu une femme affectée ainsi pendant de nombreuses années, ne souffrant qu'après les marches trop longues et croyant être malade de la matrice, tandis que la rate seule était congestionnée.

Cette ceinture est indispensable dans la lutte contre l'obésité pour faire diminuer le volume du ventre.

TRAITEMENT DE L'OBÉSITÉ

S'imaginer que l'on peut remédier à tous les cas d'obésité par le même méthode seraït absurde.

Chaque jour on voit tel régime réussir parfaitement pour une personne et échouer pour une autre ; tel le *régime sec*, par exemple.

La première chose à faire avant de commencer un traitement est de faire analyser les urines. (On peut s'adresser à M. Gassaud, professeur-chimiste, 11, rue de Rome.)

Si la quantité d'*urée* excrétée journellement donne un chiffre dépassant la moyenne, *l'obésité est par excès d'urée;* si le chiffre est au-dessous de la moyenne, *l'obésité est par défaut d'urée.*

Si le chiffre d'urée est moyen, il faut se baser sur le coefficient d'oxydation (rapport entre les matériaux solides de l'urine et de l'urée); s'il est plus élevé que la normale, l'obésité est par excès, *et vice versâ.*

Dans l'obésité par excès, il faut permettre les boissons et plutôt en augmenter les doses. — Il est donc évident que ces obèses-là se trouveront fort mal du régime sec.

Dans l'obésité par défaut, il faut restreindre la quantité de boisson et la supprimer pendant les repas. Ces obèses se trouveront très bien du régime sec.

En général, les médecins ne combattent l'obésité que par le jeûne — ce qui est essentiellement *allopathique* — mais n'a d'autre résultat que d'épuiser la personne, et, très souvent, d'altérer sa santé. D'ailleurs, comme c'est un régime que l'on ne peut pas suivre longtemps; on l'abandonne dès que l'embonpoint diminue, et il regagne le terrain perdu d'autant plus vite que l'on mange de meilleur appétit après cette période de privations.

Néanmoins, nous citerons quelques-uns de ces traitements pour les personnes qui mettent, au-dessus de tout, l'avis du médecin, tout en leur recommandant de bien s'observer lorsqu'elles prendront des médicaments à l'intérieur, afin de ne pas se gâter l'estomac.

Première méthode (Dr Robin). — Régime habituel, 3 à 400 gr. de viande, 100 gr. de légumes verts, 100 à 150 gr. de pain. Boire suivant les *indications de l'analyse*.

Deuxième méthode (G. Sée). — Viande, 250 à 300 grammes; graisses neutres, 100 à 120 gr.; fécule ou sucre, 300 à 400 gr.

Augmenter les boissons, mais supprimer les alcools, la bière, les eaux minérales.

Exercices musculaires; pas d'équitation.

Sudations, bains de vapeur, bains chauds, hydrothérapie au choix.

Iodures à très petites doses, eaux chlorurées sodiques.

Les eaux alcalines sont puissantes contre les obésités diabétiques, nulles contre l'obésité vulgaire.

3e *Méthode* (Descroizilles).

Iode....................................	2 grammes.
Iodure de potassium.................	4 —
Eau	200 —

2 à 3 cuillerées à bouche par jour.

Autre moyen :

Extrait alcoolique de fucus.

Vesiculasus.............	10 grammes en 40 pilules.

4 à 10 par jour.

4ᵉ *Méthode* (Dujardin-Beaumetz).

8 heures : Pain	25 grammes.	
— Viande froide	50	—
— Thé léger sans sucre	200	—
Midi : Pain	50	—
— Viande ou ragoût	100	—
Ou bien deux œufs.		
— Légumes verts	100	—
— Fromage	15	—
Fruits à discrétion.		
7 heures : Pas de soupe.		
— Pain	50	—
— Viande ou ragoût	100	—
— Légumes verts	100	—
— Salade.		
— Fromage	15	—
— Fruits.		

Purgatifs, exercices physiques, massage.

5ᵉ *Méthode.*

Dans certains cas, le régime exclusivement lacté peut réussir. Il consiste simplement en 2 litres de lait par jour, sans autre aliment d'aucune sorte pendant trois ou quatre mois.

6ᵉ *Méthode.*

Faire des frictions d'une demi-heure aux parties les plus envahies par la graisse, avec de l'hydriodate de potasse dissous dans de l'alcool.

7° *Méthode* (Oberlin).

L'iode exerce une influence stimulante générale qui se fait plus particulièrement sentir sur les muqueuses, et il importe de faire remarquer ses diffé-

rences d'action dans les affections locales sans alté-
ration de la constitution ou lorsque toute l'économie
est sous le coup d'un état morbide général.

Parmi les préparations iodiques généralement employées, il faut établir deux catégories présentant des
différences remarquables dans leurs effets physiologiques et thérapeutiques. Chacune de ces deux catégories réclame une posologie spéciale.

Dans la première se trouvent placés les composés
qui agissent surtout par l'iode libre ou facilement mis
en liberté; les autres, tels que les iodures, sont éliminés en nature et peuvent être donnés à doses plus
élevées.

Mais, absorbé par les voies cutanées, l'iode possède
la propriété de *dissoudre les tissus graisseux*. Il agit
d'une façon remarquable dans l'obésité, et c'est le
meilleur remède contre cette affection.

Le traitement de l'obésité par le savon d'iode ne
présente aucun inconvénient; il peut être suivi à
toutes les époques de l'année, ne nuit en rien, ni aux
facultés digestives, ni aux fonctions de la peau.

Le savon d'iode d'Oberlin s'emploie pour le traitement radical du goître, des engorgements ganglion-
naires du cou, des aisselles, des aines et de toutes
les autres parties du corps, ainsi que celui qui est
la suite du rhumatisme articulaire; il facilite la disparition des ankyloses, des raideurs, suites de foulures, entorses, etc.

Mode d'emploi. — On fait tous les jours une friction énergique de *dix minutes* de durée. Chaque friction doit être faite avec la main, en employant gros comme une noix de savon d'iode (une forte cuillerée à café), et continuée jusqu'à ce que tout le savon soit absorbé par la peau.

On fait ces frictions sous les bras et sur le bas-ventre. Ce sont les endroits les plus favorables pour l'absorption du médicament.

NOTA. — Les seins ne devront jamais être frictionnés, à moins qu'on ne veuille les faire diminuer de volume. Mais toute partie du corps qui se trouverait surchargée de graisse peut être frictionnée.

Chez les personnes dont la peau présente une très grande sensibilité, on peut faire alternativement, tous les deux jours, une friction sous les bras et sur le bas-ventre.

Quand, à l'usage du savon d'iode, on peut ajouter un traitement thermo-hydrothérapique, tel que bains ou douches thermales, il faut avoir soin de faire la friction immédiatement après le bain ou la douche (Aix-les-Bains, Brides, Plombières, Néris, Pougues, etc.).

Nous ajouterons que, parfois, le traitement par le savon d'iode suffit seul à combattre l'obésité. Cependant, on obtient un résultat beaucoup plus rapide en lui associant le régime des laxatifs salins légers, la sudation et le massage.

Régime. — Se lever tôt le matin et faire de l'exercice en plein air.

S'abstenir d'aliments à base de beurre et de corps gras, de féculents, de pâtisseries, de légumes secs ; autant que possible, ne se nourrir que de viandes saignantes, de croûte de pain et encore en très petite quantité, de légumes frais, et supprimer la bière, les œufs. — Boire le moins possible.

Laxatifs. — Les eaux minérales purgatives se prennent à la dose de un verre le matin, à jeun, deux fois par semaine (Hunyadi-Janos, Pullna, Birmenstorf, Montmirail, etc.).

Sudation. — La sudation faite dans des conditions convenables favorise beaucoup la perte de poids. Elle peut être produite à l'aide de la vapeur humide ou sèche.

Les douches froides conviennent presque toujours, et particulièrement aux personnes lymphatiques.

Massage. — Le massage doit être fait pendant et après la friction au savon d'iode. Il se fait avec la main, à plat, et doit durer de *dix* à *vingt minutes*.

Nota. — Un flacon de savon d'iode doit servir à *huit* ou *dix frictions*.

Une personne employant le savon seul doit perdre au moins cinq cents grammes par semaine ; avec le régime indiqué ci-dessus, un kilogramme par semaine.

Traitement recommandé. — Chez une personne bien portante, en qui l'obésité ne provient d'aucune lésion ou disposition organique, telles que diabète, dégénérescences graisseuses, etc., l'obésité vient généralement du manque d'exercice et du régime alimentaire.

Voici un traitement qui réussit presque toujours, en tenant compte, pour la quantité de boisson, du *résultat de l'analyse :*

Si le ventre et la poitrine sont proéminents, il faut boire, par jour, trois ou quatre verres d'eau de mouron froide, pure ou avec le vin.

Bien laver le mouron soigneusement épluché; le jeter dans l'eau bouillante, laisser bouillir une demi-heure, passer bouillant sur du bois de réglisse, si on en aime le goût (n'en pas abuser).

Prendre chaque jour de 1 à 4 pilules Derembourg, pendant deux mois environ.

Suppression radicale du pain ordinaire. Pour s'y habituer, on adopte pendant les quinze premiers jours le *pain* de Soya Desvilles [1], qui facilite, en tout temps, la digestion.

On en prend d'abord une tranche ou deux par repas, puis on diminue, et enfin on le supprime, si on le peut, pour le reprendre, mais en petite quantité, et le conserver dès que l'on est arrivé au degré d'amincissement souhaité.

Suppression radicale de *tous les farineux et féculents* (pain, pommes de terre, légumes secs, pâtes d'Italie, gâteaux), suppression du sucre.

Suppression des mets trop gras, des sauces, du

[1] 24, rue Etienne Marcel.

beurre, des fritures, du gras de la viande; à la rigueur, de certains poissons gras.

Suppression de tout alcool, champagne, bière, boissons gazeuzes, liqueurs. Boire deux ou trois tasses (suivant l'analyse) de thé léger, avec un nuage de lait, si on l'aime; un petit morceau de sucre si on ne peut arriver à s'en passer, bien qu'il fasse engraisser; prenez de préférence une pastille de sucrin Desvilles, qui peut absolument, et en tout, remplacer le sucre.

Supprimer, si on le peut, le premier déjeuner du matin; si on ne le peut pas, il faut boire une tasse de lait sans manger.

* *

Un excellent déjeuner, assez nourrissant pour soutenir jusqu'à midi, sans aliments solides, une personne se levant à huit heures, est la *yerba-maté*, sorte de thé récolté dans l'Amérique du Sud.

On peut le prendre comme du thé ordinaire, infusé dans une théière; mais il est beaucoup moins bon qu'à l'américaine, pris dans une calebasse avec un tube d'argent ou dans un maté en cristal.

Ce déjeuner soutient l'estomac et convient dans tout état de santé; mais il est précieux dans le traitement contre l'obésité. (Voir ce chapitre.)

Après un mois de ce régime, prendre chaque matin, à jeun, une bonne cuillerée à café d'une poudre excellente, la poudre du Sahel, dont la recette a été

trouvée dans le même ouvrage que la poudre Moyen-
âge et que nous avons expérimentée sur nous
même. Il est bon de prendre le maté ou un léger
aliment immédiatement après. Cette poudre, prise
pendant deux ou trois mois, a raison de l'embonpoint
général, mais elle amènerait une trop grande maigreur de la poitrine et des bras si on la continuait trop
longtemps.

Il faut s'arrêter lorsque le buste a atteint un amincissement convenable, et, *par un massage savant* au
savon d'iode d'Oberlin, achever la diminution partielle des parties du corps restées trop volumineuses.

Le massage se commence d'ailleurs au deuxième
ou troisième mois du traitement, et ne doit pas se
faire au hasard. Le choix de la masseuse est, dans ce
cas, plus important que jamais ; car les masseuses
sachant faire maigrir ou engraisser sont très rares.
Nous examinerons plus loin cette question.

Lorsqu'on prend un bain journalier, il faut le
prendre immédiatement avant le massage, qui doit
être énergique partout où la graisse surabonde.

Après le massage au savon d'iode, on couvre la
peau d'une légère couche de poudre Antozine, parfaite aussi pour les soins du visage.

Il faut prendre de grands soins pour l'amaigrissement facial, qui doit être accompagné d'un massage
intelligent, afin que la peau, distendue et ridée, ne
donne pas le plus attristant spectacle.

Lorsque les tempes sont très grasses, il faut les

masser légèrement, en tournant; le double menton
se masse en remontant, avec les crèmes astringentes
de la doctoresse Pokitonoff, lorsqu'elles conviennent
à l'épiderme, sinon avec quelque autre composition
astringente.

Avec les petits tampons ou avec la main massez
les tempes, le tour des yeux, de la bouche, très
légèrement, dans le sens contraire des rides, et
en faisant aller la graisse de la partie gonflée à la
partie creuse.

En suivant scrupuleusement ce régime, une
femme, que nous avons observée, a perdu en huit
mois seize centimètres de ceinture; sa taille s'est al-
longée de cinq centimètres. Malheureusement, elle
ne s'est pas pesée; mais, de grosse et lourde, elle est
devenue svelte et élégante à en être méconnais-
sable.

Une cure à Brides, en Savoie, facilite ce traitement
par la sudation, les frictions, la flagellation et les
douches.

Généralement, lorsqu'on a suivi rigoureusement
le régime nécessaire pour maigrir, on s'y est habi-
tué et il est facile de le continuer au moins chez soi.

C'est nécessaire, d'ailleurs, si on ne veut pas se voir
de nouveau envahir par la graisse, qui obligerait à
reprendre le régime rigoureux.

On fera bien de continuer le massage par séries
d'une quinzaine de jours avec interruptions d'un
mois.

La marche forcée ne peut généralement rien dans le traitement de l'obésité, car, outre une excessive fatigue qui porte à un repos complet, elle donne un appétit qui neutralise les bons effets du régime.

On pourrait en dire autant de l'équitation dans certains cas. Ainsi, par exemple, les officiers de cavalerie sont souvent obèses ; cela vient de ce qu'ils se mettent généralement à table en descendant de cheval et satisfont le formidable appétit que donne une bonne course au grand air.

Mais si l'on monte à cheval de grand matin, si, au lieu de manger en descendant de cheval on ne prend qu'un maté pour calmer l'appétit, si l'on se modère à déjeuner, cet exercice fait maigrir et, en activant la circulation du sang, est excellent pour la santé en combattant l'anémie.

DIVERS PAINS CONTRE L'OBÉSITÉ

Pain grillé Jacquet. — Ce pain, bien que très féculent, est souvent employé contre l'obésité. Comme goût il est excellent ou détestable, suivant les circonstances.

Ce pain grillé se détériore complètement et rapidement à l'air. Croquant, croustillant et délicieux lorsqu'il sort du four, il devient, lorsqu'il a subi l'action de l'air, soit dur à casser les dents, soit à la fois dur et mou, comme le serait du caoutchouc, avec un goût maussade et indéfinissable qui le fait abandonner par bien des gens.

Il faut donc, lorsque par goût ou par régime on a adopté ce pain, s'astreindre à l'envoyer chercher à la sortie du four, de dix heures à dix heures et demie, en se munissant de boîtes en métal parfaitement closes et en *exigeant du pain sortant du four.*

Si on se fie au distributeur, le pain ne sera jamais parfait, car il part le matin avec le pain de la veille, qui a passé tout le jour à l'air.

Il n'est bon que lorsque, le pain ayant manqué, le distributeur l'apporte aussitôt cuit, et encore est-il depuis une heure à l'air.

Nous ne l'avons parfait qu'en allant nous-même faire remplir notre boîte à la sortie du four ; nous en avons ainsi emporté à la campagne ; quinze jours après il était aussi bon que le premier jour, et bien meilleur que celui qui est journellement livré à Paris.

Ce pain convient dans les cas de dilatation de l'estomac, dans les mauvaises digestions, contre l'obésité, mais dans ce dernier cas le pain de Soya est de beaucoup préférable par sa composition ; en outre, n'étant pas très agréable au goût on en mange moins, ce qui facilite le régime.

* *

Pain de Soya Desvilles. — Fait avec une sorte de haricot Japonais, il ne renferme aucune fécule, aucun principe pouvant se transformer en graisse. Il se conserve plusieurs jours, et se distribue deux fois par semaine dans Paris.

Maigreur. — Pour combattre la maigreur il faut suivre un régime charmant ; boire de la bière ou du vin assez alcoolisé, manger des farineux, de la mie de pain, des gâteaux, des viandes grasses, des sauces, du beurre, des fritures, des poissons gras ; déjeuner copieusement, à 8 heures, de chocolat, pain et beurre (le café au lait est toujours nuisible aux femmes). Marche et équitation juste avant le déjeuner de midi, massage journalier par effleurement. Ceci et un peu d'arsenic dosé par un médecin, auront raison des maigreurs excessives, lorsqu'une maladie organique n'en sera pas la cause,

La quantité de boisson sera indiquée par le résultat de l'analyse.

DE L'ESTHÉTIQUE

Pureté des formes — beauté des seins. — Nous avons tardé à écrire ce chapitre délicat, craignant de faire naître de faux espoirs, cherchant toujours ce qui nous paraîtrait vrai.

Nous croyons avoir trouvé auprès du docteur Sylvius, fondateur et professeur de l'Ecole de massage de Paris, la vérité et surtout le résultat que nous poursuivions, et c'est en parcourant les feuillets d'un livre qu'il achève et qui va bientôt paraître — Santé, forme et beauté — que nous avons compris cette vérité.

Par la façon dont le docteur Sylvius comprend l'organisme de la femme, sa constitution, ses besoins, on sent bien que puisqu'il a voulu s'en occuper avec tant de sollicitude il a su remédier non seulement à ses maux, mais aux imperfections physiques et aux ravages exercés sur sa beauté par l'inexpérience et la maternité.

En effet, par un procédé de massage scientifique entièrement nouveau et en tenant compte de l'anatomie de chaque être soumis à son étude, il rend à la femme les formes pures de la jeunesse et donne à sa poitrine la proportion et la fermeté désirables.

Que l'on ne s'imagine pas que n'importe quel massage amènera ce résultat, loin de là ; il y a plus, chaque cas particulier demande des soins particuliers, ce dont nous nous sommes rendu compte en causant avec des dames soignées par lui ou par ses élèves.

Il estime en outre que tout traitement contre l'obésité doit être précédé d'un examen médical fait par un médecin *ami de la beauté de la femme*, et qui se rendra compte de l'état de la santé intime de la personne voulant maigrir. Si cet amaigrissement est accompagné du massage intelligent dont nous venons de parler, la beauté de la femme aura tout à y gagner. Le *Comptoir de renseignements* donnera tous les détails complémentaires que l'on pourrait souhaiter.

CHAPITRE XXI

Le Maquillage.

Le maquillage est, en général, l'art de se farder et de rectifier dans la mesure du possible les lignes du visage ; on emploie principalement ce terme pour le théâtre, bien que certains détails de cet art servent pour « la ville » ; la véritable habileté consiste alors à le dissimuler plus ou moins complètement.

Nous ne ferons qu'un seul chapitre de ces deux sortes de maquillages, qui diffèrent parfois très peu l'une de l'autre.

D'ailleurs, maintenant que les femmes du plus grand monde jouent la comédie, quelques conseils sur cette science seront sans doute les bienvenus.

Ce n'est pas du premier coup que l'on arrive à se « faire la figure » pour la scène. Il faut raisonner, observer et avoir des amis sincères et intelligents.

On ne se maquille pas de même pour jouer sur une grande ou sur une petite scène de théâtre, sur une scène de salon avec rampe, ou de plain-pied dans un salon, sans rampe.

Dans ce dernier cas, il faut avoir absolument son visage ordinaire, en soulignant seulement un peu plus les yeux et la bouche, en agrandissant les uns, en rapetissant l'autre.

Tout le reste serait ridicule et laid.

*
* *

Une recommandation très importante, que nous ferons aux dames jouant la comédie, est de n'employer que des produits de premier ordre, pour ne pas s'abîmer la peau, sans pourtant se prêter à l'exploitation de certains parfumeurs qui décuplent le prix des fards qu'ils n'ont eu que la peine de démarquer.

On ne se figure pas ce qu'il entre de substances nuisibles dans la majeure partie des fards et des cosmétiques.

Nous avons fait analyser les fards de Dorin que nous recommandons en toute sécurité, en engageant fortement nos lectrices à ne jamais essayer un produit nouveau, si ceux-ci ne leur plaisent pas, sans le faire analyser au laboratoire municipal ou par un bon chimiste.

Une autre condition pour que le teint ne souffre pas du maquillage, est le parfait nettoyage de la peau — avant et après — non par le savon, ce qui serait très mauvais, mais par les corps gras ou la vaseline, produit très précieux, extrait du pétrole, que l'on peut avoir très pure et à très bas prix à la Société de produits chimiques.

Maquillage pour le théâtre. — Il faut d'abord bien nettoyer la peau avec de la vaseline ou un corps gras bien frais : beurre de cacao ou cold-cream. On essuie légèrement avec une mousseline *ou, de préférence toujours*, avec de la gaze salolée.

On passe alors une couche de blanc gras, non pas blanc, mais couleur Rachel ou couleur chair, on l'étale bien également, puis on met le rouge sec — qui est végétal — de préférence au rouge gras qui ne peut pas l'être.

C'est un point très délicat d'où dépend, en grande partie, la beauté d'une femme au théâtre. Quelques-unes de nos grandes artistes sont plus jolies à la ville qu'au théâtre et même dans leur loge qu'à la scène : elles placent mal leur rouge et s'enlaidissent en en mettant trop où il ne faut pas. On en doit mettre un peu, très légèrement, autour des yeux lorsqu'ils sont normalement enfoncés; plus s'ils ressortent, moins s'ils se creusent, car le rouge *enfonce*, tandis que le blanc met *en avant*.

D'après ce principe, si les pommettes sont saillantes on les rougira plus que les parties avoisinantes; si les joues se creusent sous les yeux, de chaque côté du nez, on y mettra peu ou pas de rouge; en un mot, étudiez votre visage; si un pli, un méplat se creuse, c'est le blanc qui le relèvera ; si un gonflement s'accuse, le rouge l'atténuera.

Si on a le visage très large, on mettra du rouge sur les tempes et les côtés des joues; si le visage est mince, on fera le contraire.

Il y aurait donc absurdité à copier de l'une sur l'autre le maquillage pour une scène vaste, où l'on peut tirer maint profit des lois de la perspective mises au service d'une observation intelligente, corroborée par les critiques sincères d'amis dispersés dans la salle.

Nous le répétons en insistant : n'employez jamais de blancs purs, qui sont d'un effet désastreux.

Ce qu'il faut n'est pas *se blanchir* — une peau d'un blanc de neige serait affreuse — mais unifier son teint dans une gamme appropriée aux cheveux et à l'air du visage.

En réalité, les jolis teints sont les teints unis.

Il ne faut donc pas mettre le rouge par lignes délimitées, mais par une gradation savante.

Une fois ceci fait, on étend la poudre de riz *rose* ou *Rachel*, on l'égalisera par la brosse de blaireau, puis on passera aux détails.

*
* *

Les cils et les sourcils. — Le crayon Daniel noir ou brun est le meilleur ; il est tendre et ne fatigue ni les yeux ni les sourcils.

On peut brunir les cils en passant le crayon, bien essuyé, entre les paupières mi-closes, puis tracer un trait de la commissure de l'œil à la tempe, mais le Kohl est de beaucoup préférable, lorsqu'on sait bien l'employer.

Si on veut ombrer largement les paupières, il vaut mieux employer le Kohl ou Koheul [1] d'Algérie qui donne des tons très doux, très dégradés, un peu bleuâtres, absolument admirables.

Rien ne produit un tel effet, même pour les blondes, surtout si on peut apprendre à le mettre comme les Mauresques; on plonge dans le kohl une petite flèche en bois ou en métal légèrement humecté de salive, afin que la poudre y adhère, et on le passe dans l'œil à demi-clos.

De la sorte le bord de la paupière est noir *en dedans des cils*, ce qui donne un incomparable éclat à l'œil; on l'égalise avec soin, et ce noir a l'avantage d'être *fixe*, tandis que l'autre *coule*, se *dépose* inégalement et malproprement sur la paupière inférieure.

On peut faire les yeux de même pour la ville, mais alors, il ne faut pas le mettre à la manière mauresque, cela donne un regard trop étrange. On passe le petit instrument chargé de Kohl sous la paupière en ne laissant qu'une ligne très fine; c'est parfait.

Nous déconseillons fortement le procédé de se faire, avec une pâte chauffée, des cils longs et épais, très beaux, c'est possible, de la salle, mais qui font rapidement tomber les vrais. Noircir les cils, ombrer le bord des paupières, allonger l'œil en brunissant l'angle externe, est amplement suffisant.

---

[1] Les Arabes prononcent à peu près Kohl, mais les lettres arabes forment le mot Koheul; de là ces deux noms. Nous croyons que le mot Kohl rend mieux la vérité.

Une légère pointe de rouge gras dans la glande lacrymale ajoute encore à l'éclat.

Pour se noircir les sourcils (recettes anciennes). — Il faut les frotter souvent avec des baies de sureau. Quelques personnes se servent de liège brûlé ou de girofle brûlé à la bougie ; d'autres se servent du noir d'encens, de résine, de mastic. Ce noir ne s'en va pas à la sueur. On peut aussi délayer un peu d'encre de Chine dans de l'eau de roses.

*
* *

Les sourcils se font suivant le rôle que l'on joue.

La tragédie, le drame, les *troisième rôle*, en général, demandent les sourcils droits, presque horizontaux et convergents vers le centre ; ils durcissent le regard et donnent de la force.

Les rôles de comédie : victimes ou amoureuses, demandent les sourcils gracieusement arqués ; les ingénues les arqueront un peu plus encore.

Mais il faut prendre garde ; le sourcil trop arqué donne un air étonné qui peut friser l'air bête.

En général, le sourcil très rapproché donne l'air dur ; trop écarté, il fait perdre à l'œil son expression, mais pourrait convenir aux rôles comiques.

Une femme brune ou châtain foncé fera ses sourcils noirs. Si elle emploie la teinture des Mauresques dont nous parlons ailleurs, elle pourra s'en servir pour les sourcils qui seront d'un noir de velours.

Si elle emploie la teinture toute chaude, il est

presque impossible de la faire disparaître avant plusieurs jours. Une fois refroidie elle est moins tenace.

Une femme blonde ou rousse se fera les sourcils bruns, car le noir jetterait dans l'ensemble une note discordante.

Pour la ville, elle se les fera au crayon Daniel brun, mais sans épaisseur; au moyen d'une minuscule brosse très étroite et très dure elle lissera les sourcils, s'il y en a, les simulera s'il n'y en a pas ou presque pas.

Les petites brosses que l'on achète pour cet usage sont généralement trop larges et ont les soies trop longues; on en supprime une ou deux rangées, on les raccourcit un peu; elles sont ainsi bien plus commodes.

Une femme qui n'a pas du tout de sourcils, ou qui les a trop peu apparents ou trop blonds, doit les tracer ou les dessiner au crayon, car rien n'enlaidit comme cet oubli de la nature. Cela perd toute expression et c'est fort désagréable à voir. C'est donc un devoir d'y suppléer, puisque nous érigeons en principe qu'on ne doit pas affliger les gens qui nous entourent du spectacle de nos imperfections.

Une erreur qu'il ne faut pas commettre c'est de continuer des sourcils épais — mais s'arrêtant trop court — par un mince trait au crayon ne se raccordant nullement, et descendant jusqu'à l'angle externe de l'œil. Nous avons vu cela plusieurs fois avec

chagrin, car une faute de goût est toujours doulou-
reuse chez une jolie femme.

Nota. — Disons à ce propos que les sourcils ne
doivent jamais être prolongés jusqu'à l'angle de l'œil,
la nature ne le fait pas.

*
* *

Une fois les yeux faits, on peut déjà juger de l'ensemble et voir si le rouge est au point. On peut alors
ajouter des touches ça et là avec du rouge en poudre
et la patte de lièvre, comme on met des *accents* sur
un pastel *fixé*.

Le nez ne doit pas être trop blanc, sinon on ne voit
plus que lui ; il coupe le visage en deux. Un peu de
rouge dans les narines les fait palpiter.

Si la racine du nez est trop large, un peu de rouge,
de chaque côté, la rétrécira.

Il y a une petite étude à faire pour le nez, suivant
sa forme ou sa dimension, que l'on peut atténuer ou
modifier par l'emploi du rouge et du blanc, mais on
ne peut donner aucune règle pour cela.

La bouche trop grande doit être un peu blanchie
aux commissures ; puis, avec de l'incarnat de Chine
dont on se rougit le bout du doigt, préalablement
mouillé, on dessine bien le milieu de la bouche, en
lui donnant le caractère qui convient à chaque
physionomie.

Quand la bouche n'est pas trop grande, on se con-
tente de la rougir, en suivant les contours, sans
jamais les dépasser. On imprègne ensuite les lèvres

de baume de la Ferté qui corrige la sécheresse de
l'incarnat, et facilite l'émission de la parole ; il faut
éviter de passer la langue sur ses lèvres pour les
humecter ; c'est pour supprimer ce mouvement que
nous recommandons le baume.

Une pointe de rouge au menton ne fait pas mal ;
mais il faut la mettre en dernier, de même qu'aux
oreilles, auxquelles cela donne de la transparence et
de la jeunesse.

Le cou et les épaules se font en passant une couche
de vaseline, puis une couche de blanc-chair, bien éga-
lisée, et une couche de poudre de riz, rose ou Rachel,
suivant le teint que l'on se sera fait.

Pour les bras et les mains on emploie le blanc
liquide du même ton que le teint.

Lorsqu'on a la peau très blanche, on peut ne rien
mettre aux épaules et aux bras, sinon on y met du
blanc liquide Rachel clair.

On passe sur les ongles une couche de vernis
rose.

*
* *

Nous n'avons pas voulu terminer ce chapitre sans
consulter des maîtres en cet art difficile et délicat.

Nous nous sommes donc adressé, comme toujours,
à la source même, c'est-à-dire à la maison Dorin,
dont la réputation n'est plus à faire.

Nous avons reçu de ces messieurs le plus charmant accueil et nous les avons quittés avec une moisson de renseignements précieux.

Nous avons emporté la liste des vingt-deux teintes de bâtons Dorin pour grime ; l'énumération seule en est amusante, tout en prouvant l'intelligence qui préside à cette fabrication entièrement tournée vers un seul but : donner tous les moyens possibles pour obtenir un maquillage parfait, en n'abîmant pas du tout la peau, au contraire.

Voici la liste de ces teintes dont les catalogues donnent l'échantillon :

Teint très clair, clair, moyen, foncé, très foncé, très marqué, maladif, Rachel, vieillard, jaloux, avare, envieux, Malais, Tartare, Américain, Egyptien, nègre, noir pur, peau-rouge, blanc, pierrot, rouge vif, bleu, vieux rouge, gris bleu.

Mais les dames ont réclamé, ce qui a amené la création de dix-huit teintes similaires, en fards onctueux ou liquides, et en poudres très adhérentes ; ce sont les fards dont se servait Delaunay, qui a permis d'y attacher son nom ; de plus, pour la lumière électrique, trois nouveaux fards ont été créés : bleu, blanc et rouge onctueux.

* *
*

Mais ce que nous recommandons aux femmes du monde, pour le bal et quel que soit l'éclat de leur teint, c'est, pour les bras, le blanc liquide *Rachel clair*, qui donne à la peau un ton mat absolument parfait, sans adjonction d'aucune poudre, ce qui

sauve les habits noirs. On l'étend bien également, on
le fait entrer dans la peau par une légère friction, on
l'essuie doucement, on le laisse sécher, c'est tout.

*
* *

Nous avons cru rendre un vrai service aux dames
qui, jouant la comédie de salon, doivent avoir parfois
recours au maquillage, en leur indiquant les fards de
cette maison, car ils sont absolument inoffensifs ainsi
que le fait ressortir M. L'Hote, chef du Laboratoire de
Chimie générale au Conservatoire des Arts et Métiers,
appelé à les examiner comme membre du jury de
l'Exposition de 1889.

Voici, pour preuve, l'extrait de son rapport, qui a
valu à cette maison la plus haute récompense décer-
née aux fards.

« La composition chimique des fards, dit M. L'Hote,
a particulièrement fixé l'attention du Jury. Dans ces
préparations colorées destinées à embellir le teint, il
entre souvent des substances toxiques.

» Les fards sont naturellement divisés en deux
sortes : les fards blancs et les fards rouges. Dans la
confection des fards blancs on doit proscrire le carbonate de plomb ; pour les fards rouges on ne doit
pas employer de vermillon (bisulfure de mercure).

» MM. H. Monin et G. Pinaud sont les successeurs de
la Maison Dorin fondée en 1870. Leur catalogue de
fards rouges et blancs pour la ville et le théâtre date
de 1814. Cette maison doit sa réputation à la supériorité de ses produits absolument inoffensifs. »

» Dans la traduction de Piesse : *Des odeurs, des parfums et des cosmétiques*, 1865, le docteur Réveil donne des renseignements sur la nature et la manipulation des éléments qui entrent dans les fards de la Maison Dorin ; il insiste sur la bonne qualité des fards rouges et roses qui ne contiennent comme matière colorante que des carmins de cochenille ou de carthame. »

Ce sont ces mêmes fards que les dames achètent sous d'autres noms, à des prix fabuleux, dans les parfumeries à la mode.

*

Au cours de notre entretien, ces messieurs nous ont montré un nouveau produit, le Mesdjem, dont ils se sont assuré l'entière propriété.

Dans de coquets étuis qui, par eux-mêmes, sont de vrais bijoux, nous reconnaissons la précieuse poudre, amie de l'Orientale, dont elle fait étinceler le regard en les frangeant de beaux cils et en bleuissant les paupières d'une ombre très savante.

C'est bien le Es-Med d'Alexandrie, c'est bien le véritable Mesdjem offert par la tribu de Ammon, trois mille ans avant Jésus-Christ, celui dont Mahomet a dit, dans le Coran : « Le plus précieux de vos collyres est le Es-Med (ou Mesdjem), car il fortifie la vue et fait croître les cils. »

Ces messieurs n'hésitent pas à préconiser le véritable mode d'emploi des Orientales ; il est évident que c'est fort joli ; mais c'est une affaire que chaque femme étudiera pour son propre compte, suivant ses idées et celles de son entourage, suivant surtout son *genre de beauté.*

Ce qui est bien certain, c'est que les Arabes, aussi bien les hommes que les femmes, ont un culte pour le Mesdjem et le proclament le meilleur remède pour les yeux.

Celui qu'ils préfèrent à tous renferme même une substance qui pique et fait pleurer pendant un instant ; c'est alors le remède suprême, mais les Parisiennes ne s'en accommoderaient pas, tandis qu'elles adopteront certainement le Mesdjem de Dorin.

*
* *

Le démaquillage se fait au moyen de la vaseline ou du même corps gras qui a servi de point de départ au maquillage.

Avec un tampon de coton hydrophile on se nettoiera soigneusement et méticuleusement la peau ; puis on se remettra un peu de poudre de riz après avoir repris son visage habituel.

*
* *

Maquillage pour une petite scène. — Pour une petite scène, ou une scène avec rampe dans un salon, il faut atténuer l'application du blanc et du rouge, les conditions d'optique étant bien différentes; on pourra beaucoup moins faire usage du rouge comme correctif des traits, on se rapprochera beaucoup plus du visage ordinaire.

Il ne faut jamais jouer *sur la rampe.* Cette lumière

venant d'en bas et de trop près *frise les traits*, en fait jaillir les saillies, en creuse les méplats, enlaidit enfin considérablement.

Il faut jouer sur la ligne où la lumière de la rampe et celle des herses se combine. Non seulement on se trouve mieux éclairé, mais on n'a pas dans les yeux la lumière aveuglante de la rampe qui provoque volontiers certains rictus, enfin on est mieux *chez soi*, on joue mieux ; on a moins l'air de vouloir raconter une histoire au public ; on lui laisse plus d'illusion.

Dans un concert, même observation, bien que l'on puisse venir un peu plus en avant sur la scène, surtout s'il n'y a pas de rampe — mais s'il y en a une fuyez-la.

Pour un concert, on se fait le visage comme pour jouer dans un salon, presque comme pour le bal.

L'ODORAT ET LES PARFUMS

Avant de chercher à mesurer l'intensité et l'action physiologique des différentes odeurs, décrivons l'appareil de l'olfaction. Chez l'homme, il se trouve localisé au-dessus de la bouche dans deux cavités, les *fosses nasales*, qui sont séparées de la bouche par un organe musculo-membraneux que l'on appelle le *voile du palais*. Ces fosses s'ouvrent à l'extérieur par les narines, séparées par une cloison osseuse et cartilagineuse que forment les os propres du nez ; sur les parois des fosses nasales, se déploient des saillies plus ou moins développées que l'on appelle *cornets*, décroissants de bas en haut; au-dessous de chaque cornet sont des *méats* également variables de dimension. On reconnaît sur les méats la présence de cavités secondaires qu'on appelle *sinus*. La muqueuse qui tapisse les cavités nasales se divise en deux régions : la région antérieure ou inférieure affectée surtout à des ramifications du nerf trijumeau et à la sensibilité tactile, la région postérieure ou supérieure, jaunâtre au lieu d'être rougeâtre et formée de cellules et de bâtonnets olfactifs qui se ramifient au nerf olfactif.

MM. Nichols et Bailey ont comparé l'odorat de l'homme et l'odorat de la femme, diluant dans de l'eau une proportion déterminée d'essence de girofle, d'extrait d'ail, d'acide prussique, etc. ; une série de flacons était préparée de telle sorte que dans chacun la solution fût de moitié moins forte que dans le précédent; on mêlait les échantillons; les sujets devaient les rétablir dans l'ordre de leur concentration. Il a été constaté que l'odorat est en général moins fin chez la femme que chez l'homme.

La sensation olfactive a des effets physiologiques bien autrement intenses que les sensations visuelles et auditives : elle peut être compliquée de véritables empoisonnements. Les vieux livres de médecine sont remplis d'anecdotes à ce sujet. C'est une jeune fille tuée par l'exhalaison des fleurs de violettes; c'est une femme violemment céphalalgique pour avoir couché sur un lit de rose; c'est une jeune fille qui perd la voix pour avoir respiré un bouquet. L'ancienne médecine attribuait aux parfums, notamment à la rose, au musc, à l'ambre, au benjoin, nombre de propriétés curatives. Cette intensité des effets rend à peu près impossible une succession un peu rapide d'excitations ; les sensations consécutives d'odeurs anesthésient très rapidement l'odorat ; d'autre part, si les temps qui séparent deux sensations successives sont trop longs, il devient impossible de combiner les sensations entre elles et l'effet qu'on pourrait attendre est troublé par des sensations étrangères. En somme, l'odeur sera toujours plutôt le complément d'autres excitations qu'une réelle excitation artistique, comme une mélodie ou une peinture.

Son rôle, néanmoins, peut être immense : par sa volatilité elle est un prophylactique précieux ; par la grande intensité de ses effets elle peut déterminer des modifications salutaires des fonctions physiologiques, notamment de l'amplitude respiratoire; enfin l'odeur possède au plus haut point le caractère luxueux de toute jouissance artistique.

La saveur s'exerce nécessairement pour la nutrition ; il en est de même du tact. L'ouïe et la vue sont indispensables aux relations altruistes ; mais l'odorat, nécessaire à l'animal pour lui faire trouver sa proie et fuir le danger, est, dans les conditions normales, pour l'homme, un sens à peu près inutile, puisque les raffinements de la civilisation tendent à empêcher la production des miasmes et de toutes les odeurs pestilentielles dont il aurait à se protéger.

L'odorat sera donc de plus en plus pour l'homme civilisé un sens de luxe : c'est peut-être la raison pour laquelle les poètes ont de tout temps, depuis le *Cantique des cantiques*, associé avec les parfums toutes les beautés et toutes les joies.

Les anciens ont beaucoup aimé les parfums, suivant en cela l'exemple de leurs dieux ; les Juifs en faisaient un grand usage, les femmes Scythes s'en enduisaient le visage et les membres, les Grecs en étaient fanatiques et les Romains se livrèrent à de véritables orgies de parfums.

Les Grecs parfumaient les salles de festins et y faisaient voleter des colombes imprégnées d'essences que leurs ailes jetaient par gouttelettes sur les convives. Chaque partie du corps avait son parfum particulier et la boutique du parfumeur était un rendez-vous élégant.

Tous les Sages ont proscrit les parfums dont ils redoutaient l'influence énervante.

Chez les Romains le jonc odorant était réservé exclusivement aux courtisanes, qui n'avaient pas le droit d'avoir des cheveux noirs. Elles les teignaient en blond avec de la lie de vinaigre, ou du jus de coing mêlé à celui de troëne ; quelques raffinées les teignaient en bleu.

Néron fit brûler sur le bucher de Poppée plus d'encens que l'Arabie n'en produisait en toute une année.

Les parfums ont traversé les siècles et sont arrivés à nous sans perdre de leurs séductions, bien que nous n'en abusions pas de la sorte.

Les Chinois en font une grande consommation et savent préparer des boules de pâte odorante formées, entre autres substances, d'ambre, de musc, de fleurs de chanvres et d'opium, qui, roulées dans la main, procurent de véritables spasmes.

Les Japonais aiment aussi beaucoup les parfums, mais, plus affinés, ils prisent surtout leur qualité et leur délicatesse; leurs femmes ont un charmant jeu de devinettes basé sur des mélanges de parfums, qu'il faut deviner en les respirant.

Tous les peuples modernes aiment les parfums, chacun avec leurs goûts particuliers dérivant de leur nature et du climat, et chaque jour voit naître de nouveaux perfectionnements dans la science du parfumeur.

Le savon fut, paraît-il, inventé par les Gaulois; il se composait de suif et de cendres. Il s'est fait depuis quelques changements dans cette fabrication un peu rudimentaire.

*
* *

Comment on extrait les parfums. — On connaît six méthodes d'extraction des parfums. C'est d'abord l'*expression* au moyen d'une presse spéciale, et qui peut s'appliquer sans trop de perte aux écorces riches en huiles essentielles, comme les écorces d'oranges, de citrons, etc., préalablement râpées.

Citons ensuite la *distillation* qui consiste à introduire, avec de l'eau, les fleurs dans une chaudière;
l'huile essentielle se volatilise et va se condenser avec
la vapeur d'eau dans un serpentin et dans un récipient florentin ; en général l'eau va au fond et l'huile
surnage. C'est ainsi qu'on obtient les huiles de né-
roly, de rose, de patchouly, de géranium, de lavande,
de carvi, etc.

Ce procédé n'est pas applicable aux parfums délicats du réséda, de la violette, pour lesquels on a re-
court à la *macération* des fleurs dans des corps gras
(graisses d'origine animale ou huiles minérales) qui
ont la propriété d'absorber les matières odorantes et
qu'on lave ensuite à l'alcool. En général on chauffe
plus ou moins, pendant un nombre variable d'heures,
les fleurs plongées dans la graisse ou l'huile.

Pour les parfums qui ne supportent pas cette température, on emploie l'*enfleurage* qui consiste à
répandre les pétales entre deux châssis de verre en-
duits d'une couche de graisse. Le *procédé pneuma-
tique* fait absorber par des couches d'axonge recou-
vrant des plaques de verre, un courant d'air ou
d'acide carbonique parfumé; il ne semble pas avoir
donné de très bons résultats.

Enfin, par un dernier procédé on dissout les parfums dans des liquides très volatils comme le sulfure
de carbone, le chloroforme, l'essence de pétrole, l'é-
ther, le chlorure de méthyle et on volatilise ensuite
es dissolvants, ce qu'il est possible de faire à une

basse température, surtout si on se sert du vide. Cette
dernière méthode a donné les résultats les plus satisfaisants pour l'extrême délicatesse et la grande fidé-
lité de ses rendements.

On appelle vulgairement *essences* les produits directement extraits de la plante par distillation. Certaines essences, comme le jasmin, la violette, n'ont
pu être extraites en France que dans ces dernières
années. On réserve le nom d'*extraits* aux dissolutions alcooliques de ces essences. On appelle *bouquets* des combinaisons d'essences diverses. Beaucoup d'extraits ne sont que des bouquets. On peut,
en effet, avec quelques parfums dont les principaux
sont la rose, la tubéreuse, la vanille, l'amande amère,
la fleur d'oranger, le jasmin, le musc, la cassie, con-
venablement mélangés, reproduire plus ou moins
exactement des parfums comme le chèvrefeuille,
l'héliotrope, le lilas, l'œillet, la giroflée, etc. Les
bouquets les plus célèbres sont l'ess. bouquet, l'eau
de Chypre, l'eau de Cologne avec ses variétés innombrables, le foin coupé, le bouquet de l'Impératrice. Il
s'en crée de nouveaux chaque année ; parmi les plus
récents on peut citer le baume d'amyris de Piver,
le corylopsis, l'extrait de lilas, l'extrait d'héliotrope, etc.

On appelle *lait*, en parfumerie, des émulsions de ré-
sines, d'amandes et de matières odorantes dissoutes
dans l'alcool, auxquelles on ajoute suffisamment
d'eau pour que le mélange présente une apparence

laiteuse ; tels sont le lait virginal, le lait d'iris, le lait de roses, etc.

Les *pommades* sont des graisses animales fondues avec de l'huile, les *cold-creams* sont des cires ou du spermacéti fondus avec l'huile additionnée d'eau, dans lesquels on incorpore des parfums.

Les *poudres* sont obtenues à l'aide de poudres de matières végétales, souvent de l'amidon, combinées trop souvent avec du sous-nitrate de bismuth, du talc, etc.

Les *vinaigres* sont des dissolutions alcooliques mélangées d'acide acétique.

Les *sachets* s'obtiennent quelquefois en plongeant des morceaux de peau ou d'étoffe dans des dissolutions alcooliques de parfums ; le plus généralement par un mélange de substances aromatiques pulvérisées.

Les *pastilles* sont des mélanges de salpêtre, de charbon de bois et de substances aromatiques.

Les *savons* sont le résultat de la combinaison d'oxydes métalliques et d'acides gras (savons opaques), ou de glycérine (savons transparents) dans lesquels on incorpore des parfums et des couleurs.

*

Le *géranium rosa* est très cultivé en Provence, en Algérie, à la Réunion et en Espagne. Le constituant principal de son essence serait un alcool ; elle doit être bien distinguée de l'essence de géranium vulgaire de l'Inde qui n'est pas un géranium.

21.

L'*églantine*, que les poètes ont chantée, est une odeur délicate, qu'il est à peu près impossible de fixer. Le parfum qui porte ce nom est un extrait de rose, de néroli, de cassie, de fleur d'oranger.

Le *jasmin* provient, pour la plus grande partie, de Grasse et de Cannes. La composition chimique de l'essence est peu connue ; on y a rencontré un alcaloïde très toxique, la *gelsémine*.

Le *muguet de mai* vous est bien familier ; les fleurs servent à fabriquer une poudre sternutatoire.. On en retirait autrefois par distillation une eau calmante connue sous le nom d'*eau d'or*. Le parfum du muguet, comme celui du lilas, est imité artificiellement. On retire d'une plante voisine, le Sceau-de-Salomon, la substance ternaire appelée *convallarine*.

L'essence d'*ylang-ylang* provient de l'ylang et du *cananga odorata*, arbre qui peut atteindre soixante pieds de haut, dont les feuilles ont dix-huit centimètres de long et sept de large, qui est cultivé dans les Indes néerlandaises et aux Philippines. Cette essence est très complexe : la partie aqueuse renferme de l'aldéhyde benzoïque ; la partie résineuse, un mélange de substances oxygénées.

Le *néroli* est une essence qui provient de la distillation des fleurs d'oranger avec de l'eau ; la distillation des feuilles et des fruits verts donne une essence moins précieuse que l'on appelle le *petit grain*. Sa composition chimique est très complexe ; on y trouve plusieurs hydrocarbures et un principe oxygéné.

Tout le monde connaît la plante nommée *acacia* que les botanistes appellent le robinier; son parfum très doux, qu'on pourrait isoler par l'enfleurage, n'est pas encore utilisé.

La *jonquille*, qu'on traite comme le jasmin, existe surtout à l'état naturel; on l'emploie aussi à l'état d'extrait artificiel, dans lequel entrent le jasmin, la tubéreuse, les fleurs d'oranger et la vanille.

Le *narcisse*, qui se cultive beaucoup à Nice, ne s'emploie plus en parfumerie; c'est une senteur stupéfiante comme la jacinthe; celle-ci est souvent fabriquée chimiquement.

La *violette* est un des parfums les plus coûteux et les plus rarement purs; son essence n'a été isolée que récemment par les procédés de la Société des parfums naturels de Cannes (dissolution à l'essence de pétrole); elle contient du soufre et paraît renfermer de l'acide prussique.

La *cassie* est une essence tirée de l'*acacia farnesiana*, qui se cultive surtout à Cannes.

L'*iris* est cultivé principalement en Toscane; de ses racines on extrait par distillation une essence concrète d'iris, matière solide cristallisée appelée *beurre d'iris*, qui est un acide. Cette essence concrète dissoute dans l'alcool donne un extrait.

Le *réséda* ou *mignonnette* se fixe très difficilement; on a pu cependant obtenir dans ces derniers temps d'excellents spécimens.

La *vanille* doit son parfum à une substance solide

et cristallisable : la *vanilline*, que l'on fabrique maintenant artificiellement. Elle est importée sous forme de gousses dont on peut extraire le parfum par une immersion prolongée dans l'alcool. Les meilleures essences viennent du Mexique ; la Réunion en produit actuellement beaucoup.

La province brésilienne de Matto-Grosso produit une vanille de première qualité, en gousses très grosses ayant jusqu'à deux centimètres de largeur.

Le *baume du Pérou* provient d'un arbre dont on incise l'écorce ; on le recueille sur des chiffons de coton bourrés dans les fentes. Il est extrait spécialement par les Indiens du San-Salvador. Rouge-brun par transparence, sirupeux, il est principalement constitué par un liquide aromatique nommé *cinnameïne*.

Le *baume de tolu* renferme également de la cinnameïne ; il est solide, mais il se fond très facilement, il renferme de plus du toluène et de l'acide benzoïque.

Notons que ce dernier corps, quand il provient de la sublimation du benjoin, entraîne une essence particulière encore inconnue qui a l'odeur du benjoin. L'acide benzoïque obtenu chimiquement est, au contraire, en général presque inodore.

Le *styrax* ou *storax* est également un baume coulant d'incisions faites à un arbrisseau répandu dans l'Asie Mineure. Quelquefois on l'obtient par ébullition de l'écorce. Le styrax liquide renferme, outre l'acide cinnamique, un carbure d'hydrogène et un produit oxygéné.

La *fève tonka* ou de *Coumara* est la graine d'une légumineuse qui atteint, dans les forêts de la Guyane anglaise, une hauteur d'environ soixante pieds. La fève contient une huile volatile à laquelle elle doit son odeur, renfermant principalement de l'acide benzoïque, une huile grasse, et la coumarine.

Le parfum de l'*héliotrope*, qu'on extrait par l'éther ou le sulfure de carbone, soigneusement éliminés après l'opération, est malheureusement très coûteux (prix de revient 3,000 francs le kilogramme) ; il est à peu près introuvable. Ce que l'on vend sous le nom d'héliotrope n'est qu'une imitation heureuse, dans laquelle il entre de la vanille, de l'oranger, de la rose et des amandes.

L'essence de *cannelle* provient principalement de l'écorce d'un arbuste qui pousse à Java, à Ceylan et en Chine. On retire aussi des essences de la feuille et de la racine. Elles diffèrent entre elles par la densité, mais s'oxydent très facilement. On trouve principalement dans la première un corps appelé *aldéhyde cinnamique*, qui, par oxydation, se transforme en *acide cinnamique*.

L'essence de *macis* et l'essence de *muscade* proviennent de la graine du muscadier aromatique, cultivé principalement aux îles Banda, colonisées par les Hollandais. Le macis entoure la coquille de la muscade. L'essence de muscade est un carbure d'hydrogène.

L'huile de *piment* ou de *tout-épices*, dans laquelle on rencontre du tanin et un carbure plus léger que l'eau, etc., est extraite par distillation du fruit desséché d'un myrtacé de la Jamaïque.

Le *girofle* est un arbre de neuf à douze mètres qu'on trouve à Malacca, sur les côtes de l'Afrique, à Madagascar et dans les Indes Occidentales. Les clous du commerce sont des boutons de fleurs non développés, que l'on a exposés au soleil. L'essence s'obtient par distillation des clous de girofle.

Le parfum de l'*œillet* n'existe guère en parfumerie qu'à l'état artificiel : c'est un mélange de roses, de fleur d'oranger, d'acacia, de vanille et de girofle.

Le *camphre* existe à l'intérieur de plusieurs plantes, notamment le laurier-camphre de l'île de Formose. On le trouve à l'état naturel par filons entre l'écorce et le tronc, et on l'extrait encore par ébullition dans l'eau de toutes les parties de l'arbre.

Le *romarin* est un arbuste toujours vert qui, en certaines régions de la Provence, tapisse les bords de la Méditerranée. L'essence que l'on obtient par distillation est constituée par un hydrocarbure et par deux principes oxygénés analogues au camphre.

Le *patchouli* est une herbe très répandue en Chine et dans l'Inde. L'essence qu'on en extrait se trouve dans l'encre de Chine et parfume les châles de l'Inde ; elle contient un hydrocarbure et un camphre.

Le *santal* est un bois très précieux qui croît en Birmanie et surtout dans l'île de Timor ; on l'emploie beaucoup en Chine en le brûlant comme l'encens dans les cérémonies brahmaniques, et on en fait des coffrets, car son essence éloigne la fourmi blanche, si commune dans ces pays. L'essence s'obtient par distillation.

L'essence de *vétyver* provient de la distillation de la racine d'une espèce de graminée de l'Inde ; elle renferme une essence oxygénée et un hydrocarbure.

L'essence de *cèdre*, que la grande industrie tire des copeaux résidus de la fabrication des crayons, a une composition analogue.

On distingue deux essences de *citron* : 1° l'essence obtenue par expression, plus ou moins jaune, de densité décroissante avec le temps ; 2° l'essence obtenue par distillation, incolore, et dont le parfum rappelle la térébenthine.

L'essence d'*orange* ou essence de *Portugal* s'obtient par expression de l'écorce. On l'imite, mais difficilement, par des mélanges d'huile d'orange, de glycérine, de chloroforme et d'éther.

La *bergamote* est un fruit de la variété des limettes, qu'on cultive exclusivement en Italie, à Reggio, en Calabre.

L'essence de *cédrat* est retirée de l'écorce du fruit du cédratier.

La *lavande* vient des Alpes en majeure partie ; cependant on en trouve, à Mitcham et à Hitchin, de beaux spécimens.

L'*anis* est une ombellifère qui fournit l'essence par distillation du fruit. L'essence est un mélange de deux huiles de même composition, l'une solide et l'autre liquide, que l'on nomme *anéthol*.

La *badiane*, ou anis étoilé, est un arbrisseau de la Floride et du Tonkin, dont l'essence, obtenue par distillation des fruits, a une odeur analogue à celle de l'anis et une composition presque semblable.

L'essence d'*amandes amères* provient de la fermentation de l'amygdaline par l'émulsine, sous l'influence de l'eau que l'on jette, avant la distillation, sur le tourteau provenant de la compression des amandes ; elle renferme des proportions variables d'acide cyanhydrique, ce qui la rend très toxique.

Le *laurier* fournit, par la distillation de ses feuilles, l'essence de laurier qui est un carbure d'hydrogène. On distingue le *laurier-cerise* dont l'essence paraît renfermer, outre l'acide benzoïque, de l'acide cyanhydrique.

Le *musc* provient de petites poches situées près du nombril d'un petit daim mâle que l'on chasse sur les hauteurs de l'Himalaya, à travers des pics couverts de neige, et, en Chine, dans la province de Yunan.

Ces animaux, très solitaires, deviennent aveugles et meurent en captivité.

Le musc est exporté sous forme de bourses, dans lesquelles on introduit un grand nombre de matières étrangères : c'est une des substances odorantes les plus transformables et les plus inconnues; elle est utilisée surtout sous forme d'extrait.

La *civette* provient de la sécrétion d'une glande double qui se trouve chez le mâle et chez la femelle de deux mammifères carnassiers : la *vivera civetta* et la *vivera zibetta*. Le premier de ces animaux habite l'Afrique et particulièrement l'Abyssinie, où il est élevé très soigneusement. L'autre se trouve dans l'Inde, aux Moluques et aux Philippines.

Quoique très différent comme odeur de la civette, le *castoreum* lui ressemble beaucoup par sa localisation dans des petits sacs, présentés à la fois par le mâle et la femelle. Le castor du Canada et le castor de Russie sont les deux producteurs principaux de ce parfum.

L'*ambrette* est une plante originaire de l'Inde, dont les graines rappellent l'odeur du musc.

L'*ambre gris* est une sorte de calcul intestinal rejeté par le plus grand mammifère marin actuellement vivant, et l'odeur agréable qu'il dégage provient de l'oxydation de la substance au contact de l'air.

Les essences de fruits comme la poire, la pomme, l'ananas, le coing, sont obtenues artificiellement par des dissolutions alcooliques : la poire avec de l'acé-

tate d'amyle et de l'acétate d'éthyle; la pomme avec
du valérianate d'amyle; l'ananas avec de l'éther bu-
tyrique; le coing avec de l'éther, de l'acide pélargo-
nique. On a, d'ailleurs, fabriqué également du musc
artificiel, de la jacinthe, du muguet, de l'essence de
sassafras.

*
* *

Tout ce que nous savons sur la propagation de
l'odeur, c'est qu'elle consiste en une émission de par-
ticules solides, liquides ou gazeuses. Cette émission
est liée, pour les trois états de la matière, à cette propriété qu'on appelle la *diffusion*, et qui consiste en
une pénétration réciproque, au bout d'un certain
temps, de deux ou plusieurs corps les uns dans les
autres; elle est liée, pour les liquides, à la propriété
qu'on appelle la *volatilité* ou la vitesse d'évaporation,
c'est-à-dire au poids de la substance qui s'évapore
par unité de surface dans l'unité de temps.

*
* *

Un corps qui provient de l'électrisation de l'oxy-
gène, et qu'on appelle ozone, développe l'intensité
de l'odeur des huiles essentielles; et réciproquement
les parfums déterminent, en s'oxydant à l'air, la production d'une certaine quantité d'ozone. On note la
présence de l'ozone par le bleuissement d'un papier
amidonné et imprégné d'iodure de potassium; c'est
par ce moyen, qui est bon quand il n'y a point de
vapeurs nitreuses dans l'air, qu'on a constaté la pro-

duction de l'ozone dans les oxydations lentes de l'essence de térébenthine et des huiles essentielles. On sait que l'ozone est un antiputrescible énergique; on a cru constater une diminution sensible de la quantité de l'ozone dans l'air durant des épidémies de fièvres pernicieuses et de choléra. On l'a même préconisé pour le traitement de la phtisie et de l'anémie. Quoi qu'il en soit, la proportion d'ozone à la campagne est beaucoup plus grande qu'à la ville; et il y aurait tout avantage, pour l'hygiène de ceux que leurs labeurs ou leurs plaisirs condamnent à l'atmosphère des villes, de demander aux oxydations lentes de parfums heureusement combinés l'ozone nécessaire (voir plus loin).

La chaleur favorise la volatilisation des parfums; elle les volatilise au point que souvent, au grand soleil, les parterres sont inodores, tandis qu'à l'ombre les fleurs exhalent encore leurs parfums. Certaines essences, pour produire tout leur effet, ont besoin d'une température élevée, tandis que d'autres ont besoin, pour être appréciées dans toute leur délicatesse, de la fraîcheur des soirs. Cette grande influence de la température explique les divergences parfois singulières de goûts qui séparent les peuples. Sous le climat humide et peu ensoleillé de l'Angleterre, des essences comme la menthe, la lavande sont à coup sûr perçues moins intensément, puisqu'elles sont moins volatilisées, que sur le littoral de la Méditerranée. Aussi les jugeons-nous un peu fortes et accu-

sons-nous parfois l'essence d'écorce d'orange, si recherchée des Portugais, d'être un peu pâle.

Nota. — Il ne faut jamais — pour savourer un
parfum — renverser le flacon sur le mouchoir ou
sur la main ouverte placée contre le goulot, ce qui se
fait généralement.

On dénature ainsi le parfum qui se trouve moins
bon à la longue, à cause de la décomposition que
provoque le contact de la main ou du mouchoir
avec l'alcool et les divers produits qu'il contient.

La main a les sécrétions diverses de la peau, le
mouchoir a les restes de la lessive.

Il faut faire tomber par gouttes le parfum sur le
mouchoir ou sur la main. On a pour cet usage deux
sortes de flacons compte-gouttes très commodes, que,
pour l'agrément de nos lectrices, on trouvera au
Comptoir de renseignements.

CHAPITRE XXII

La beauté chez l'homme

La beauté de l'homme est surtout dans l'expression de force et d'énergie que doivent exprimer ses traits.

Autant nous conseillons à la femme une coquetterie bien comprise, autant, à l'homme, nous conseillons une *simplicité virile*.

L'efféminisme, chez lui, est une tendance malsaine qui le rend antipathique aux gens sensés et distingués.

Il y a des hommes qui, par leur constitution, leurs traits, leur teint, leur éducation, leur caractère, leurs goûts sont essentiellement féminins ; ceux-là ne sont pas mis en cause dans la précédente appréciation.

A ceux-là, nous conseillerons cependant de ne pas accentuer cette tendance par leur mise ou leurs attitudes, mais au contraire de la combattre énergiquement.

Auraient-ils les plus beaux cheveux soyeux et frisés que l'on puisse voir, ils devront les sacrifier et porter des cheveux courts.

Ils renonceront aux couleurs claires et tendres pour leurs habits et leurs cravates, leur regard langoureux deviendra sérieux, leur sourire se fera plus rare ; ils éviteront de montrer leurs dents blanches et leur mains fines, n'aminciront pas leur pied par une trop coquette chaussure.

Ils surveilleront leur voix, si elle a un timbre trop clair, et s'accoutumeront à parler en voix de poitrine.

S'ils observent ces détails, ils deviendront fort attrayants par ce mélange un peu énigmatique du sérieux *voulu*, contrastant avec le féminin qui sera le fond de leur nature. Ils seront plus aimés et plus estimés.

La simplicité virile n'exclut pas le soin minutieux de sa personne, qui est une forme du respect de soi-même.

L'exquise propreté est le véritable luxe de l'homme ; il doit la pousser à ses extrêmes exagérations, car il doit éviter de choquer ou d'éloigner une femme délicate par la moindre émanation, quelle qu'elle soit.

On ne s'imagine pas à quel point cette propreté *intime* est importante dans les rapports *intimes*. Les personnes aimant les fortes émanations humaines sont de maladives exceptions.

Un corps imprégné de moiteur repousse le baiser

et la caresse qui sont le véritable lien de deux époux, bien plus que tous les contrats du monde.

La femme surtout est, sur ce point, d'une exquise délicatesse et l'homme l'oublie trop souvent. Il ne faudrait souvent pas chercher ailleurs la cause de froideurs venant graduellement remplacer l'amour le plus violent, autant et en même temps que le sans-gêne.

Comme la femme, il doit pratiquer et répéter soir et matin les ablutions intimes à l'eau boriquée chaude de préférence.

S'il ne prend pas un bain journalier, il doit, chaque soir, en quittant ses lourdes chaussures, se laver les pieds avec une serviette mouillée d'eau ammoniaquée chaude (une cuillerée à café dans un 1/2 litre d'eau).

Chaque matin, il doit se savonner la barbe, le cou, les épaules, le dessous des bras.

S'il est très sanguin, avec le visage un peu conges-tionné, il se lavera avec de l'eau à 30°, se séchera bien avec de la toile fine *mais sans frotter*, car il est inutile qu'il s'enlaidisse par un teint qui, du rouge passera au violet, grâce au temps, à la bonne chère, au hâle, etc. Mais il n'oubliera pas que s'il se lave à l'eau chaude, il devra éviter de sortir immé-diatement après.

Si cette congestion ne passe pas avec l'eau chaude, qu'il y ait tendance à la couperose, *il devra* se soi-gner beaucoup, car personne n'a le droit d'imposer la vue de sa laideur aux autres, même à ses proches, surtout si cette laideur peut se conjurer.

La barbe et les cheveux doivent être taillés souvent, à dates fixes, afin que le visage reste le même. Rien ne vieillit comme les cheveux et la barbe non soignés.

Les ongles seront, sinon l'objet d'un culte, du moins courts et très propres.

Surtout ne pas cultiver un ongle spécial, auquel on laisse prendre des proportions de griffe, dont il offre d'ailleurs le vilain aspect. Si on y tenait absolument, il faudrait le cacher dans un onglier d'or, comme les Chinois.

En outre, l'homme coquet pourra s'approprier plusieurs des conseils donnés aux femmes, à condition qu'on ne s'en aperçoive pas... et plus d'un le fait sans en vouloir convenir, ce en quoi il a raison.

L'homme correct changera scrupuleusement de flanelle pour la nuit, se lavera, avant de se mettre au lit, les dents et la bouche, surtout s'il fume, avec de l'eau aiguisée d'arnica, ou, de préférence, avec de l'eau boriquée.

Autant que possible, il dissimulera à sa femme tous les bruits, tous les détails peu poétiques de la vie intime, pour ne choquer en rien ses pudeurs, car, de son côté, elle agira de même.

A mépriser, à dédaigner cette manière d'agir, on court un risque sérieux. Que de ménages ont été gâtés par un trop grand sans-façon! L'homme, bien souvent, se marie *pour ne pas se gêner*, lorsque c'est le contraire qui devrait se produire.

D'ailleurs, lorsqu'on a pris l'habitude de ces réserves, elles ne coûtent absolument plus rien.

Une jeune fille délicate, brusquement unie à un mari — parfois très galant homme — qui la fera assister à tous les détails de son *intime intimité*, qui devra respirer des relents de sueur ou de tabac, qui devra entendre maints bruits faits pour ne pas être entendus, se dégoûtera de cet homme, en fût-elle follement amoureuse.

Si elle ne s'en dégoûte pas complètement, elle perdra, dans tous les cas, l'estime et le respect particuliers que deux époux doivent avoir l'un pour l'autre ; elle éprouvera un sentiment de désillusion qui l'amènera assez rapidement à l'indifférence.

Si cette jeune fille n'a épousé cet homme que par devoir, s'il est trop âgé pour elle, il y a de fortes présomptions pour qu'elle le prenne en horreur et ne songe plus qu'à le fuir.

*
* *

Deux époux ne doivent pas employer les mêmes parfums, autrement ni l'un ni l'autre ne le perçoit plus.

Chacun doit porter *celui que l'autre préfère*, afin d'en être aimé davantage. La poudre moyen age doit être employée le soir et par la femme seulement, car c'est un parfum essentiellement féminin. Il est vrai que la femme distinguée ne doit porter que des parfums très doux, mais elle peut faire une exception pour le soir, si son mari aime certains parfums plus accentués, puisque *la femme doit plaire à son mari;* le secret de son bonheur, de leur bonheur à tous deux est là.

Il y a réciprocité dans tout ce que nous disons pour les époux ; il ne suffit pas de s'être fait aimer, il faut conserver l'amour par de mutuels égards, par des sacrifices même de celui qui aime le plus, par un dévotieux respect de soi-même et de l'autre.

C'est le secret des longues liaisons, plus remarquées que les bons ménages réguliers, et dont parfois on s'étonne.

⁂

Nota. — Un homme ayant une tendance aux rhumatismes portera de la flanelle de pomme de pin Sylvestre qui est extrêmement saine. Avec une tendance à l'herpétisme il devra remplacer la flanelle par le crépon de soie ; pour qu'il s'use moins vite, il choisira ce vêtement très large. En hiver, sous le caleçon de laine également très large, il en portera un de toile fine. Dans tous les cas, ce vêtement se changera rigoureusement tous les deux jours — trois jours au plus. Sous aucun prétexte, et quelque chaleur qu'il fasse, il ne faut supprimer le caleçon de toile ou le maillot de coton ou de soie. Rien n'est mauvais pour la peau comme le contact direct avec le drap, qui reçoit et garde la poussière et les microbes et les communique à la peau, causant de continuelles démangeaisons, qui peuvent amener des désordres tels, qu'ils échappent au plan de cet ouvrage.

C'est vraiment à ce propos qu'on pourrait dire : les petites causes produisent de grands effets.

Si l'on porte des pantalons de coutil, ça ne changera rien à notre recommandation, car il faut, par le caleçon qui enferme, en bas, la chaussette, empêcher poussière et microbes de se déposer sur la peau, ce qu'ils ne manqueraient pas de faire, en montant dans le large tuyau d'appel formé par le pantalon. L'homme, à cause de ses occupations, transpire abondamment et s'imprègne de poussière, il ne peut se bien porter qu'en exagérant les soins de propreté. Bon nombre de ces énervements, de ces accès de fièvre, de ces malaises auxquels on ne prend pas garde, mais qui amènent la maussaderie, la mauvaise humeur, l'irritabilité, sont causés par un épiderme insuffisamment soigné, et qui, par conséquent, fonctionne mal.

Il ne faut pas oublier que la peau est en quelque sorte un troisième rein chargé d'éliminer les substances nuisibles à notre corps ; que c'est, en outre, un régulateur de la chaleur ; *quand la peau fonctionne mal, on ne peut pas se bien porter.*

C'est pour cela qu'une friction journalière au gant de crin, sur tout le corps, est une excellente chose que nous ne saurions trop recommander. Si on n'a personne pour la faire, on peut la pratiquer soi-même en s'aidant d'une brosse en lanière pour le dos et les reins, qu'il faut frictionner plus longtemps que les autres parties du corps. Cette friction aura un double résultat ; elle activera la circulation du sang, et en nettoyant la peau, en ouvrant les pores, elle rendra frais et dispos au-delà de ce que l'on peut imaginer.

*
* *

L'obésité chez l'homme se traite comme chez la femme ; dans bien des cas, il peut adopter la « Ceinture Merveilleuse », dans le cas de développement de l'abdomen, et pour l'équitation surtout, cette ceinture étant un soutien puissant.

*
* *

En se couchant l'homme fera bien de vider toutes ses poches dans un plateau déposé chaque soir sur sa table de nuit, à moins qu'un tiroir ne soit exclusivement réservé à cet usage. Il pourra ainsi livrer ses habits au nettoyage journalier pour lequel on retournera les poches afin de les brosser sur les coutures. Il y a généralement là un ramassis de poussière et de microbes que les ongles et le mouchoir portent au visage.

On retournera aussi le pantalon pour le brosser plus à l'envers qu'à l'endroit, l'envers du drap étant pelucheux et retenant ainsi toutes les impuretés.

On terminera en secouant chaque pièce au grand air, puis on les rapportera à l'endroit désigné par les habitudes du maître, en ayant soin de ne pas leur imprimer de faux plis, en les jetant au hasard sur un siège. Une pliure sommaire donnant une bonne position aux manches ne prend pas de temps.

On évitera de poser le pantalon en dessous — les hommes n'ont pas de patience — on posera d'abord la redingote, ou ce qui la remplace, puis le gilet, enfin le pantalon.

Cette attention insignifiante ravira le mari. Si on y joint le caleçon avec les boutons au complet et la chemise fraîche avec les boutons tout placés, si son chapeau, bien lustré, l'attend avec ses gants sans qu'il ait rien à chercher, il y a de fortes chances pour que *Monsieur* soit sensible à ces attentions, et parte de fort bonne humeur à ses occupations.

Il est évident que tout ceci dépend de la fortune que l'on a ; si Monsieur a son valet de chambre particulier c'est à ce personnage qu'incomberont ces soins ; mais nous nous adressons surtout à la modeste bourgeoise qui a une, deux, trois domestiques, et qui, par conséquent, doit assumer certains soins.

L'homme qui veut se conserver en bonne santé devra marcher, monter à cheval, faire de l'escrime, de la gymnastique, et accompagner ou précéder ces exercices de douches journalières froides ou tièdes, suivant son tempérament. Après la douche une énergique friction au gant de crin ramènera une réaction salutaire.

CHAPITRE XXIII

Discrétion et réserve conjugales.

Nous condamnons vivement la pudibonderie, mais nous plaçons très haut la pudeur bien comprise, qui consiste à dissimuler tous les actes ravalants que nous impose la nature.

Cette pudeur est simplement du respect de soi-même et nous la recommandons autant à l'homme qu'à la femme.

Que de passions se sont rapidement éteintes par la désillusion qu'apporte le sans-gêne grossier, mettant à nu les vulgaires nécessités de la machine humaine !

La femme ne doit pas oublier que l'élégance et la coquetterie sont surtout indispensables aux heures de l'intimité.

Nous ne voulons pas parler des vêtements de nuit plus ou moins fins et fanfreluchés, mais d'une élégance bien plus importante et plus rare.

La femme *qui ne se gêne pas* est bien près d'être

considérée comme un meuble, puisqu'elle ne s'attache pas à conserver son prestige, au contraire.

La chambre à coucher doit être un peu encombrée d'un ou plusieurs petits paravents, lors même qu'il y aurait auprès un cabinet de toilette petit ou grand.

Ce ou ces paravents sont destinés à voiler les intimités indispensables de la nuit.

Nous supprimons complètement, comme choquante fût-elle parfumée et intacte — la table de nuit et son contenu traditionnel. En revanche, nous conseillons la veilleuse qui guide les mouvements et permet plus de recherche.

On mettra les objets à usage intime dans le cabinet de toilette, ils ne seront apportés dans la chambre que le soir.

Supposons la pièce meublée d'un lit de bout, ayant par conséquent un passage libre de chaque côté.

Les replis d'un paravent envelopperont, pour chaque époux, un seau de porcelaine *aux trois quarts plein d'eau* et un petit objet oblong qui a, sur l'autre, l'avantage (avec un peu de soins) de ne causer aucun bruit.

Éviter la trivialité des bruits intimes est un devoir.

Le meuble indispensable aux ablutions sera dans le cabinet de toilette, derrière un paravent.

S'il n'y a pas de cabinet de toilette, on mettra ce meuble derrière le paravent dans la chambre, auprès du seau.

Il faut toujours dans ce meuble mettre une serviette mince sous la cuvette.

Ce ou ces paravents sont bien commodes encore pour s'habiller et se déshabiller. Toutes les étapes de la toilette ne sont pas poétiques ; on les escamote ainsi sans en avoir l'air.

Le paravent est l'ami de la femme coquette et intelligente, qui doit en jouer comme on joue de l'éventail.

On ne saurait trop recommander, à une femme élégante et soucieuse de conserver son prestige, de soigneusement cacher les appareils nécessaires à sa toilette intime ou à l'administration de remèdes parfois nécessaires.

Le tiroir ou l'armoire qui les renferment devront être fermés à clef : cela ne doit *jamais* tomber sous les yeux *par hasard ;* la Cabine-bijou est commode pour cela.

Si, pour voyager, la femme élégante s'est fait établir la malle-toilette renfermant deux tiroirs, c'est dans l'un de ces tiroirs qu'elle renfermera ces appareils. Outre qu'ils ferment à clef, on peut les tourner contre le mur et les rendre invisibles, puis enfin ceci est un meuble dans lequel personne n'aura l'idée de rien chercher.

CHAPITRE XXIV

Attitude respective des époux
devant les tiers.

Une chose très importante, que tout le monde trouvera juste, mais que bien peu observent, c'est le respect de deux époux l'un pour l'autre, devant un ou plusieurs étrangers, et surtout devant leurs enfants.

Cela demande beaucoup de tact, et, bien certainement, l'un en aura toujours plus que l'autre; il est bon de se dire à ce propos, que c'est le plus spirituel des deux qui se montrera le plus réservé et le plus conciliant. Donc, quelles que soient les dissensions intimes ou seulement les légères dissidences, il faut que, devant les tiers, l'harmonie ne soit jamais troublée par des observations aigre-douces, par des allusions à des querelles de ménage ou à des offenses intimes, par des plaintes sur l'attitude ou la conduite l'un de l'autre, par des critiques sur le travail ou la manière d'être, toutes choses qui mettent les tiers

23.

mal à l'aise et qui sont d'un mauvais exemple pour les enfants.

Dans une visite faite ou reçue en compagnie de son mari, la femme doit s'effacer un peu (sans nulle exagération orientale). C'est d'ailleurs le moyen, pour elle, de briller davantage, parce que, n'ayant pas à soutenir la conversation, elle peut choisir son heure pour dire une chose à propos, et faire, ainsi, remarquer son esprit.

L'attitude contraire — le mari s'effaçant et la femme discourant — serait déplorablement ridicule pour l'un et pour l'autre. Que la femme n'oublie pas que le véritable esprit consiste à faire briller celui des autres; un bavard sortira ravi de cet entretien, où il aura tenu le dé de la conversation; un timide ou un réservé, qu'on aura forcé à montrer l'esprit qu'il n'ose laisser voir, saura gré à l'interlocutrice qui lui aura donné un instant d'éclat.

Donc, laisser causer son mari, en se mêlant à la conversation à la façon des troupes auxiliaires qui soutiennent les points faibles ou qui remplacent les combattants tombés, est de la fine politique mondaine, dont, en outre, le mari saura gré.

Il est bien certain que si le mari, par goût ou par caractère, n'aime pas à causer, sa femme devra soutenir la conversation à sa place; mais alors on sentira, dans sa manière d'attirer son mari dans la causerie, qu'elle ne la dirige que pour le suppléer et non pour l'effacer.

Surtout, que la femme ne pérore jamais sur les travaux de son mari, de manière à faire supposer qu'il ne fait rien sans elle et que par elle, voire même qu'elle s'y connaît mieux que lui. Elle amoindrit son mari en se rendant insupportable. Ajoutons qu'en arrière on se moque d'elle. Mais si ce travers est fortement blâmable en l'absence du mari, il est le comble de la jactance s'il se donne carrière en sa présence.

Cela n'empêchera pas qu'une femme d'esprit saura laisser voir par un mot bien placé, çà et là, qu'elle se connaît fort bien en art, en littérature, en science même, mais qu'elle garde toutes ces connaissances pour elle — et on lui en supposera alors bien plus encore qu'elle n'en aura.

*
* *

Les deux époux éviteront les interruptions, les démentis surtout qui sont d'un goût exécrable.

Le mari, en échange de la déférence que lui témoignera sa femme, devra se montrer plein d'égards pour elle et ne pas l'exclure de la conversation dont le tact de la dame lui laisse la direction ; autrement, il agirait en homme mal élevé.

Si l'un des deux commence un récit ou une anecdote, l'autre évitera de l'interrompre en donnant un ordre, en offrant un tabouret ou une tasse de thé, en répondant à un domestique, etc.

Si l'un des visiteurs semble ne pas entendre le récit et veut nouer, à ce moment-là, une conversation particulière, on le ramènera aux convenances par une réponse évasive à voix basse, en portant le regard vers le narrateur, que l'on affectera d'écouter avec une attention soutenue, pour inviter l'autre à en faire autant. Peu de gens résisteront à ce procédé courtois.

*
* *

Deux époux devront éviter de cultiver le même art autrement que pour leur plaisir, sous peine de se nuire ; forcément l'un des deux sera annihilé. S'ils sont tous deux peintres, sculpteurs, écrivains, compositeurs de musique, celui qui a le moins de notoriété ou de talent devra se sacrifier 'à l'autre, pour qu'il n'y ait qu'une seule signature, ne se réservant que la satisfaction de seconder anonymement l'autre époux dans ses travaux.

Ce sacrifice d'amour-propre sera compensé par la gloire qu'y puisera le nom commun, l'estime que l'on gagnera pour cette abnégation aussi modeste que spirituelle.

A moins de très rares exceptions, causées par une éminente supériorité, c'est la femme qui devra faire ce sacrifice ; il ne faut jamais que l'on ait à dire, en parlant d'un couple, que le monsieur n'est que *le mari de sa femme*, c'est une posture absurde pour tous les deux.

*
* *

Dans le cas où deux personnalités célèbres, chacune dans un art différent, se réuniraient par les liens du mariage, la femme devra faire preuve d'un tact très particulier.

Pour le public, elle devra conserver le nom qu'il connaît; si elle va seule dans le monde, elle pourra recueillir les rayons de sa gloire, mais dans son ménage, pour ses amis et ses relations, il faut qu'elle soit madame *Une Telle* et rien autre, qu'elle s'enveloppe non de sa gloire à elle (elle doit se la faire pardonner), mais de celle de son mari, dont elle se montrera fière, et qu'elle placera volontairement plus haut qu'elle, de telle façon que personne ne se permette d'oublier que telle est sa volonté.

Si, devant lui, on lui parle de ses travaux à elle, de ses succès à elle, elle tournera la conversation de telle sorte que l'instant d'après, on ne parlera que des travaux et des succès de son mari. Si elle va dans le monde avec lui, elle ne prendra pas d'airs personnels et indépendants qui lui siéront lorsqu'elle y sera seule, mais elle montrera clairement que ce n'est pas la célèbre *Telle* qui est là, mais la charmante madame *Tel*.

Ce rôle est délicat et difficile, mais quel triomphe pour tous deux lorsqu'il est bien rempli!

CHAPITRE XXV

Harmonie des formes et des couleurs.

Ce point est d'une extrême importance dans la parure et dans le cadre d'une femme vraiment élégante.

Si, très riche, elle s'adresse à des tapissiers-artistes, pour son ameublement et ses toilettes, elle aura néanmoins à donner son avis dans l'importante question des couleurs de chaque pièce de son hôtel ou de son appartement, des teintes de ses robes, et et c'est chose grave.

Certaines nuances, soit les unes, soit les autres, doivent être absolument bannies du milieu ambiant de presque toutes les femmes. Il n'existe pas de femmes à qui *tout va*.

Comment se rendre compte des couleurs dont on doit s'entourer et que l'on doit rejeter ?

On ne peut dévaliser des magasins et faire, devant une glace, des essais sans nombre.

Nous puisons dans l'enseignement de M. Charles

Henry, maître des conférences à la Sorbonne, le moyen de répondre à ce point d'interrogation.

Il ne s'agit que de se procurer un *cercle chromatique* et de savoir s'en servir.

*
* *

La lumière blanche est un mélange de lumières colorées. On la décompose depuis Newton par un prisme de verre qu'on place sur le trajet du faisceau lumineux. On voit apparaître ainsi, sur un écran, une grande bande divisée en rectangles rouge, orange, jaune, vert, bleu, violet. C'est cette bande que l'on appelle le spectre.

Le cercle chromatique est une déformation du spectre, à partir du rouge jusqu'au violet, suivant une loi particulière, indiquée par la théorie et justifiée par l'expérience.

La couleur, sur chaque rayon, est dégradée du blanc au noir parfait à partir du centre.

Toutes ces gradations ont été obtenues typographiquement par des tirages superposés.

Le blanc est une couleur que l'on peut obtenir d'une infinité de manières par le mélange de deux, de trois, de quatre, etc., couleurs.

Quand deux couleurs, vues simultanément, produisent du blanc, on les dit *complémentaires*. Par exemple le rouge et le vert bleuâtre, le jaune et le bleu, le vert et le violet sont complémentaires. Si on regarde du rouge sur fond blanc pendant quelques instants on voit apparaître une auréole verte tout à l'entour et réciproquement. L'image verte succède dans l'œil à la vision du rouge si on reporte l'œil sur le fond clair. C'est ce que chacun de nous peut observer dans une chambre à rideaux rouges, etc.

Si vous mettez du rouge et du jaune l'un auprès de l'autre, le rouge paraîtra violet et le jaune paraîtra vert. On peut dire en général que deux couleurs étant données, chacune se teindra de la complémentaire de l'autre. Cette loi est d'une importance capitale dans la décoration et la toilette. — Une femme au teint un peu rouge doit bannir le vert de son chapeau : car ce rouge paraîtra encore plus intense à côté du vert. Une femme au teint un peu jaune doit éviter les voilettes bleues qui font ressortir le jaune de la chair. Une blonde aux cheveux orangés doit éviter les tons jaunes et tous les tons approchants qui se saliraient réciproquement en vertu de leur juxtaposition par les complémentaires successives aussi bien que les tons bleus trop foncés qui déterminent des contrastes violents.

Les couleurs complémentaires sont obtenues en promenant sur le cercle chromatique un écran percé par deux petites fenêtres rectangulaires :

On peut ainsi connaître facilement les teintes qui se feront le plus ressortir. Par le même moyen, on aura les teintes qui sont harmoniques ou non entre elles.

Il suffit de soulever les petits volets de bristol qui

recouvrent les fenêtres à des distances indiquées. Ainsi deux fenêtres qui sont distantes de la huitième partie du cercle donnent de très belles harmonies ; deux fenêtres distantes de la septième partie du cercle donnent des tons qui tirent l'œil et sont désagréables.

Rien de plus facile que de vérifier. Si l'une des juxtapositions de couleurs qu'on veut employer est satisfaisante, il suffit de repérer directement avec le cercle chromatique, soit les originaux (étoffes, cheveux, papiers peints), soit les copies exécutées par un procédé quelconque de peinture.

En choisissant sur l'écran les teintes données par des fenêtres plus ou moins éloignées, une femme intelligente verra immédiatement quelles sont les teintes qui s'harmonisent avec son teint et ses cheveux. Il faut quelquefois très peu de chose pour rendre un ton harmonieux ou déplaisant. Elle se fera ainsi une gamme de couleurs et de nuances parmi lesquelles se choisiront ses costumes et ses tentures, de même qu'elle sera fixée sur celles qu'elle devra systématiquement écarter de son cadre. De la sorte, lorsqu'elle ira dans un magasin ou chez le teinturier, elle ne prolongera pas indéfiniment ses incertitudes pour, finalement, égarer son choix sur ce qui ne lui va pas du tout, poussée à cela par la lassitude de l'employé excédé.

* *

Dans la question du choix des teintes, dans une

toilette, il faut tenir compte de la lumière, non seulement parce qu'elle transforme certaines couleurs, mais parce qu'elle agit à la fois sur leur aspect et sur les formes.

Les surfaces blanches et les surfaces éclairées semblent plus grandes que les surfaces noires et les surfaces sombres, les surfaces blanches paraissent aussi plus en relief que les surfaces noires.

La couleur élargit, élève, creuse ou fait ressortir les surfaces qu'elle revêt. Prenez, pour vous en rendre compte, quatre rectangles de papier bien égaux, chacun rouge, vert, jaune ou bleu. Regardez-les en les posant devant vous à une petite distance; vous remarquerez que le rectangle rouge et le rectangle vert paraissent plus hauts que larges, tandis que les deux autres paraissent plus larges que hauts. C'est le bleu qui est perçu sur la plus grande étendue de la rétine, puis viennent le jaune, le rouge, le vert.

Outre la question du choix des couleurs, il y a *la quantité*. Très peu d'une teinte mêlé à une autre principale, la fera *chanter*. — Beaucoup la tuera et détonnera cruellement; la surface, en diminuant, étant plus petite, diminue l'intensité apparente des couleurs.

Il y a plus : de même que des lignes d'égales dimensions changent l'aspect d'une figure, suivant qu'elles sont horizontales ou verticales, l'impression produite par la juxtaposition inégale des couleurs sera modifiée suivant la forme ou la disposition que chacune affectera, témoin l'habit d'Arlequin; un

maillot jaune, un haut-de-chausses vert, un pour-
point rouge; ne donneront pas l'impression de cette
même quantité de couleur éparpillée en petits trian-
gles.

C'est en raison de cette loi que certaines couleurs,
qui semblent incompatibles, arrivent cependant à
s'harmoniser.

Est-il nécessaire d'appuyer pour faire ressortir
l'application de ces observations à la composition
d'une toilette? Une femme trop maigre ou trop grosse
devra tenir compte des couleurs qui allongent ou
élargissent.

Telle nuance fausse, criarde ou dure étant seule,
sera d'un effet délicieux en petite quantité dans un
ensemble. Et ainsi du reste.

Il est impossible de tout prévoir et de tout préciser,
mais une simple indication guide une femme de
goût.

Puisque nous parlons de la couleur par rapport à
la toilette féminine, la transition est toute naturelle
pour examiner l'importante question de la teinture
des robes.

L'ART DU TEINTURIER

L'art du teinturier n'est pas ce qu'on peut pen-
ser, si l'on juge par les travaux plus ou moins défectueux livrés dans bien des petites boutiques
tenues par des dépositaires, ignorant le premier mot
du métier qu'ils sont censé exercer; on va là

souvent, croyant payer moins cher que dans les grandes maisons, tandis que c'est le contraire qui a lieu.

Un bon et vrai teinturier doit être, avant tout, un chimiste consciencieux et habile. Quelquefois — oh! bien rarement — c'est un artiste dont les travaux sont dignes d'une sincère admiration.

La science ou l'art de la teinture ne consiste pas seulement à substituer une couleur à une autre.

Il faut encore l'approprier à la nature du tissu auquel il faut conserver sa solidité et son caractère propre; à la laine son moelleux, à la soie son brillant mat et sa fermeté souple, afin de donner l'illusion du neuf. Il faut savoir éviter les dégâts causés par l'air et les pallier savamment.

Combien rare est un semblable résultat, et que de fois des étoffes encore excellentes, mais déplorablement teintes, raccourcies, rétrécies, déformées, sont délaissées.

Après maintes aventures de ce genre, nous envoyâmes une fois à M. Jolly fils, le maître-teinturier de la rue de Rohan, le drap d'une grande pelisse noisette, avec la même indifférence que si nous l'avions donné à la femme de chambre pour essuyer le parquet.

Aucune autre mention que « à teindre », et nous l'oubliâmes pendant six mois, dans la persuasion que cela ne serait plus bon à rien.

En l'envoyant enfin chercher, notre surprise fut

grande de recevoir un drap fort joli, d'un bleu indéfinissable et charmant, avec lequel on refit un manteau aussi beau que dans sa première incarnation et
ne déteignant pas au frottement.

Ce petit fait survenant au moment où nous médi-
tions déjà ce livre attira notre attention et nous
fîmes de cette question une étude approfondie, que
nous allons communiquer à nos lectrices.

Dans plusieurs interview que nous eûmes avec
MM. Jolly et Sauvage, nous apprîmes bien des choses
utiles ; on nous fit voir des robes de noces et de bal
en satin, en broché, en peau de soie, en brocart,
teintes avec un tel degré de perfection qu'on les
croyait vraiment neuves. Quelques-unes — supérieures comme qualité — subissaient leur *troisième*
teinture et, non moins belles pour cela, ne laissaient
paraître aucune fatigue, aucune éraillure.

Il est bien certain que ce sont des robes peu portées,
partant point usées ; ce sont en outre des étoffes de
prix ; mais lorsque l'on a mis trois ou quatre cents
francs au tissu d'une robe, lorsqu'on est dans une
situation mondaine telle, que l'on ne peut mettre une
toilette plus d'un certain nombre de fois sans déchoir
et commettre un crime de lèse-élégance, on est bien
aise, moyennant une quarantaine de francs de teinture, d'avoir une robe neuve.

Il y a même un avantage digne d'être signalé.
Tandis que, dans les magasins, on ne peut acheter
que les couleurs à la mode dans le moment, et, par

conséquent, jamais originales, on peut, en faisant reteindre sa robe *à sec*, choisir des tons inédits et tout à fait personnels.

C'est ainsi qu'une dame, qui porte un des plus grands noms de France, a fort ingénieusement trouvé le moyen de faire toute une saison de bals avec trois robes habilement métamorphosées.

Il est bon, pour bénéficier de ces transformations, d'acheter une étoffe très claire.

Ainsi, pour donner un exemple, le blanc deviendra crème, puis feuille de rose, pour continuer vert mousse et peut-être finir en noir.

Le bon teinturier, s'il est rare, n'est donc pas introuvable; il faut nous en féliciter, car il doit aider à tenir honorablement son rang, tout en conservant l'équilibre budgétaire.

Il suffit, en effet, d'entr'ouvrir sa bourse pour obtenir une robe neuve ou un salon transformé.

*
* *

Un point très important et qu'il est bon de signaler, d'abord pour encourager la maison Jolly à persévérer et les autres à sortir de leur apathique routine, c'est que les teintures de M. Jolly ne le cèdent en rien en *fraîcheur* et en *solidité* à celles des Gobelins, Beauvais et Aubusson.

Ces deux mots : fraîcheur et solidité, n'ont l'air de rien et ont pourtant une importance considérable.

Combien de fois n'avez-vous pas remarqué qu'une étoffe neuve ou reteinte déteint sur tout ce qui la touche; n'avez-vous pas eu des tentures qui, en quelques mois, ont perdu leur couleur même à l'ombre; *elles ont passé*, dit-on couramment; cela vient de ce que la teinture n'était pas solide. Un grand tapissier a dû dernièrement déposer et rendre au fabricant pour trente mille francs de tissus déteints au bout de trois mois.

On ignore généralement que, si les anciennes tapisseries ont conservé leur éclat à travers les siècles, c'est grâce à des procédés de teinture qui se sont perdus dans la pratique courante, à cause du prix et des difficultés d'emploi, pour rester le monopole secret des Manufactures de l'Etat.

Les chimistes d'Allemagne et de Suisse ont retrouvé et retrouvent encore de temps à autre quelques-unes de ces couleurs extra-solides, dont le prototype est l'andrinople et le bleu indigo. A la gloire de la maison Joly disons qu'elle est seule, dans son genre, à les employer, ce qui la met absolument hors pair.

*
* *

MM. Jolly et Sauvage sont d'ailleurs des chercheurs infatigables. En dehors des teintures de soie, satin, velours, cachemire de l'Inde qui leur ont valu une réputation européenne, ils ont vivement captivé notre attention en nous faisant connaître quelques innovations des plus curieuses et des plus utiles:

Voici d'abord le LABORATOIRE D'ESSAI où la cliente, apportant, avant d'acheter, un échantillon, saura d'une façon certaine si la nuance choisie est vraiment solide.

Puis voilà un procédé pour la conservation des fourrures qui laisse bien loin tous les moyens primitifs, seuls connus jusqu'à ce jour. Plus de battages, qui abîment les fourrures et détériorent l'étoffe! Soumises simplement à une certaine préparation, elles sont hermétiquement enfermées et se conservent indéfiniment.

Ce qui donne une supériorité de plus à ce procédé, c'est que *les dégâts commencés sont arrêtés*.

⁎

Nous voici dans un atelier où l'on réapplique les anciens cachemires pour en faire des dessus de piano, des sorties de bal, des décorations de costumes.

Puis nous visitons une usine où se fabriquent, en quantité considérable, et depuis longtemps presque insuffisante, de superbes tentures (brevetées) murales en toile d'emballage imprimée à la main, couleur grand teint, en 120 de largeur, pour un prix dérisoire, depuis 1 fr. 25 le mètre, suivant l'importance de la composition.

Cet article prend une extension considérable et fait une sérieuse concurrence au papier peint.

Malgré le bon marché, les inventeurs se sont attachés à ne reproduire que des attributs de style pur.

Ce qui ne gâte rien c'est que ce travail est exécuté

par des femmes qui y gagnent de 5 à 6 francs par
jour.

*
* *

Nous ne terminerons pas ce chapitre sans commettre une indiscrétion.

Au cours de notre visite intéressée à travers ateliers
et laboratoires, divers essais de teintes dégradées d'un
effet très harmonieux nous frappèrent ; notre curio-
sité aidant, nous apprîmes l'histoire de cette merveilleuse *invention en cours*.

Que les grandes élégantes écoutent...

Un de nos artistes, et des plus connus, ayant à
exécuter des maquettes pour une décoration artistique, rêva des guirlandes de fleurs se détachant au
pastel, sur un fond dégradé, du ton le plus foncé au
plus clair.

De telles étoffes n'existent pas en Europe, mais on
les fait au Japon, et il se mit en tête de trouver
un teinturier aussi artiste que les Japonais — ce qui
était bien ambitieux.

Ce n'est pas tous les jours qu'un artiste trouve la
science et l'intelligence pour donner corps à son rêve,
et celui-ci s'estima très heureux lorsqu'il eut la
bonne fortune de s'adresser à M. Jolly, qui entra dans
ses vues avec enthousiasme et fit, sans compter, une
cinquantaine d'essais pour arriver à deux résultats *à
peu près* satisfaisants, sur lesquels l'artiste exécuta
ses maquettes.

Ce faisant, il continuait à rêver que ce serait une

belle chose d'art qu'une robe faite ainsi, dans des
teintes choisies et graduées suivant la taille; le
teint et l'attitude d'une femme vraiment élégante,
que l'on enroulerait dans des guirlandes ou des
gerbes de fleurs, ou sur laquelle se dérouleraient les
motifs de style les plus variés. Il rêva un jour tout
haut devant M. Jolly, qui continuait ses recherches
pour arriver à la perfection dans la gradation, et en
réunissant le génie artistique de l'un au génie scientifique de l'autre, ils arrivèrent à une solution vraiment pratique.

On devait tout d'abord laisser de côté le pastel et
l'aquarelle qui manquaient de solidité, s'offensaient
de la moindre goutte d'eau et ne pouvaient subir
aucun nettoyage.

Il fallait inventer des couleurs inaltérables pouvant s'employer au pinceau, ni trop liquides ni trop
épaisses pour que la touche restât nette, pouvant,
une fois employées, supporter le frottement et les préparations finales destinées à les rendres indélébiles,
et surtout les nettoyages nécessaires.

Ces recherches ont duré un an ; le résultat superbe,
unique, admirable, va voir enfin le jour, et voici
comment, de l'union d'un artiste industrieux et d'un
industriel artiste, sortiront de véritables chefs-d'œuvre : les robes peintes sur teintes dégradées et si-
gnées : Félix Régamey.

Les dessins choisis sur croquis ne seront exécutés
qu'une seule fois. Chaque robe constituera donc une

véritable œuvre d'art, un *original* conçu d'après le
type de la femme qui doit le porter, s'harmonisant
avec sa beauté, et puisant dans une conception élevée
le charme dont elle l'enveloppe.

Le prix de ces chefs-d'œuvre, on les rendant accessibles seulement à certaines fortunes, [en empêchera
la vulgarisation ; cela restera donc toujours une
mode éminemment distinguée et suprêmement élé
gante. C'est vraiment ce que l'on peut appeler une
révolution dans les hautes régions de la toilette féminine.

Lorsque pour diverses raisons on renoncera à cette
robe, ou en pourra tirer, en consultant un bon tapissier, mille objets charmants : dessus de piano,
paravents, coussins, petits meubles de fantaisie,
s'accommoderont admirablement des diverses parties
de la robe démolie.

En admirant ces délicieux essais, nous avons rêvé
à notre tour, qu'une robe de mariée portant, sur le
côté, le blason seigneurial enlacé de fleurs d'oranger,
le tout peint d'après ce procédé, serait un bijou. Le
bas de la robe serait plus gracieux et plus riche, si,
au lieu de lourdes fleurs d'oranger artificielles, on y
peignait une guirlande de fleurs courant autour de la
traîne, s'envolant sur la jupe, s'enroulant au corsage,
dans une gamme de blancs nuancés, atténués, adoucis,
suivant la carnation de la fiancée. C'est un régal de
princesse ou de millionnaire !

On pourrait faire encore d'exquises choses : par

exemple des tabliers pour servir le thé au five o'clock, des corsages, des corselets, des guimpes, si toutefois les artistes veulent bien s'attarder à ces menus détails, qui donneraient, certes, un admirable relief à une toilette.

Voici une délicieuse innovation qui trouvera tout à fait sa place dans la corbeille et les cadeaux de noces et tirera de peine bien des gens embarrassés pour trouver de l'inédit.

CHAPITRE XXVI

La Nictiphane.

Un grave savant a fait une intéressante découverte ; et nous en a confié la vulgarisation. Nous en donnons la primeur à nos lectrices.

Il a inventé une matière lumineuse d'une innocuité parfaite et produisant les effets les plus inattendus et les plus charmants, en s'incorporant aux étoffes de diverses façons ; elle peut en outre s'appliquer à la peau sans le moindre danger.

C'est un produit qui boit les rayons chimiques de la lumière, pour les rejeter, dans l'obscurité, en une phosphorescence admirable, en une luminosité qui rappelle le dessous des vagues écumeuses éclairées par le soleil, ou un beau clair de lune dans un ciel pur.

C'est à croire que tous les Elfes de la mythologie scandinave sont venus nous apporter les rayons de leurs ailes, ou les voiles fulgurants qu'ils tissent pour draper leurs souveraines.

Grâce à cette nouvelle merveille, la Parisienne deviendra fée elle-même lorsque, enveloppée de ces clartés étranges, elle apparaîtra dans un cadre d'ébène, ou lorsqu'elle enroulera son corps qui, par opposition, semblera de bronze, dans des voiles semblables aux vagues phosphorescentes dans les belles nuits d'été.

Ce sera le rêve d'Adolphe Belot réalisé, sa « femme de feu » qui n'aura plus besoin du décor de la mer et qui, sans excentricité inutile, pourra faire rêver les poètes par de fantastiques et vaporeuses évocations.

* *

En outre, ce produit peut, avec avantage en certains cas, sans inconvénient toujours, remplacer la poudre de riz.

On peut s'en couvrir le visage, les épaules en l'appliquant sous forme de crème que l'on trouvera au Comptoir de renseignements.

Avec une certaine étude, on peut se faire un visage très remarquable, en tenant compte de nos indications pour l'emploi du rouge et du blanc dans le chapitre du maquillage. On peut même en poudrer les cheveux.

A la lumière, rien ne se devinera ; on paraîtra seulement un peu pâle. Mais si l'on passe dans une chambre absolument noire, que l'on fasse brûler un peu de magnésium, on prendra un aspect vraiment surnaturel.

Ce produit s'incorpore, par une certaine préparation, à l'amidon, ce qui permet de faire du linge lumineux, des draps de lit lumineux, des rideaux lumineux ; on imprime et on apprête des tissus variés avec ce produit, pour des robes et des draperies lumineuses. Si on tend les murs d'étoffes lumineuses, et qu'on allume dans cette chambre, à l'heure du coucher, une lampe au magnésium pendant deux ou trois minutes, on aura une luminosité ravissante, rendant la veilleuse inutile et pouvant durer plusieurs heures ; s'endormir dans une chambre nictiphane est une sensation exquise.

La question de la durée de cette luminosité est assez délicate.

Si, en plein jour, vous faites cette expérience, vous ne percevez pas la luminosité pendant la cinquantième partie du temps que vous la percevez la nuit. Cela tient à ce que, le jour, l'œil est saturé de lumière.

Lorsque l'œil quitte cette grande lumière pour l'obscurité, il reste insensible à de faibles clartés et, réciproquement, quand il quitte la pleine obscurité pour la pleine lumière, il est affecté douloureusement : c'est un cas particulier de cette fonction de la sensibilité que nous avons expliqué pour les couleurs et qu'on appelle le *contraste*. Toute sensation détermine, au bout d'un certain temps, l'apparition d'une sensation subjective (c'est-à-dire imaginaire) opposée ; le blanc nous donne au bout d'un certain temps l'illusion du noir ; le gris, dans ces états de la rétine, ne peut donc plus être perçu ; réciproquement, le noir nous donne l'illusion du blanc qui vient s'ajouter au blanc réellement perçu ; c'est pourquoi la vision d'une lumière pour l'œil qui sort de l'obscurité est si pénible : un blanc imaginaire s'ajoute au blanc réel.

On ne peut donc voir que difficilement les lueurs quand on sort du plein jour ou d'éclairages intenses.

Plus l'œil se repose longtemps dans l'obscurité, plus il est capable de percevoir de faibles lueurs. Cela tient à ce que la partie de la rétine qui est sensible à la lumière, se détruit aux éclairages intenses pour se régénérer dans l'obscurité.

On peut, la nuit, dans une chambre noire, trente heures après l'illumination percevoir un tube de notre produit lumineux ; pour obtenir le même résultat, le jour, il faut s'enfermer préalablement au moins 1/2 heure dans une chambre noire. Si on restait dans une chambre noire deux ou trois heures de suite, on percevrait des intensités toujours plus faibles.

Cela prouve que, pour un œil suffisamment reposé, la plus petite quantité de lumière perceptible est une fraction infiniment petite. La conséquence pratique à tirer de cette loi est que pour goûter pleinement les effets de la phosphorescence, il faut supprimer la lumière diffuse du ciel et des rues, faire *chambre noire*.

Dans ce cas la luminosité dure plusieurs heures.

Que l'on tende les murs et le plafond de tissus lumineux, et on se trouvera, à volonté, dans une chambre magique. Cet effet durera, assez intense, pendant deux heures, puis s'affaiblira graduellement de façon à ne pas gêner les dormeurs.

C'est la plus délicieuse chambre nuptiale que l'on puisse rêver, à la fois mystique, chaste et voluptueuse.

Il n'entre pas une parcelle de phosphore ni de sulfure de calcium dans ce produit qui est d'une innocuité absolue.

Action de la Nictiphane sur la peau. — Les actions de la lumière solaire sur la peau sont dues spécialement aux rayons dits *chimiques* du soleil, c'est-à-dire aux rayons violets et ultra-violets — ceux-ci invisibles.

Ces rayons sont absorbés dans une proportion considérable par la peau. On le prouve en montrant que l'iodure d'argent n'est pas décomposé par la lumière qui a traversé la peau (cette décomposition est une action photogénique qui n'a lieu que sous l'influence des rayons chimiques).

La peau, suivant ses états, absorbe plus ou moins de rayons chimiques; de là, des pigmentations en rouge, en noir, etc., corrélations de transformations chimiques. Or, la Nictiphane absorbe les rayons violets, bleus et tous les rayons chimiques pour les transformer en rayons verts-jaunes. Elle ne laisse donc passer aucun rayon chimique sur la peau, par son interposition entre elle et le soleil. La peau ne

25.

pourra alors subir aucune transformation chimique sous l'influence du soleil quand elle sera revêtue de la Nictiphane; par conséquent pas de taches de rousseur possibles.

Elle sera précieuse pour les bains de mer, pour conduire ou monter à cheval, chaque fois enfin que l'on ne peut s'abriter contre les rayons du soleil.

CHAPITRE XXVII

Savoir acheter, savoir choisir.

C'est incontestablement une science. Certaines femmes l'apportent presque en naissant, savent choisir, dénicher d'un coup d'œil le plus joli objet, la meilleure étoffe à prix égal ; pour d'autres c'est le contraire ; le marchand voit tout de suite à qui il a affaire et glisse à celle qui ne s'y connaît pas les marchandises défraîchies qui l'embarrassent.

Entre ces deux clientes-là il y a la femme intelligente mais inexpérimentée ; celle qui, jeune fille, n'a jamais acheté une épingle et qui, jeune femme, ne connaît rien.

Un point important est de ne pas s'intimider et d'*oser parler*. Il ne faut pas exagérer cette recommandation, et parler trop haut, à tort et à travers.

Une femme distinguée, dans un magasin, est d'abord très polie ; elle parle bas, avec sobriété et *autorité*, sans hauteur et sans sourire, d'un ton qui ne donne pas au commis l'idée de se dérober ou de se

familiariser. Si on ne met pas d'empressement à la
servir, qu'on ne lui donne pas assez de choix, si
l'employé se montre maussade et dédaigneux, elle en
référera au patron si c'est une petite maison, ou à
l'inspecteur du rayon si c'est dans un de nos grands
magasins accumulateurs.

Une femme saura d'autant mieux acheter que —
même sans en avoir besoin par économie — elle
saura faire robe ou lingerie; elle connaîtra mieux le
métrage, l'aspect que devra avoir une jupe ou une
draperie.

Si elle achète des objets confectionnés, elle en
verra mieux les défauts.

Il est bon qu'une femme apprenne à connaître les
dentelles vraies par leurs noms et en connaisse,
d'une façon sommaire, la fabrication. Elle doit savoir
les distinguer immédiatement des imitations.

Si elle achète de la toile, elle veillera à ce que le
grain en soit fin, bien uni, avec peu de nœuds apparents. Les calicots, les nansouk seront sans apprêt,
bien appropriés comme largeur à leur emploi, pour
ne pas en perdre. Le calicot pour tablier de bonne
sera épais, afin d'éviter une demi-transparence qui
leur donne un air toujours sali; la cretonne sera
même préférable pour cet usage.

Pour les taies d'oreillers, pour les chemises de
femmes, les couches et les chemises de nouveau-
nés, la toile plate sera préférée, comme plus douce
au frôler de la peau.

On fait aussi de jolies chemises de femme en beau nansouk ou en batiste, mais la toile fine est incontestablement la plus pratique sans cesser d'être élégante.

Pour les pantalons on peut choisir entre le nansouk et la batiste ; en hiver on se trouvera bien de la belle flanelle blanche ou du fin piqué molletonné.

Le jupon blanc sera en beau nansouk ; il doit être fanfreluché à profusion de hautes dentelles..

N'oublions pas que le jupon blanc est détrôné en ce moment, par le jupon de soie, fort joli, fort commode — mais qu'il en faut un pour chaque toilette, de teinte identique ou s'harmonisant avec la robe.

Les femmes très élégantes assortissent généralement le jupon, le corset, se boutonnant l'un sur l'autre à volonté avec les bas, les rubans de la chemise et les nœuds du pantalon. C'est un dessous complet qui devra faire valoir la robe lorsqu'on en relèvera la traîne.

Ces jupons, s'ils ne sont pas l'œuvre de la corsetière ou de la couturière, se feront chez soi, afin d'éviter la banalité du modèle fait par *grosses* pour les magasins de nouveautés.

Si l'on achète des soieries il faut apprendre à reconnaître si elles sont mêlées de coton, et dans quelle proportion.

La belle soie doit être épaisse et souple, se chiffonner sans plis cassants.

Le velours doit avoir des tons frais sans l'aspect

un peu cendré que donne le coton ; c'est surtout l'envers et les lisières qu'il faut examiner, car c'est là surtout que l'on peut mieux le voir. On doit étaler les effilures, car souvent le coton et la soie, tordus ensemble, se dissimulent admirablement. Comme la soie, le velours doit être souple, avec des plis fermes et moelleux. La peluche peut prendre sa part de ce qui précède ; elle doit être très couverte et épaisse.

Si on achète dans les maisons à prix fixe, ce qui est le meilleur de tous les systèmes, on n'a qu'à choisir ce qui est le plus avantageux.

Mais il y a bien des maisons encore où il faut *marchander* pour ne pas payer trop cher, car les prix sont surfaits. Fuyez-les car vous risquez d'être trompée neuf fois sur dix, à moins d'une extrême connaissance de la valeur de toutes les marchandises.

*
* *

Il y a certaines choses, les chapeaux par exemple, dont — passé une moyenne — les prix sont absolument arbitraires, et dépendent en partie du *nom* de la modiste.

Il est donc utile de connaître les maisons sérieuses où on trouvera belle qualité, élégance, cachet réunis, pour des prix relativement modestes. Il convient d'avoir toujours la même modiste, car elle sait mieux ce qui va à l'air de votre visage. C'est un art que madame Bellot pousse très loin, car son goût impeccable ne s'est jamais démenti dans toutes les occasions où nous avons pu le juger.

Néanmoins si votre budget ne vous permet de dépenser que cent francs pour vos chapeaux de la saison, achetez-en deux, trois, ou même quatre, suivant le nombre de vos sorties, plutôt que de n'en avoir qu'un sortant de chez une grande faiseuse.

En sachant choisir, une femme, qui a le temps et une certaine habitude, saura trouver dans les chapeaux tous faits le modèle peu répété et bon marché. Elle ne s'en tiendra pas à son magasin habituel, elle jettera un coup d'œil partout, car chaque maison, grande ou petite, a un article qu'elle fait mieux qu'un autre.

Il va s'en dire que si une femme veut acheter quatre chapeaux pour sa saison, elle ne les achètera pas à la fois, à moins d'habiter la province et de faire tous ses achats en un seul voyage à la grand'ville.

La Parisienne achètera d'abord deux chapeaux, un pour les courses, un pour les visites ; pour l'été elle choisira en plus, pour les excursions, un chapeau de soleil qui peut être très peu coûteux, pourvu qu'il ait de la grâce.

En hiver elle aura pour les jours de pluie ou de neige, sa toque de fourrure qui dure pendant plusieurs années.

Environ un mois après on produit de nouveaux modèles ; cela coïncide généralement, dans les *grands magasins*, avec un démarquage de tout ce qui est fait ; à ce moment il n'est pas rare d'acheter de forts jolis modèles à moitié ou tiers du prix. On choisira ce moment pour se procurer le troisième chapeau ; le quatrième s'achètera un peu plus tard encore, et ainsi, on arrive à la fin de la saison avec des chapeaux tout frais et encore bien à la mode, au lieu d'avoir quatre chapeaux fanés. Il est bien entendu que la grande dame, très riche, n'a pas besoin de nos conseils ; elle a ses fournisseurs attitrés et, n'ayant pas à restreindre sa dépense, elle a autant de chapeaux, de robes et de manteaux que sa fantaisie le désire.

Nous nous adressons surtout à la jeune mariée novice, et à la femme habitant la province et qui veut se distinguer par son goût.

Ce que nous venons de dire s'applique en partie aux robes.

N'en achetez pas plusieurs à la fois ; tout au moins si, aux expositions, vous profitez d'occasions avantageuses pour acheter plusieurs pièces de tissus : ne faites pas faire les robes toutes ensemble, car ainsi, au lieu de suivre les évolutions de la mode qui change d'un instant à l'autre, dans ses détails, toutes vos toilettes de la saison seront dans le même esprit et vous vous en fatiguerez.

Vous devez avoir toujours, en même temps, une trotteuse pour le matin et les courses, une toilette demiélégante pour les visites familières, une élégante pour les autres cas, visites de cérémonies, cérémonies de baptême ou mariage.

Nous ne parlons pas ici des toilettes du soir qui sortent de ce cadre, tant elles dépendent de la situation sociale, du milieu, de la fortune et de l'âge de chaque personne.

Ce qu'il faut avoir à profusion... relative, c'est la toilette d'intérieur. Pour cela, ne lésinez pas, afin d'être attrayante aux yeux de votre mari. La mode actuelle, avec ses corsages dépareillés, ses blouses russes, est si commode pour varier économiquement sa mise ! Elle est bien supérieure à celle des matinées rappelant un peu la camisole et n'allant bien qu'à très peu de femmes.

Il y a certaines choses dont il faut profiter aux expositions des grands magasins, lorsque le budget le permet ; ce sont les dentelles, dont on trouve toujours l'emploi ; le linge de maison, la bonneterie, qui ne changent jamais de mode. Pour le reste, il faut agir prudemment et ne pas s'encombrer de choses inutiles, qui vous priveront, plus tard, d'acheter une nouveauté tentante.

COMMENT ON ACHÈTE DANS LES GRANDS MAGASINS

Bien des femmes arrivant de l'étranger ou de la province éprouvent une certaine appréhension à se hasarder seules dans nos immenses magasins parisiens, où des milliers d'acheteurs et de vendeurs se coudoient dans une activité de ruche d'abeilles.

Il nous souvient que, enfant encore, j'allais avec ma mère acheter dans le magasin du Louvre dans

lequel on entrait alors par l'angle de la rue Marengo
et de la rue de Rivoli. Les comptoirs longeaient la
rue Marengo et tournaient de six ou sept mètres à
peine dans la rue Saint-Honoré.

J'éprouvais toujours une vive impression en y entrant ; les commis (qui me paraissaient très impo-
sants) nous regardaient passer dans un demi désœu-
vrement très distingué, et j'avais peine à maintenir
mon aplomb sur le parquet clair, ciré comme un
miroir, tant leurs regards me gênaient.

Il y a vingt-cinq ans seulement de cela, et quels
changements en ce quart de siècle !

Les commis, aujourd'hui, bien qu'ils soient trois
mille, n'ont plus le temps de regarder les clients
passer ; ils ont à peine le temps de les servir. Le modeste magasin a étendu sa main, de plus en plus
puissante, sur tout cet immense pâté de maisons d'où
il a délogé dix, quinze, vingt petits commerçants,
plus ou moins récalcitrants, et d'où enfin il a chassé
l'hôtel du Louvre lui-même.

Si le parquet est ciré, s'il est couvert de tapis, on
n'en sait trop rien, tant il est couvert de monde en
un perpétuel fourmillement.

On se sent plus à l'aise dans cette foule que dans la
solennité de grandes galeries désertes, et, si l'on sait
s'y prendre, on y est aussi vite servi.

La première chose à faire en entrant par l'une des
cinq portes des magasins du Louvre, par exemple,
est d'aller à la caisse demander un *numéro de caisse*.

Ce bulletin est précieux ; il évite les longues attentes des débits, les promenades à travers les galeries suivie d'un employé portant les paquets, la remise de ces paquets d'un commis à l'autre, etc.

Ce bulletin, c'est l'indépendance de vos mouvements ; vous pouvez flâner, admirer, choisir, laisser, reprendre, aller, venir, monter, descendre, achetant là pour cinquante centimes, ici pour cinq cents francs, plus loin pour un louis, tout cela sans encombrement ; vous laissez, à chaque achat, une parcelle de votre bulletin qui servira à les réunir le soir, et c'est tout.

Quand vous avez fini, vous sortez par la porte qui vous convient, en laissant votre bulletin à la caisse, et le lendemain vous recevez chez vous vos achats au complet.

C'est un progrès énorme et relativement récent au Louvre.

*
* *

Il y a dans ces superbes magasins soixante-treize rayons différents dont il est utile de connaître la situation topographique, afin de pouvoir s'orienter et ne pas perdre de temps.

Il importe surtout de connaître le rez-de-chaussée pour savoir par quelle porte on doit entrer. Comme en général il est plus encombré que les trois autres étages, qu'il est plus difficile d'y marcher, il y a tout avantage à savoir s'y guider et à connaître, outre les divers comptoirs, la position des ascenseurs.

Ainsi vous voulez des fleurs ; en entrant par le Palais-Royal vous les trouvez à droite, après avoir traversé la galerie des ruchés et des balayeuses de soie.

A gauche de cette même porte, vous avez tous les genres de jupes confectionnées qui, en tournant, s'étendront dans leurs variétés jusqu'à la passementerie et la mercerie, en enclavant un petit rayon de modes, et un ascenseur.

Toujours en entrant par le Palais-Royal, vous avez devant vous un hall abritant à droite les gants, à gauche les cravates et les menues fantaisies de la toilette — fichus, bouffants, pélerines, etc.

La soierie commence à poindre, en se glissant insidieusement sur la paroi de gauche, pour entrainer l'acheteuse jusqu'au second hall qui lui est consacré, en traversant une galerie couverte, pleine de séductions.

*
* *

Si nous entrons par la porte Saint-Honoré, nous avons à droite les rubans, la passementerie, la mercerie ; en face, la parfumerie, la brosserie ; à gauche, l'éventail, la maroquerie, l'article de Paris, les jouets, puis les parapluies et les ombrelles.

*
* *

Si nous entrons par la porte Marengo, nous trouvons à droite les bas de soie, les gants de tissus ; à gauche, la bonneterie qui environne un ascenseur et nous conduit au rayon de deuil. En face de l'entrée s'ouvre l'immense hall des tissus de fantaisie ; c'est l'apothéose du lainage, comme l'autre hall est celle de la soierie.

Au fond, derrière l'escalier, sont les rayons du linge damassé, des rideaux de vitrage qui rejoignent les jouets à droite, les livres en face.

Enfin, si nous entrons par les portes de Rivoli, nous avons, à droite, le vaste rayon de blanc — c'est là que se trouvent les tarlatanes, les batistes, les mousselines de soie.

Ce rayon confine à celui des doublures, et aboutit, au fond, à celui du deuil.

Si nous avons tourné à gauche en entrant, nous nous trouvons dans la papeterie, les abat-jour, et plus loin aux plumes et aux fleurs.

Ce qu'il est utile de connaître ensuite, c'est la distribution de chaque étage.

A l'entresol, se trouvent les rayons de rideaux blancs, draperie, chemises, jouets, Chine, confection pour hommes, chaussures pour hommes, femmes et enfants, article de voyage, porcelaine, chapellerie.

Au premier, rayons de lingerie, tulles et dentelles, tapis divers, confections, trousseaux, layettes, costumes, corsets, modes, peignoirs, costumes et chapeaux de fillettes et garçonnets.

Le second est envahi par le meuble, la literie, la tapisserie, l'article de ménage, la photographie.

Lorsqu'une femme a une notion exacte de ce qui précède, elle se promène dans ces flots de richesses comme chez elle, ne perd pas une minute, sème en

route les numéros de sa feuille, et dévalise le magasin en moins de temps qu'il n'en faut à la dame inexpérimentée pour acheter une paire de gants et une
boîte de fil.

*
* *

La Ménagère a depuis fort longtemps adopté le
système des numéros de caisse ; là on n'a pas besoin
de le demander ; le premier achat que l'on fait comporte la remise de ce numéro ; c'est plus commode
encore, car ainsi on n'attend pas à la caisse toujours
trop encombrée.

Rien d'intéressant pour la femme d'intérieur
comme de parcourir ces vastes galeries où s'étalent
les produits de toutes les ingéniosités intelligentes,
mises au service du confort.

Les meubles de fantaisie, à droite, conduisent à
l'ascenseur ; les fourneaux perfectionnés, les appareils de chauffage les plus divers, conduisent à gauche, aux installations d'écurie et à l'escalier.

Si l'on descend cet escalier on trouve dans les
sous-sols les meubles de jardin, les articles de
chauffage, d'écurie, les meubles de cuisine, etc.

Si l'on monte l'escalier on se trouve dans les por-
celaines et les cristaux. Mais avant d'examiner le
premier étage, promenons-nous dans le rez-de-
chaussée.

Quatre galeries, exhaussées de quelques marches,
sollicitent l'acheteur par les multiples séductions du
bibelot utile, le plus attirant de tous ; la papeterie,

la maroquinerie, les miroirs à combinaisons, etc., etc.

Au fond les petites voitures d'enfant nous amènent aux jouets.

A droite une baie nous laisse voir les cages d'oiseaux, dans une salle en contre-bas qui sert de trait d'union entre le rez-de-chaussée et le sous-sol.

Au premier, en montant par l'escalier du fond, on se trouve dans la région des appareils de bain; auprès sont les rôtissoires, les appareils à gaz et à lessive, toute la série des brocs et seaux de toilette en émail, en cuivre nickelé ou en nickel pur.

En longeant la galerie de droite, séparée dans sa longueur par de petites cloisons formant boxes, on voit s'étaler les batteries de cuisine de tous genres et de tous systèmes, fer battu, émail, cuivre, nickel, etc.

Dans la galerie du milieu, la coutellerie, maints objets commodes ou charmants pour la table, l'argenterie, etc.

Dans la galerie de gauche, la brosserie, les balais de tous genres, la vannerie, les éponges nous amènent avec une infinité de menus ustensiles de ménage et la lingerie d'office, au rayon de porcelaine où nous nous arrêtons pour admirer un petit lavabo rond en bambou, aussi coquet qu'ingénieux, très commode et ne prenant pas de place; le pot à eau, suspendu gracieusement entre deux bras, bascule pour verser l'eau dans la cuvette; cette mode semble se généraliser; elle est excellente et nous épargnera la fatigue d'enlever ces grands pots à eau si lourds et si incommodes. Nous avons vu plusieurs systèmes très bons ; un entre autres avec la cuvette oblongue qui prend moins de place que la cuvette ronde.

Le second étage appartient à l'ameublement et à la literie, aux toiles cirées, etc.

La plus grande urbanité distingue les employés de la Ménagère ; les exceptions sont rares.

Le système généralisé des numéros de caisse allège beaucoup la tâche des commis, en leur évitant les longues courses d'un rayon à l'autre; on ne saurait trop s'en féliciter à tous les points de vue.

CHAPITRE XXVIII

La Toilette.

Choix du tailleur, de la couturière, de la lingère.
— La femme qui peut s'offrir, entre autres luxes
qui l'encadrent et l'embellissent, celui d'être habillée par l'un des trois ou quatre grands couturiers
de Paris cette femme n'a pas besoin de nos avis.

Il n'est cependant pas indispensable pour être charmante de dépenser des sommes folles pour sa toilette.

Une femme sans grâce n'en acquière pas chez ces
grands faiseurs, tandis qu'une femme gracieuse
sachant ce qui lui va, sachant se faire habiller, saura
se faire faire d'aussi belles toilettes chez un couturier moins en vogue, chez une couturière ayant du
goût et du talent, et il y en a quelques-uns.

Nous avons visité plusieurs salons, vu bien des
toilettes, demandé bien des prix avant d'arrêter un

jugement nous permettant de donner un conseil pratique.

Une robe sur un mannequin peut sembler fort bien et aller fort mal à la cliente.

Nous n'avons cru avoir trouvé qu'après avoir vu des dames habillées par la couturière et le tailleur ayant réuni les qualités requises, à nos yeux, par la femme élégante et relativement économe qui veut être habillée de façon impeccable, sans dépenses ruineuses.

Il faut autant que possible pouvoir obtenir, dans le même atelier, la robe simple, en lainage, joliment faite, ne dépassant pas — tout compris — cent cinquante francs et les grandes toilettes de divers degrés jusqu'à la toilette artistique allant à plusieurs centaines de francs suivant les tissus et l'ornementation.

L'avantage d'avoir tout cela dans la même maison est évident ; on y connaît votre taille, vos attitudes, votre teint, vos goûts, d'autant mieux qu'on les étudiera d'abord sur les objets simples, ce qui n'exposera pas à manquer plus ou moins un riche costume.

Si vous commandez là une robe de cinq ou six cents francs — commande que les très grandes maisons ne prendront qu'avec dédain — on y apportera tout le soin possible ; on ne ménagera pas les essayages nécessaires, vous serez une bonne cliente à laquelle on tiendra ; et si on sait que vous ne faites rien faire ailleurs, on soignera tout aussi bien la modeste trotteuse que la robe de bal.

A quoi bon la dépense vaine si l'on peut avoir autant de chic sans jeter l'or par les fenêtres !

Nous avons trouvé, le *desideratum* de l'élégante raisonnable qui veut, sans gaspillage, être adorablement habillée.

Tout ce que nous avons vu là était parfait ; et plusieurs clients nous ont prouvé la perfection de ses corsages, même sur des tailles assez difficiles à parer, mais ne voulant pas être nommée, elle nous prie de donner son adresse au *Comptoir de renseignements*.

*
* *

Aussi délicat, plus peut-être, est le choix du tailleur, tant pour le costume que pour l'amazone, ce problème trop souvent insoluble.

Où trouver la jupe qui ne remonte pas dans le galop, qui prend bien les hanches sans les sangler et sans plis disgracieux ? Où trouver le corsage parfait, amincissant la taille sans la serrer et laissant le libre jeu de la respiration tout en prenant exactement la poitrine ?

Il ne faut pas croire qu'il suffit d'être un grand tailleur pour bien habiller une femme. Il y a un monde entre le parfait tailleur pour hommes, et seulement le bon tailleur pour dames.

Nous avons vu trois costumes, deux manteaux, une jaquette sortant d'une des premières maison de Paris, et aussi complètement manqués les uns que les autres, malgré des prix fabuleux.

Ces tailleurs-là mettent généralement trop d'étoffe,

et ils ont beau prodiguer les doublures de soie, ils n'arrivent le plus souvent qu'à faire des choses lourdes et sans grâce.

Le tailleur pour dames est un couturier possédant la *science du drap*.

Le drap est presque un être vivant ; par sa texture il se prête à tout ce qu'on lui demande en sachant manier intelligemment le *carreau* et le linge humide.

Il se rétrécit, s'élargit, s'arrondit, s'étire ; cache ou dissimule les pinces, les ajoutures ou les accidents ; c'est un tissu admirable pour qui sait en tirer parti.

La robe tailleur ne doit pas avoir un pli inutile ; le corps doit être moulé et drapé sans surcharge d'étoffe et sans un seul défaut, mais le tailleur pour dames, est d'une telle rareté que c'est rendre service à nos lectrices de leur indiquer par l'intermédiaire du *Comptoir de renseignements* (à la fin du volume), une ancienne maison éminemment sérieuse, dont les prix sont abordables, car on y obtient des costumes depuis cent cinquante francs.

Nous en avons étudié les patrons et la façon de travailler, et tous les modèles nous semblent réunir la sobriété, la grande distinction, et le chic parfait, qu'exige le vêtement de drap.

Là on comprend *la femme :* c'est rare chez le tailleur ; c'est pourtant le premier point, le plus essentiel pour bien l'habiller ; c'est au tailleur qu'il faut demander l'amazone, le costume pour conduire, la jaquette, le manteau de drap.

Jamais aucune couturière ne réussira ces vêtements-là, à moins d'avoir un coupeur et un atelier de tailleur, ce qui n'existe pas et ne serait pas avantageux pour elle.

*
* *

Ce que nous avons dit de la couturière peut se dire de la lingère. Outre la qualité des dentelles, des linons, des toiles, il y a le nom de la faiseuse qui doit se payer fort cher.

Il est donc bon de choisir une lingère qui veuille bien, suivant le cas, entrer dans les vues modestes ou luxueuses de la cliente, car toutes les femmes ne peuvent ou ne veulent pas mettre toujours de la vraie dentelle à leur linge, surtout depuis que si peu de personnes savent reconnaître la vraie dentelle et l'apprécier.

Il faut donc trouver la lingère qui établit une chemise de jour de dix francs à cent francs, en apportant à la première la même élégance de coupe et la même grâce qu'à la seconde. Bien qu'elles soient rares, il en existe cependant qui répondent à ce désidératum, dont les déshabillés ont une grâce incomparable et dont la lingerie offre toute la gamme de la simplicité à la coquetterie la plus raffinée.

LE CORSET

Mais les efforts combinés de la couturière, du tailleur, de la lingère resteront lettre morte pour rendre une femme élégante et gracieuse, si la corsetière n'est pas intervenue, n'a pas moulé le corps dans une irréprochable armature de satin.

C'est, sans contredit, la tâche la plus délicate qui soit au monde ; car il faut dégager les lignes, allonger la taille, placer la poitrine, soutenir la colonne vertébrale ; tout cela sans causer la moindre gêne.

C'est le résultat de longues études, d'étapes nombreuses sur le chemin des coquetteries, non seulement permises, mais obligatoires, qui a amené le corset au degré de perfection qu'il a atteint.

Il n'est plus permis de dire que le corset est pernicieux ; c'est une rengaine des temps préhistoriques ; le corset est l'ami indispensable de l'enfant, de la jeune fille, de la femme, comme soutien des reins et de la colonne vertébrale ; c'est en outre une nécessité imposée par le costume moderne.

Si l'on objecte que l'homme n'en porte pas et ne s'en trouve pas plus mal, nous répondons par un rapide coup d'œil sur le costume de chaque sexe, et les choses se comprendront facilement.

L'homme porte un pantalon dont la forme ajustée lui soutient les reins sans comprimer la ceinture.

Toutes les pièces de son costume sont larges ; rien

ne pèse sur les hanches, la marche est facilitée par l'indépendance des jambes; de là, équilibre général.

La femme est vêtue d'ajustements devant dessiner la taille; un peu serrés, par conséquent, surtout à la ceinture, où viennent se suspendre tous les jupons, dont le poids est décuplé par l'air, par le vent, qui joue dans ces jupes comme dans les voiles d'un navire; ceci explique que la femme soit rarement *bonne marcheuse*. Elle a, en effet, un poids trop lourd à entraîner à chaque pas, poids tirant sur les reins au-delà de ce qu'on peut imaginer. Une femme revêtant, par un hasard quelconque, un costume d'homme, est stupéfaite de sa légèreté à la marche et ne se reconnaît plus.

Dans le costume de la femme, tout pèse donc à la ceinture et l'étreint; tout s'appuie sur les reins et sur la région abdominale que rien ne soutient lorsque le corset est absent.

Aussi la femme non corsetée ne peut-elle (à de très rares exceptions près) porter que des vêtements flottants, comme le costume antique, grec ou romain, alors que la femme se contentait d'une ceinture plus ou moins large soutenant la gorge.

Avec le costume moderne, il faut le corset, qui enferme le buste dans une gaîne légère, moulant les formes et soutenant le corps comme le font des mains protectrices pour le nouveau-né.

Ainsi les reins sont soutenus, la région abdominale est protégée, le corset s'appuyant sur les

hanches supporte tout le poids des jupes en l'atténuant.

Toutes les femmes ont remarqué que le tour de
ceinture, qui leur est trop large avec un corset, n'est
plus supportable sans corset, alors que la ceinture
seule est serrée.

En réalité, en même temps qu'un soutien, le corset
est une protection, comme une cuirasse qui isolerait
les organes délicats de la pression partielle des vêtements, en leur laissant un libre jeu. Mais pour que
le corset soit tout cela : ami, soutien, protection, il
faut qu'il soit admirablement fait, d'après une étude
scrupuleuse de chaque femme, étude qui devra porter
sur sa santé, sur sa structure, sur ses attitudes, sur
ses occupations.

Le corset de la mondaine oisive, dont l'unique
occupation consiste à mettre en lumière les dernières
créations de nos grandes couturières, n'est pas le
même que celui de la femme qui travaille, quelle
que soit son élégance. Qu'elle peigne, qu'elle écrive,
qu'elle brode, son corps aura des nécessités auxquelles le corset devra se plier.

Nos études sur les diverses coupes et façons du
corset nous ont amené à rendre justice aux efforts
consciencieux de madame Léoty.

Elle met une véritable science dans l'élaboration
de chacune des *œuvres* qu'elle signe, jouant avec les
difficultés, qu'elle sait vaincre grâce à une observation intelligente, à une rare patience, relevée par

Fig. 13. — Corset et jupon assortis.

27.

sa bonne grâce et son charme de fine Parisienne.

Elle sait adroitement dissimuler les légères déviations de la taille, bien placer la poitrine, faire valoir
les perfections et masquer les imperfections, en même
temps que donner les sages conseils que toute femme
ou jeune fille devrait suivre et que nous transcrivons, car il est l'expression exacte de notre
pensée.

Il est important de bien placer son corset et de le
lacer *en surjet* du haut en bas; ce qui prend mieux
et plus également la taille que de l'autre façon dite
« à la paresseuse » où le lacet mis en double est en-
trecroisé. On le tire ainsi pour se serrer d'un seul
coup; ce qui étrangle la ceinture et déforme très
vite le corset.

Mais l'essentiel pour être bien corsetée tout en
conservant l'aisance des mouvements et en ne souffrant pas, c'est de ne se serrer à aucun prix.

Moins une femme est serrée et plus elle paraît
mince, plus elle est gracieuse et souple. Trop
se serrer engendre diverses maladies, dont quelques-unes peuvent amener la mort; la maladie
de foie, entre autres, n'a souvent pas d'autre
cause.

La femme trop serrée a un vilain teint; elle
est rouge, congestionnée, et bientôt se couperose.

Une femme très grosse, qui se serre, paraît beaucoup plus grosse encore, puis, comme il y a suffoca-

tion et gêne dans tous les mouvements, elle perd la grâce qu'elle peut avoir encore, devient ridicule et *paquet*, sans rien gagner en échange de la souffrance très réelle qu'elle s'impose.

Ce qu'il faut donc, c'est de faire faire un corset très large, pour que l'intervalle du lacet soit fort étroit; cela invite moins à se serrer et la femme se trouve mieux soutenue (fig. 14).

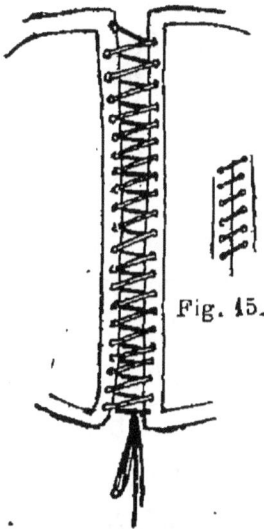

Fig. 15.

Se défier des corsetières qui vous sanglent en vous *posant* le corset pour la première fois, afin de vous donner l'illusion — vite envolée — que sa coupe vous amincit prodigieusement.

Trop facilement vous vous y prêtez, heureuse de vous voir plus svelte et plus gracile que jamais, vous faisant ainsi sa complice.

Fig. 14. — Laçage du corset.

Rendue à vous-même vous ne résistez pas longtemps, si vous êtes raisonnable, à ce supplice absurde, et vous vous desserrez.

Mais l'écart laissé par le corset, en le déplaçant, vous gêne sous les bras; vous avez le dos sans appui, vous êtes donc sollicitée par le désir de rapprocher les côtés qui se fuient, et vous êtes mal à l'aise.

Madame Léoty ne fera jamais une semblable maladresse. Elle préférera avoir à rétrécir le corset si vous mincissez, que de le faire trop étroit en prévision d'une malsaine coquetterie.

Si une jeune fille (et il y en a beaucoup), ne voulant rien entendre, veut absolument se serrer, faites-lui faire un corset dont les deux côtés se touchent dans le dos, ne permettant pas, par conséquent, de se serrer plus que vous ne le voulez (fig. 15), et veillez à ce qu'elle n'y fasse pas de pinces ; vous la défendrez ainsi contre elle-même.

La corsetière vous secondera en coupant le corset de telle sorte que l'entrecroisement ou le biais des coutures empêchera de faire des pinces droites ; nous avons vu chez madame Léoty un corset fait dans ces conditions, déjouant toutes les supercheries des jeunes filles affolées de coquetterie mal comprise.

Il faut toujours pouvoir glisser les deux mains dans son corset lorsqu'il est serré *au point voulu*. De la sorte on n'est jamais incommodée.

Nous avons vu une femme des plus élégantes rester, pendant une période de travail à outrance, vingt-deux heures corsetée et habillée, sans même s'en apercevoir.

C'est elle qui nous a fourni l'occasion d'étudier les corsets de madame Léoty, et qui nous a déclaré ne plus pouvoir désormais en porter d'autres.

**

Il y a un accident qui se produit quelquefois et qui peut amener de sérieux désordres, tout en ayant, en général, une cause très minime.

Un étranglément fortuit, sous le gousset de la gorge, cause parfois de graves souffrances, et même, si l'on s'entête à porter, sans retouches, le corset défectueux, amènera une sorte de luxation de la côte pouvant persister pendant plusieurs années.

C'est pour l'avoir observé de près que nous citons ce fait, et nous ajoutons que c'est une grave erreur de vouloir user un corset ayant ce défaut d'une manière *absolue*.

Cependant, il arrive souvent que, par erreur, une ouvrière étrangle un peu le bas du gousset, d'un côté ou de l'autre; c'est une correction facile à faire, par une retouche habile. Mais, si le défaut subsiste, il faut, sans hésiter, abandonner le corset. Une corsetière soucieuse de sa réputation le gardera à son compte; si l'on a affaire à une de ces nombreuses *industrielles* aussi peu intelligentes que scrupuleuses, qui n'ont pas plus souci de leur réputation que de la santé de leurs clients, on fera soi-même le sacrifice de l'objet, plutôt que de contracter un mal persistant et acquérant parfois une réelle gravité.

⁎
⁎

Le corset est de tous les âges. Nous en donnerons dans notre prochain livre, un, pour le nouveau-né, qu'il ne laisse qu'avec le maillot, et que l'on remplace alors par un petit corselet à épaulettes soutenant tous les vêtements et les bas, jusqu'au moment où le garçonnet prend le pantalon ajusté aux hanches, et la fillette le premier corset, large et commode, à peine baleiné, qui n'aura d'autre but que de servir de point d'appui aux diverses pièces du costume, et d'empêcher la compression de la ceinture par les jupes.

De sept à dix ans, on lui donnera le premier corset sérieux — avec baleines et busc fort souples — qui devra être l'œuvre d'une corsetière très consciencieuse.

On ne se soucie nullement alors de rendre la taille gracieuse — elle ne peut pas l'être — on n'a d'autre objectif que celui de donner un tuteur à un arbuste qui pourrait se tordre ou s'incliner sous l'effort du vent.

Ce corset devra avoir des bretelles afin de n'avoir pas à le serrer, les hanches n'existant pas pour le soutenir.

Si les omoplates sont saillantes, on fera le corset très haut derrière, et baleiné d'une certaine façon que nous avons remarquée chez madame Léoty, et dont l'effet est excellent.

L'enfant qui va en classe a besoin du corset pour éviter les déviations, pour soutenir le dos trop faible dans les longues stations debout ou assis sur les bancs trop souvent sans dossier, tant qu'on n'aura pas généralisé l'usage, dans nos écoles, des tables hygiéniques Féret.

Nous avons constaté que les femmes les mieux portantes et les mieux conservées comme taille sont celles qui ont été corsetées depuis l'âge de sept ou huit ans, et qui se sont toujours, et tous les jours, corsetées au saut du lit, gardant leur corset jusqu'à la minute même du coucher.

Si le corset est bien fait et n'est pas trop serré, il n'incommode pas du lever au coucher; *s'il incommode, c'est qu'il est trop serré* — la mère doit y veiller — ou mal fait : on doit le changer.

Dans ces conditions, la jeune fille accoutumée à ce vêtement ne peut plus s'en passer; la jeune femme en garde l'habitude et conserve plus d'élégance dans son intérieur; elle ne se déforme pas, ne *s'avachit* pas, pour employer un mot brutal mais très juste, la femme qui s'accoutume à vivre sans corset marchant fatalement à l'*avachissement*.

Le port intermittent du corset est une absurdité, un non-sens. Forcément on souffrira lorsqu'on le mettra, tous les organes ayant contracté l'habitude du laisser-aller et des vêtements flottants.

Si la dame est une coquette de la catégorie déjà étudiée de celles qui aiment avoir fine taille pendant quelques instants, au prix de souffrances intolérables, elle se sanglera pour essayer ses robes et pour s'ha-biller, subissant ainsi une véritable torture chaque fois qu'elle quittera son peignoir.

En principe, nous affirmons qu'il ne doit pas y avoir plus de deux ou trois centimètres d'écart entre les mesures du corsage de bal et celles de la robe d'intérieur; c'est la clef d'une bonne santé et d'une réelle aisance: c'est le moyen surtout d'offrir au mari l'aspect d'une femme aussi gracieuse et aussi soignée pour lui que pour les étrangers, ce qui ne peut arriver lorsque la femme reste sans corset chez elle.

Quelques maris imprévoyants ou imbus des préjugés courants, qui ne voient pas, dans la svelte et sculpturale créature d'aujourd'hui, l'être disgracieux et lourd que les années auront déformé, poussent leur jeune femme à ce coupable abandon qu'ils paieront cher plus tard tous les deux, elle par la froideur de son mari, lui par un spectacle attristant qu'il ne pourra éviter.

Il n'y a que la grossesse qui doive supprimer le corset pendant six mois dans un cas normal — cinq mois avant l'accouchement, un mois après.

L'allaitement se fait très bien avec le corset, et même beaucoup mieux que sans corset. Le nourrisson se trouve admirablement de la position que lui fait prendre une nourrice corsetée; sa digestion est meilleure, lorsqu'il tette un peu redressé, que dans la position absolument horizontale que lui donnent les nourrices sans corset.

Lorsque les seins sont très durs et un peu douloureux, on peut avoir un corset à goussets lacés ou boutonnés.

Mais lorsque le sein est bien portant et d'une fermeté normale, il s'accommode parfaitement de passer

Fig. 16. — Corset empire, devant et dos.

par-dessus le corset qui ne sera pas très haut.
Enfin, une femme qui garde son corset pour al-

laiter conservera la poitrine bien plus belle et plus ferme que celle qui laissera se distendre, sans soutien, ses seins gonflés de lait.

Voici un aperçu des différents corsets qui peuvent se faire, suivant le cas :

Corset de fatigue et de voyage, court, en coutil de couleur, pouvant se laver et se remettre facilement à neuf.

Corset de crin, sans baleines, pour personnes ne pouvant supporter les baleines.

Corset de satin noir (laine ou soie), pour la demi-toilette journalière, avec jupes diverses boutonnées sur le bas du corset.

Corsets de satin de diverses teintes claires, avec jupes pareilles, assortis aux toilettes et ornés de dentelles blanches et de nœuds de rubans, pour bals et soirées.

Corset empire.

Corset de cheval (coutil de couleur ou satin noir), avec hanches courtes de caoutchouc et goussets de poitrine montants et fermés.

Corset de bains de mer, sans acier, en gros tulle.

Corset d'été, en batiste ou en tulle.

Corset de grossesse (pour les quatre ou cinq premiers mois, au maximum), avec devant en caoutchouc, sans busc, et à pattes pour l'élargir à volonté.

Corset de nourrice, avec goussets ouverts, lacés ou boutonnés. Le même avec goussets non ouverts, mais larges et bas.

Corset de fillette, avec ou sans épaulettes (l'épaulette est indispensable jusqu'à l'âge où la jeune fille voit les hanches se dessiner).

Corset de fillette, à épaulettes, avec omoplates hautes et baleinées.

Enfin, toute la série des corsets orthopédiques.

LA JARRETIÈRE

Le corset a encore une autre mission que celles que nous avons essayé de développer ici. Il contribue à la suppression radicale de la jarretière, si malsaine et si incommode !

De quelque façon qu'on la porte, la jarretière est nuisible à la santé et à la beauté.

Au-dessous du genou, elle déforme hideusement la jambe ; c'est là pourtant qu'elle semblerait incommoder le moins.

Au-dessus du genou elle déforme un peu moins la jambe, mais elle incommode beaucoup, même en étant peu serrée.

Nous savons bien que la grande majorité des femmes ne se rend pas compte de cette incommodité et la nie, ignorant que certains malaises qu'elles éprouvent sont causés par leur jarretière. On ne comprend bien cela que lorsqu'on a renoncé à cette coutume nuisible, et qu'il faut la reprendre momentanément.

La jarretière entrave la circulation du sang ; de là des fourmillements dans les jambes, *des inquiétudes*,

des varices même, sans compter certains troubles difficiles à définir.

Nous condamnons donc radicalement la jarretière *à tout âge.*

On soutiendra ses bas par une jarretière fixée au corset.

Des femmes ont prétendu que cette coutume avait parfois eu des effets déplorables; ces jarretières, trop tendues, ayant fait dévier la jambe et infléchir le genou.

Naturellement, comme toute chose mal faite, elle fera mal si elle est mal placée et trop tendue, comme le corset trop serré donnera des maladies de foie où des maladies d'estomac! Le tout est de baser ses actes sur une sage observation et de ne pas laisser la routine empiéter sur les raisonnements.

Etudions cette jarretière : voyons comment il faut la faire et comment il faut la porter.

Elle se fixe au corset par une patte (fig. 17) placée au bas du ressort, sous le bras, un peu en arrière de la moitié du contour inférieur du corset, de façon à ce qu'elle tombe, non sur la face antérieure de la cuisse mais sur la face extérieure, sur le côté, afin de n'avoir pas trop à la tendre et à ce que le mouvement de la marche ne la fasse pas infléchir.

Cette patte, Mme Léoty la fait triangulaire, pour retenir fortement, à l'une de ses pointes, dix centimètres de bon caoutchouc de soie, terminée par une autre pointe d'étoffe percée de deux œillets en cuivre. Dans ces œillets on passe un double ruban flottant qui ira prendre la boucle fixée au bas et la nouer fortement.

Cette jarretière simple, solide, commode et peu coûteuse, laisse loin derrière elle toutes celles qui se

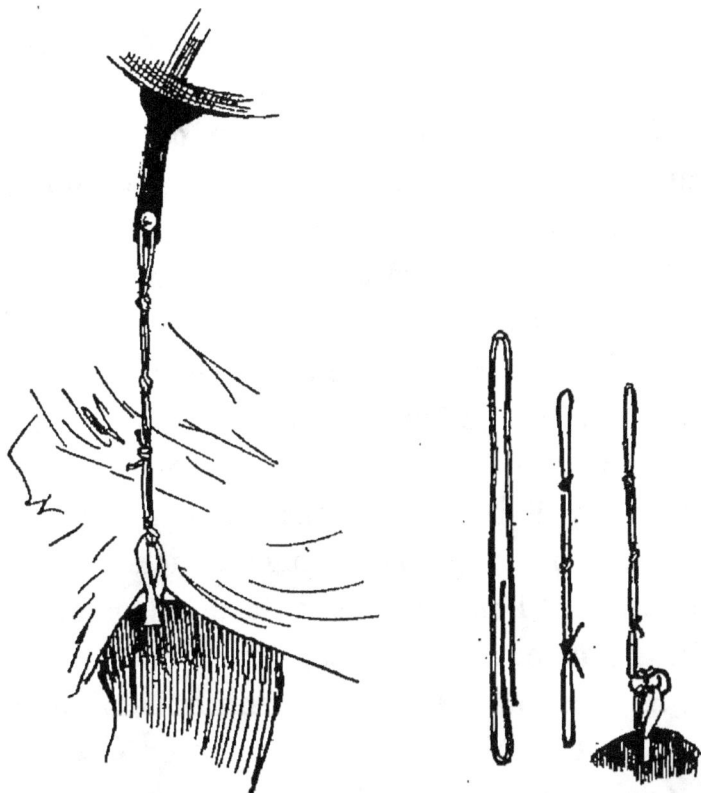

Fig. 17.— Jarretière indispensable et économique pour tous les âges.

vendent dans les magasins de tous les pays, systèmes compliqués de ceintures, de boucles, de coulants, qui spéculent sur la paresse ou l'indolence des dames.

Il faut, en effet, avec la jarretière que nous recommandons, se préoccuper de faire coudre, très solide-

28.

ment, deux boucles à chaque bas, et faire mettre, au corset, *bien en place*, la jarretière par la corsetière, puis il faut essayer le corset avec la jarretière et la nouer au bas pour bien se rendre compte de sa place, qui varie un peu suivant la structure de chaque femme.

*
* *

Voici maintenant, en se servant de la patte en étoffe et caoutchouc fixée au corset, un excellent système pour remplacer le ruban qui n'est pas toujours également tendu, et qui peut se dénouer si on n'a pas assez serré les boucles.

Ayez du large et solide lacet de corset en soie ; il en faut deux morceaux de soixante centimètres chacun environ. On le double inégalement, on fait un nœud sur la jonction des brins, par conséquent avec trois brins ; on coupe les brins qui dépassent, puis on fait encore deux nœuds à égale distance (fig. 117).

Cela produit quatre grandes boucles ou boutonnières, dont l'une, en bas, enlace à demeure la boucle du bas, et en haut se boutonne chaque matin sur un bouton cousu entre les deux œillets de la patte du corset.

Avec ce système, il n'y a pas à nouer les bas chaque jour, il n'y a qu'un simple boutonnage au corset, puisque celui du bas est préparé d'avance, soit que l'on remette le bas de la veille, soit que la femme de chambre l'ait préparé. Si l'on porte des jambières, elles seront munies des mêmes boucles que le bas et prises ensemble par la jarretière.

Une femme pratique aura donc des jarretières ainsi comprises, assorties soit au corset, soit aux bas. Elle aura en outre des jarretières rondes en caoutchouc de soie pour le va et vient de la toilette du matin et du soir; elle les ôtera en mettant son corset.

Si une fois elle les oublie, elle comprendra mieux le service que lui rendent les jarretières tenues au corset, par les fourmillements, l'énervement qu'elle éprouvera dans les jambes, et qui proviendront d'une gêne dans la circulation.

Les femmes enceintes pourront faire tenir les jarretières à une ceinture plate en étoffe, car, elles surtout, ne doivent jamais avoir de jarretières au-dessus ou au-dessous du genou, sous peine d'enflure des jambes et des pieds, ce qui n'est déjà que trop fréquent, sans provocation, dans cet état où la femme est si délicate.

LA CHAUSSURE

On doit la choisir suivant sa toilette, ses occupations et son âge.

La femme qui va toujours en voiture peut porter la bottine très fine, en chevreau glacé, le chevreau ou le vernis ajouré, le soulier dans toutes ses fantaisies, avec le bas de soie ou de fil d'Ecosse assorti à son jupon de soie, qui lui-même doit s'harmoniser avec la robe.

A la femme qui, bien que très élégante, va à pied par économie ou par hygiène, nous déconseillons *absolument* le soulier, qui ne soutient pas la cheville et qui est moins *comme il faut*, dehors, que la bottine haute et boutonnée.

Elle pourra, en été, par le beau temps, porter le chevreau glacé avec ou sans pointe de vernis ; par les temps humides ou pour les fortes marches, la bottine de chevreau mat, très souple et un peu épais, à semelle un peu forte, conviendra mieux.

Pour la pluie il faut avoir la chaussure en veau à double semelle, qui est une chaussure de fatigue, ou la bottine de chevreau mat à semelle de liège qui est chaude et fort élégante.

La bottine à boutons très rapprochés est, de beaucoup, la plus élégante et la plus commode. La bottine à lacet est fastidieuse à mettre et se dénoue souvent.

On trouve pourtant dans les grands magasins un petit système de broche emprisonnant le nœud du lacet, qui nous a paru fort ingénieux.

*
* *

Pour accompagner les robes *habillé* mais peu décolletées et à manches mi-longues qui conviennent pour les dîners et les réceptions intimes, le soulier Molière en chevreau glacé, mordoré ou noir, à jour et brodé de perles, est d'une grande coquetterie.

Si le pied est mince et long, comme cette forme de soulier l'allonge encore, il faut mettre un petit nœud de même ruban que celui d'en haut, à la base du cou-de-pied.

Le soulier Charles IX est bien plus gracieux et fait un plus joli pied, grâce à la barrette qui en coupe la longueur, il est également d'un porter plus confortable, cette barrette soutenant le cou-de-pied, et empêchant le pied de glisser au bout du soulier, ainsi que cela arrive avec le petit soulier découvert qui ne manque pas de grâce, mais qui met le pied à la torture, à moins que, grand comme une pantoufle, on ne le perde à chaque pas.

La question du talon, que nous avons réservée pour la fin, va nous faire honnir par les gens préférant les idées toutes faites qui courent dans l'air à celles qu'ils n'ont pas su se faire ; en un mot parce que nous aurons le courage, comme au chapitre de l'eau chaude, de dire sincèrement, hardiment et tout haut notre opinion — que beaucoup partagent sans l'avouer — en l'appuyant de raisonnements et d'observations. Il y a un certain nombre de clichés qui reviennent sans cesse sous la plume et sur les lèvres des gens qui ne creusent pas les questions.

Il est plus facile de dire : supprimez ceci et cela, que de chercher le défaut de chaque chose, de bien le mettre en lumière, et de prouver que les corsets et les talons, par exemple, ne sont nuisibles que lorsqu'ils sont défectueux.

Lorsque nous entendons recommander les talons plats, à un homme comme à une femme, mais à une femme surtout ayant moins de soixante-dix ans, nous attendons qu'on y ajoute l'ordre d'adopter comme coiffure les chapeaux de l'Armée du Salut.

Comment peut-on, sous un prétexte d'hygiène nullement prouvé, conseiller une chose aussi contraire à l'art qu'au bon goût et à l'élégance les plus élémentaires?

Ne vaut-il pas mieux chercher pourquoi les talons sont quelquefois pernicieux pour les femmes, ce qui leur a valu ainsi qu'au corset la réprobation de la Faculté, pour laquelle la beauté de la femme est quantité négligeable.

Il y a trois sortes de talons : 1° le talon Louis XV, le seul élégant et qui a le grand mérite d'être d'une extrême légèreté; 2° le talon de bois, très vulgaire et qui peut se détacher à l'improviste; 3° le talon de cuir, très lourd, beaucoup moins coquet et gracieux que le talon Louis XV, même lorsqu'on le fait évidé et d'une hauteur convenable.

Nous ne parlons pas du talon plat, pas plus que des bonnets à coques pour nonagénaires.

Un talon dépassant trois centimètres et demi de hauteur pour une femme grande est trop haut, parce que le pied n'est plus d'aplomb et va en avant dans le bout de la bottine. Une femme petite ne doit pas dépasser deux et demi à trois centimètres.

Cette hauteur de talon — si la bottine est bien faite — donne une démarche élastique et souple, en atténuant un peu le mouvement de la marche. C'est tellement vrai qu'une personne ainsi chaussée ne peut plus marcher sans talon ou avec des talons plats ; elle a bientôt des crampes et des douleurs dans les mollets ; nous l'avons observé à maintes reprises chez des hommes et chez des femmes.

La mesure se prend de A à B, fig. 18.

Le point essentiel c'est que *l'assiette* du talon soit *large*, qu'il épouse bien la forme de notre talon à nous, soin qu'un grand nombre de cordonniers né-

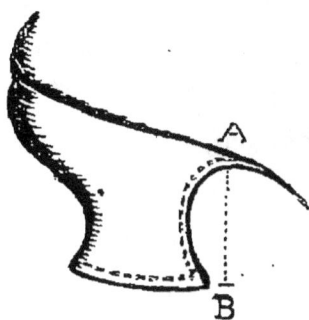

Fig. 18. — Talon Louis XV.

gligent ou ignorent même absolument, surtout dans le talon Louis XV. Nous avons vu des chaussures d'une fabrication soignée, tellement étroites du talon qu'on y entrait à peine. Le pied là-dessus, mal posé, oscillait, manquait d'aplomb, d'autant plus que le talon, très évidé et très haut, (5 cent.), semblait une échasse en miniature.

. C'est un tel talon qui fait mal à la femme et qui cause des foulures et des entorses continuelles.

Mais quand le pied est bien établi sur une base suffisamment large, qu'il est bien pris et serré au cou-de-pied et à la cheville, large encore au bout pour laisser les doigts très à l'aise, on peut être tranquille, on ne sera sujet ni aux foulures ni aux chutes. On marchera avec aisance et sécurité. On ne souffrira pas du ventre et des reins, souffrance qui peut provenir de deux causes le besoin d'une ceinture, ou la manie, trop répandue, de se chausser à l'étroit, ce qui donne une démarche de Chinoise.

Une femme élégante et intelligente, jouissant d'une santé seulement moyenne, doit pouvoir rester chaussée et corsetée pendant douze ou quatorze heures sans souffrir, si elle a le corps et le pied à l'aise dans le corset et la chaussure.

C'est un point de vue malsain et faux qui fait croire à la femme que c'est joli d'avoir la ceinture trop fine et le pied trop étroit; il faut les avoir proportionnés à sa taille, et surtout les avoir à l'aise.

La ceinture doit être en rapport avec la poitrine; trop fine elle fait jaillir la gorge d'une façon exagérée et disgracieuse, et fait trop souvent aussi ressortir le ventre en dépit de l'esthétique. Que la femme coquette retienne bien ceci : elle ne doit pas être plus serrée lorsqu'elle s'habille que lorsqu'elle est chez elle, et ses chaussures doivent être assez larges pour que, trop fanées pour être portées au dehors, elles puissent être portées à la maison en guise de pantoufles.

Car c'est encore une opinion à nous qui va choquer la foule, mais que nous appuyons sur une observation personnelle et sérieuse : on ne doit jamais porter de pantoufles.... jamais!... encore moins des chaussons. A peine, la nuit, pour le saut du lit, peut-on avoir des mules sans talon ou des babouches turques, mais on les garde juste pendant cinq minutes. Aussitôt levée, la femme qui veut rester jeune d'allures — tout en se portant admirablement — doit se chausser de la bottine qui ne sert plus pour sortir, et que la marche a rendue souple et large, puisque les chevreaux s'élargissent toujours au porter.

Elle est ainsi plus énergique, moins alanguie qu'avec une pantoufle qui invite à la paresse, et qui, surtout, laisse le pied grossir et se déformer.

Si vous suivez notre recommandation relative à la forme et à la hauteur du talon, il ne fatiguera pas plus à la maison qu'au dehors; vos chevilles, soutenues, ne grossiront pas, votre pied se maintiendra toujours pareil.

*
* *

Surtout n'achetez pas de chaussures toutes faites à bon marché! La femme qui, tentée par une fausse économie, s'approvisionne au hasard dans telle ou telle boutique de chaussures toutes faites, n'est jamais bien chaussée; elle se fatigue le pied et ne fait aucune économie, car elle use beaucoup plus de bas à cause du frottement de ces objets mal ajustés et qui, bien que trop larges, serrent où il ne faut pas, blessent le pied, causent des boursouflures au talon par des contreforts mal faits ou des clous qui percent en dedans, etc., etc.

*
* *

On doit avoir, chez son cordonnier, sa forme à soi, de façon à n'avoir qu'à commander ses chaussures d'un mot.

Dans cette chaussure on doit être à l'aise *dès le premier jour*, et pouvoir la garder plusieurs heures sans souffrances, si on soigne bien ses pieds.

*⁎
⁎ ⁎*

Certains pieds très cambrés — et ce sont les plus élégants — doivent toujours être chaussés, aussi bien pour la bottine que pour le soulier, sur *forme cassée*, c'est-à-dire très cambrée. C'est la vraie forme pour le talon Louis XV.

Bien des personnes sont très difficiles à chausser, ayant les pieds qui se gonflent à diverses heures du jour. Elles doivent s'étudier et s'observer pour guider le cordonnier.

Il faut surtout avoir à la fois un certain nombre de paires de chaussures, au moins six ou sept paires, à part les souliers de bal et de bains de mer :

Bottines chevreau mat, à liège pour la pluie.

Bottines cuir ciré à large et double semelle pour la campagne, la montagne et la grève.

Bottines chevreau glacé noires.

Bottines chevreau mat, semelles minces.

Bottines vernies (plus chaudes pour l'hiver que le chevreau glacé).

Souliers vernis ou chevreau pour demi-toilette.

Souliers chevreau noir ou mordoré, ajouré et perlé pour grande toilette.

Souliers de satin assortis à chaque robe de bal.

*
* *

C'est un luxe économique et dont l'établissement seul est coûteux. D'abord cuirs et peaux deviennent meilleurs, puis vous ne risquez pas de gâter une paire de fines chaussures neuves par un mauvais temps, faute de la bottine à liège ou à double semelle faite pour cet usage ; vous ne mettrez pas vos souliers brodés dans une occasion où des souliers très simples seraient suffisants, et ainsi chaque qualité de chaussures n'étant employée qu'à son tour, s'use beaucoup moins.

Vous n'avez plus alors qu'à entretenir ce fond, ce qui est moins dispendieux que le système de n'avoir qu'une ou deux paires de chaussures portées à tort et à travers.

*
* *

Il convient de ne pas porter tous les jours les mêmes chaussures qui se déforment plus vite et qui fatiguent le pied. Il ne faut pas garder à la maison la chaussure portée au dehors. On les remet, dès qu'on les quitte, sur des formes *ad hoc*, appelées embauchoirs. Si peu que les chaussures vous gênent, ne les portez pas, si vous tenez à ne pas avoir de cors ou plutôt à n'en pas augmenter le nombre.

Que les mamans n'oublient pas qu'elles ont la responsabilité des pieds de leurs bébés ; un enfant ne
doit presque jamais user ses chaussures, surtout
celles réservées pour *s'habiller*, son pied grandit
trop vite. Une économie malheureuse des parents
cause trop souvent de grandes souffrances aux pauvres petits, et leur occasionne des cors dont il est bien
difficile de se débarrasser.

Il vaut mieux moins d'élégance et renouveler plus
souvent les chaussures, en faisant bénéficier les
malheureux de celles que l'on abandonne en bon
état.

Il ne faut pourtant pas les acheter trop grandes, car
le frottement produit aussi les cors et les durillons,
mais les acheter bien ajustées du cou-de-pied, larges
du bout et très souples.

*
* *

Les bottines vernies et celles en chevreau glacé
s'essuient seulement aussi longtemps qu'on le peut ;
la boue en petite quantité part très bien ainsi.

Plus tard on les lave, en ménageant la piqûre
blanche, avec un petit tampon humecté de lait, puis
on les essuie et on les frotte avec de la laine jusqu'à
ce qu'elles soient bien brillantes.

Le chevreau mat ne se cire jamais ; il s'entretient
avec du *noir-chevreau* employé comme le lait, sauf
qu'on ne fait pas briller.

La chaussure mordorée ne peut que s'essuyer ;

lorsqu'elle a été à l'humidité il faut la chauffer fortement à la main ; la chaleur lui rend la couleur ; lorsqu'on commence à y mettre du vernis doré elle est perdue, ce vernis brûle et durcit la peau qui se fendille et devient très laide.

Le veau se cire et si l'on peut se procurer du cirage lyonnais de Jacquard (qui se fait annoncer partout sans donner son adresse), on obtient un lustre admirable tout en entretenant le cuir en très bon état.

Ne jamais les mettre trop près du feu pour sécher, mais les remplir d'avoine ; cela évite la déformation.

*
* *

Nota. — Le cuir mouillé se brûle avec une très grande facilité. Les bouillottes de voiture trop chaudes, même chauffées avec de l'eau, brûlent les chaussures si elles sont mouillées.

Les semelles doivent être tenues d'une absolue propreté. Lorsqu'elles ont été tout à fait salies par la boue, il faut les cirer comme le font les Saint-Cyriens.

Si la grève, comme la montagne, exige une chaussure à forte semelle débordante pour éviter la blessure du caillou et du galet, la plage ne demande que le soulier jaune qui peut être fort coquet.

Pour monter à cheval il y a la botte ou la bottine lacée (les boutons blesseraient le pied droit) montant très haut sur un maillot.

La botte est disgracieuse, malgré son chic, basé surtout sur son prix. Ce tout petit pied au bas d'une cheville énorme n'a rien d'artistique, oh non ! et à ce titre nous ne la conseillons pas.

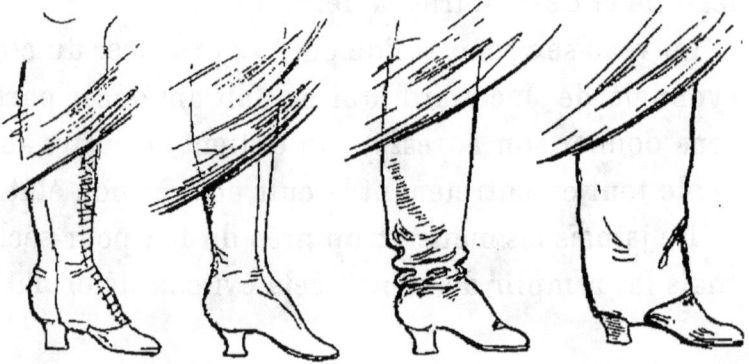

Fig. 19. — Quatre bas de jambes d'amazone.

Nous nous plaçons au même point de vue pour bannir le pantalon en drap, large du bas.

Il nous reste le susdit maillot de même couleur que l'amazone, enfermé dans une bottine lacée montant jusqu'au mollet, et prenant bien la cheville.

Il y aurait bien encore une guêtre lacée qui tomberait sur une bottine lacée ordinaire, qui aurait, selon nous, beaucoup de cachet et qui serait bien chaude pour l'hiver.

La bottine d'équitation ne devra pas être trop fine, ce serait un non-sens, puisque le costume d'amazone par sa coiffure, sa coupe, son tissu, a quelque chose de masculin.

L'ART DE S'HABILLER

Conseils généraux. — Ce chapitre ne peut concerner que la femme riche qui peut ne rien se refuser, car il est évident que celle dont le budget est très modeste ne peut suivre ces avis que de très loin.

Autant que possible chaque toilette devra être assortie depuis le corset jusqu'à l'ombrelle.

Cela ne veut pas dire de même couleur, mais dans une gamme harmonieuse, comme une fleur qui, rouge lorsqu'elle est en bouton, laisse voir en s'épanouissant des tons successifs allant du plus foncé au plus pâle.

Lorsque la femme de chambre demande quelle robe Madame mettra, elle saura, en même temps, tout ce qui doit accompagner cette robe.

Les bas (soie ou fil d'Ecosse), le ruban de la chemise et du pantalon, la jarretière doivent être de la couleur du corset.

La jupe aussi, si l'on a un assez grand nombre de corsets pour cela.

Nous dirons pour le corset ce que nous avons dit pour les chaussures. Avoir des corsets pour chaque toilette et chaque occasion n'est qu'une dépense première à faire, car ensuite on n'a qu'à entretenir cet assortiment un à un, le corset ne changeant guère de mode.

Le cache-corset est peu porté par la grande élégante ; il grossit un peu et cache un corset très coquet qu'il protège beaucoup moins qu'on ne pense.

C'est une illusion qu'il faut réléguer avec celle des housses de meubles pour l'usage journalier.

La chaussure s'assortit de certaine façon à la robe. Parfois même, en été surtout, et avec les tissus de fantaisie, on fait bottines et souliers avec l'étoffe de la robe.

Certaines étoffes encore sont fort bien pour faire l'ombrelle pareille.

La manche demi-longue veut un gant assez long, se plissant sur la longueur du bras et entrant dans la manche.

Avec le bas de manche très collant on peut porter le gant hauteur six boutons, ou le gant long cachant le bas de la manche.

Pour le bal, le gant doit venir, à plat, jusqu'à l'épaule. En le laissant se froncer un peu il descend jusqu'à la moitié du bras, ce qui en laisse assez voir pour le juger ; s'il est rouge il se trouve, ainsi, presque caché ; s'il est blanc, on le devine suffisamment.

*
* *

Le corset du matin peut être en coutil ou en satin de laine. Celui du soir est en satin de soie ou en étoffe brochée à fleurs.

La femme vraiment élégante et soucieuse de sa santé doit porter constamment un pantalon. En dehors de la question de décence qui regarde chaque personne, et qui impose le pantalon pour l'enfant et la jeune fille, il est un point indiscutable :

La femme doit éviter que l'air et la poussière arrivent jusqu'aux régions intimes de sa personne où l'un et l'autre peuvent causer de graves désordres.

Nous avons vu des femmes ayant pris froid de cette façon, atteintes de péritonites et d'hémorragies compromettant leur existence.

Le peignoir du matin doit être flottant, très fanfreluché, très frais. Il peut n'être pas fermé, avec des devants se croisant très largement, et doublés de peluche ou satin qui retomberont l'un sur l'autre, en se drapant au goût de celle qui les porte.

C'est le peignoir de la femme oisive, qui a *des dessous* très beaux et qui ne les économise pas.

La robe d'intérieur, pour l'après-midi, sera moins ajustée que la robe de sortie, et sera à traîne.

La longueur de cette traîne sera proportionnée au salon où on la porte ; pas d'exagérations, elles seraient de mauvais goût.

Les bas seront en soie pour le bal et les toilettes de dîner, en fil d'Ecosse pour le reste du temps.

Le bas de coton est vulgaire, cependant on peut le porter avec le négligé de travail, ou encore, en hiver, sous les jambières de laine. Aux bas de soie on met les boucles de ruban assorti à la couleur du bas ; au bas de fil d'Ecosse on peut se contenter de ruban de fil, qui est plus solide.

Le bas de laine est bien gros dans la bottine, même lorsqu'il est très fin. On peut très bien le remplacer par le bas de fil et les jambières de laine arrivant à la cheville, car il est certain que la jambe, ayant très chaud, maintient le pied chaud également.

Ces jambières peuvent être très coquettes, de couleur assortie au reste, et tricotées avec des dessins épais en laine ou en soie d'Alger. La jambe, ainsi, paraît plus belle et le pied n'est pas grossi par le bas.

Lorsqu'on a les bronches sensibles, ces jambières sont d'un grand secours.

Les personnes très frileuses et souffrant de douleurs se trouveront très bien de jambières tricotées avec du poil de lapin angora. Cela ressemble à de la fourrure, dès que c'est un peu porté, et c'est aussi chaud.

Comment s'habille l'amazone. — La chemise doit être très fine et très ajustée, mais comme fort souvent elle se roule et blesse, il est préférable de porter une chemisette fine ne dépassant pas les hanches.

Plutôt que le pantalon mi-partie drap et satin, le maillot de soie ou de fil d'Ecosse est préférable ; le pli n'y est pas à redouter.

Ce maillot se perdra dans une bottine ou une guêtre lacée montant jusqu'au mollet ou jusqu'au genou et qui remplacera avantageusement l'affreux pantalon large, et la botte disgracieuse et qui n'a de vogue que parce qu'elle est hors de prix.

Le corset aura les empiècements des hanches en caoutchouc et ne sera pas serré, pour laisser le libre jeu de la respiration. La jupe, très collante aux hanches, ne doit pas remonter à la ceinture, mais doit mouler le corps. Le corsage, très ajusté sans être serré, aura la petite basque, derrière, fixée à la jupe par un bouton, pour ne pas se relever ni sauter.

Plus ce corsage est simple plus il a de cachet. Il doit être fortement matelassé à la poitrine pour la protéger, et ne doit surtout pas être trop long d'épaule.

Les gants pourront être sans manchettes et entrer dans la manche, ou à manchette évasée couvrant le bas de la manche.

Nous proscrivons en ville, comme de mauvais goût, tous les chapeaux de fantaisie; à peine sont-ils tolérables à la campagne.

Le chapeau de soie de haute forme est le seul convenable, avec ou sans voilette.

Nous donnons page 44 les détails complémentaires relatifs à l'amazone.

Comment on s'habille pour conduire. — La femme qui conduit doit toujours, au moins à Paris, s'habiller avec une simplicité sévère et en costume tailleur, sans affectations masculines cependant.

Il serait du plus mauvais goût de porter, pour conduire, une robe de fantaisie, d'être en taille et d'avoir un chapeau à fleurs, à moins d'être à la campagne et de n'avoir aucune prétention au chic.

Mais déjà dans les villes d'eaux qui permettent plus de laisser-aller il faut, au moins, avoir la ja-

quette de drap de coupe élégante, le chapeau de
feutre en hiver, et en été le chapeau de paille ferme,
de petite dimension, et garni seulement de rubans ou
de plumes.

Comment on s'habille pour la bicyclette. — Pantalon très court, blouse à ceinture, assez semblable
au costume de bain élégant en sergé, jersey et flanelle, de la couleur qu'on veut, bleu-marine de préférence. Les bas sont à côtes ou en jersey et le soulier
se porte jaune ou noir. Cet exercice est un de ceux
que nous réprouvons au point de vue de l'élégance
et du bon goût.

L'homme est déjà très disgracieux dans cet exercice, la femme y est, à notre avis, absolument dépla-
cée. La femme vraiment élégante n'ira jamais en
bicyclette. Nous faisons faiblement une exception
pour le tandem.

L'ÉVENTAIL

L'éventail est la partie la plus artistique de la toilette d'une femme ; c'est lui qui donne une idée de
son goût si elle a une fortune lui permettant d'a-
cheter ce qui lui plaît.

Un éventail peint par un véritable *artiste* (ce n'est
pas synonyme de *signé d'un nom connu*) est une
œuvre d'art qui peut avoir une valeur énorme si la
monture le rehausse et l'encadre harmonieusement.

Si l'on ne peut mettre un très grand prix à un
éventail on le choisira cependant de couleur et de

style appropriés à la toilette. L'éventail de soirée sera plus discret que celui qu'on porte au théâtre — il sera aussi d'un plus grand prix, cela s'entend, puisqu'on est vu de moins près dans une salle de spectacle que dans un salon. Les fines dentelles, l'ivoire ajouré, les délicates figurines du siècle dernier, noyées dans des paysages bleuâtres à la Watteau, sont éclipsés, sur le rebord d'une loge, par la plume aux couleurs franches, noire, blanche, rouge, que l'or rehausse.

*
* *

Le seul éventail possible, en papier, nous vient du Japon ; son tort est d'être répandu à profusion, vendu à des prix invraisemblables de bon marché et par conséquent d'usage trop commun. Mais n'en est-il pas de même pour les fleurs dont on ne se lasse jamais ; au demeurant, pour peu qu'on ait le sens artistique développé, on préférera toujours et quelle que soit la circonstance, et non par raison d'économie, l'impeccable formule japonaise à l'insupportable et trop générale niaiserie occidentale actuelle.

Une exception est à faire en faveur d'une innovation due à un artiste parisien bien connu — qui a imaginé d'appliquer le pastel à l'éventail. — Grâce à un fixatif spécial d'invention récente, les couleurs ne perdent rien de leur éclat et de leur fraîcheur, et c'est d'un goût exquis, d'une élégance parfaite.

Un autre genre d'éventail est celui qui participe

de l'invention Régamey-Jolly, peinture avec couleurs spéciales sur soie teinte à sec en dégradé.

Ces éventails pourront se faire assortis à la toilette, mais nous croyons qu'il sera possible d'en obtenir isolément.

Ils n'ont pas l'inconvénient des peintures à l'aquarelle ou à la gouache, qui s'écaillent et s'abîment sur les plis. Cette peinture pénètre dans l'étoffe par une sorte de cuisson, devient indélébile, et peut supporter les nettoyages comme une étoffe unie.

CHAPITRE XXIX

L'art de faire soi-même ses robes.

Le cabinet de toilette pourra servir au besoin d'atelier de couture; avec des glaces bien disposées, les essayages seront commodes. Pourtant, si on peut disposer d'une pièce voisine pour cet attirail, ce sera de beaucoup préférable.

Atelier de couture. — Il faudra avoir une table assez grande pour couper et préparer, et une petite table à ouvrage à nombreuses divisions pour les fils et les diverses fournitures de mercerie, plus une planche à doubler.

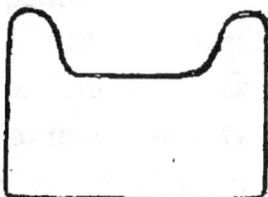

Fig. 20. — Planche à doubler.

Les tables dites « tables à ouvrage » sont très incommodes.

Mais en voici une qui nous semble vraiment pratique : C'est le guéridon tournant « l'Indispensable ».

C'est un double guéridon dont les plateaux tournent

sur le pied formant pivot. Ces plateaux, qui ont un rebord de deux cent., sont à cinq ou six pans coupés ; ayant chacun un tiroir pour les fournitures de mercerie, les rubans, les dentelles (fig. 23).

Voici encore la boîte à mercerie japonaise: deux petits tiroirs, puis une tige supportant une pelote (fig. 21). La boîte à mercerie chinoise est plus compliquée ; elle sert aussi pour la toilette ; c'est une triple boîte à tiroirs réunis par des charnières, et se fermant face à face (fig. 22).

Le mannequin. — Une des plus importantes pièces de l'atelier est le mannequin, non le ridicule mannequin d'osier qui ne peut servir qu'à faire manquer la robe que l'on drape dessus, mais un mannequin qui moule exactement le buste et les hanches de la personne que l'on veut habiller.

Il y a trois sortes de mannequins :

1° Le mannequin Protée, une merveille qui peut servir à toutes les tailles s'élargissant et se rétrécissant de poitrine, de ceinture, de hanches, d'une façon vraiment merveilleuse ; un bras s'y ajuste et peut se placer à droite ou à gauche ; ou peut le tenir sur les genoux pour garnir la manche.

Ce mannequin, tout en lamelles d'acier, est vraiment ce qu'on a fait de plus parfait jusqu'à ce jour.

2° Le mannequin Sosie, qui est une exacte copie de votre buste, mais qui ne sert qu'à une personne seule.

3° Enfin le mannequin Banal et approximatif, qui

Fig. 21. — Boîte à mercerie japonaise.　　Fig. 22. — Boîte à ouvrage chinoise.

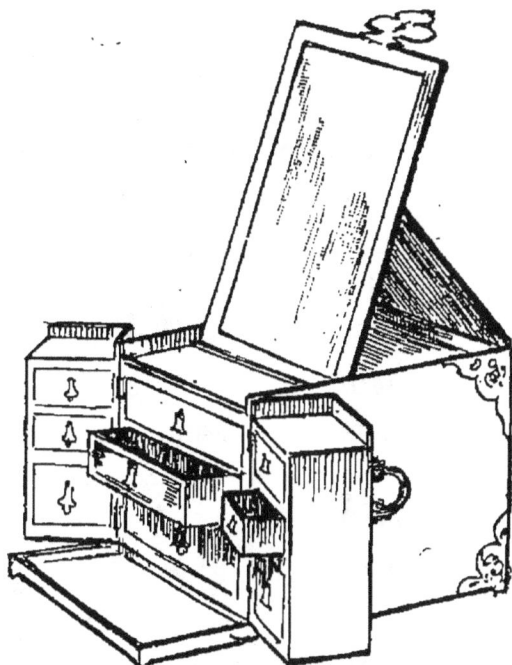

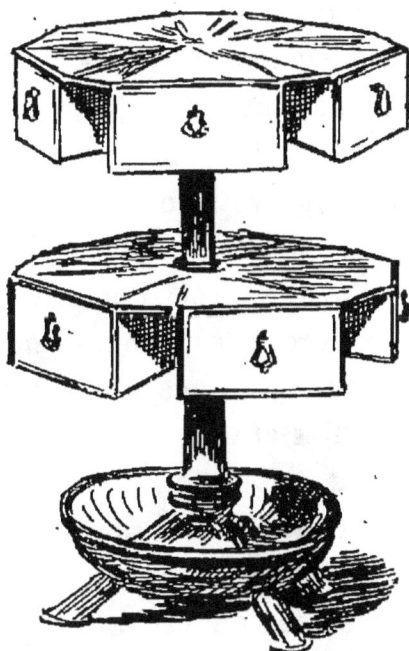

Fig. 23. — Guéridon tournant « l'Indispensable. »

ne peut pas servir à essayer un corsage dans ses moindres détails, à moins d'un réel talent pour le *mannequiner*. Ce qui est un art.

Comme ce n'est pas votre couturière qui vous renseignera à ce sujet, nous allons le faire.

Ecrivez à un fabricant de mannequins en lui donnant vos mesures de poitrine, de ceinture et des hanches ; demandez le mannequin de dix centim. moins gros que vous, si vous avez une tendance à maigrir, de quatre centim. de moins, si votre embonpoint est fixe.

Adressez-vous ensuite à une bonne couturière et faites-vous tailler et essayer — *par-dessus jupon et fond de jupe*, s'il y a lieu — une toile solide qui sera bien cousue à la machine, après un dernier essayage, où on l'aura trouvée irréprochable.

Etendez avec patience de très minces couches de ouate sur le mannequin — surtout pas de bourrelets ni de paquets — que votre ouate soit en petits morceaux pour bien épouser la forme ; ôtez-en soigneusement la feuille d'apprêt. Remplissez enfin votre toile, et soignez autant les hanches que la poitrine ; c'est essentiel pour la tombée des jupes ; soignez aussi la chute des épaules et les tours de bras.

Il serait bon d'y faire un bras, à la mesure du vôtre, et que la jonction au buste soit bien mesurée ; cela vous aiderait beaucoup.

Trop généralement on croit qu'une robe va bien lorsqu'elle ne fait aucun pli à la taille, tandis qu'elle est trop large de dos, trop longue de poitrine, et fait ce pli affreux à l'emmanchure que l'on appelle *le coup de sabre*.

Tout cela peut être évité en étudiant avec soin la cause de chaque défaut, ce qu'une femme intelligente fera mieux parfois à l'aide de son mannequin qu'une couturière pressée ou dépourvue d'amour-propre, qui ne regarde que le travail vite fait et la somme à recevoir.

D'ailleurs ce mannequin, s'il vous sert pour quelques arrangements, pour faire vos robes de chambre et vos matinées, servira aussi à votre couturière, chez qui vous l'enverrez après le premier essayage. Cela vous épargnera le deuxième, le troisième essayage et la couturière, ayant son modèle sous la main, sera encouragée à apporter plus de soin à votre robe, qui ira mieux et sera plus complètement finie.

Tout naturellement le résultat que nous obtiendrons ainsi sera au-dessous du résultat que vous donneront le mannequin Protée ou le Sosie où l'on arrive à la perfection même, mais cela peut être suffisant.

La machine à coudre. — Ce qui est au moins aussi important que le mannequin pour faire les robes, ce qui l'est bien davantage pour la lingerie, c'est la machine à coudre.

Nous ne conseillons pas la machine à main ; il est difficile de bien guider son travail avec une seule main ; il faut la machine à pied, celle qu'emploient les couturières.

Mais il la faut très douce, pour éviter la fatigue, très simple, pour ne pas décourager les couturières improvisées, par les complications des machines d'autrefois ; enfin il faut qu'elle ne se dérange jamais.

Ces rares qualités nous ont paru, après un sérieux essai, réunies dans la New Home de laquelle on peut presque dire qu'elle travaille toute seule, tant elle est maniable et facile à comprendre. Plus de pose d'aiguilles demandant une expérience consommée : on ne peut pas placer mal cette aiguille automatique tant sa place et sa position sont bien définies. Plus d'interminables enfilages de navettes, dont la personne qui travaille par intermittences oublie les combinaisons et où elle finit par perdre son latin. Cette machine, en un mot, est le triomphe de la simplicité, ce qui est le plus grand éloge qu'on puisse lui faire, en ajoutant qu'elle coud admirablement, et qu'on se dispute le plaisir de la faire marcher.

**

Avis. — Il est bien entendu que dans les explications de choses à faire, nous ne nous occupons pas de l'élégance de notre style, sinon de la clarté de nos explications. Nous ne comptons donc pas les répétitions de mots indispensables dans les démonstrations ; nous emploierons les mots vulgaires, usités pour chaque travail, surtout dans la couture, sans nous occuper du dictionnaire, voulant, avant tout, nous faire bien comprendre.

Nous expliquerons ici quelques termes du jargon des couturières :

Bâtir, faufiler. — Coudre à très grands points longs de 1 à 7 centimètres.

Bouffer. — Gonflement d'une étoffe.

Échancrer. — Recouper, agrandir une encolure ou une emmanchure.

Emboire. — Froncer imperceptiblement une étoffe sur une autre.

Soutenir. — Emboire très, très peu.

Emmanchures. — Tour des manches.

Fond de jupe. — Jupe de dessous, généralement en étoffe différente, plus étroite que la jupe de dessus, qu'elle est chargée de soutenir.

Glacer. — Passer des fils devant appliquer soit de la ouate, soit deux étoffes l'une sur l'autre et dont les points ne doivent se voir ni à l'endroit ni à l'envers.

Juponner. — Soutenir la jupe par des jupons suffisamment amples et bouffants.

Lé. — Morceau d'étoffe dans toute sa largeur, formant une hauteur de jupe.

Point de mode. — Point d'ourlet fait à l'endroit et glissé en dessous de façon à être invisible.

Surfiler. — Point de surjet fait au rebours et sans tirer le fil, de façon à empêcher les contours de s'effilocher.

Poches. — Place vide laissée par un surcroît d'étoffe.

L'ART DE FAIRE SOI-MÊME SES TOILETTES

Tout d'abord, lorsqu'on veut faire ses toilettes soi-même, on doit s'abonner à un bon journal de modes.

Nous en avons étudié plusieurs parmi les meilleurs, cherchant les qualités requises pour nous seconder dans notre tâche, et nous nous sommes arrêté à un journal qui, sous deux formes et sous deux titres, nous a paru former un ensemble complet, tout en pouvant suffire l'un ou l'autre isolément, c'est le *Salon de la Mode* et la *Mode du Style*.

Très bien rédigés dans un excellent esprit, c'est une fête des yeux chaque fois qu'ils arrivent, car leurs aquarelles et leurs dessins sont charmants.

Ils ont l'avantage inappréciable d'être toujours exécutables (qualité qui n'est pas commune).

Ce qui facilite l'exécution, c'est que le dessinateur fait toujours voir, partiellement ou en entier, une toilette de devant et de dos. Les explications sont très claires, les patrons nombreux et bons, la complaisance des correspondants inépuisable.

Nous ne citons que pour mémoire les innombrables dessins de broderie, crochet, tricot, qui font le bonheur des dames, occupant leurs loisirs aux « petits ouvrages », de même que les recettes et conseils de tous genres qui plaisent tant à la ménagère, et qui nous intéressent moins, puisque nous ne nous occupons ici que de la toilette.

Une institution de ce journal qui nous a paru

des plus ingénieuses, est la création, dans ses bureaux, d'un cours de coupe, destiné à rendre de très grands services aux dames et aux jeunes filles. Nous y avons assisté pour nous rendre compte des préceptes que l'on y puise, nous avons causé avec la directrice, et nous les recommandons chaudement.

Mais en province on n'a pas cette ressource ; c'est pour cela que nous allons entrer dans des détails méticuleux et aussi clairs que possible pour démontrer la façon de faire une robe.

*
* *

Nous venons de parler de l'arrangement d'un atelier de couture modèle ou plutôt idéal, par ses dimensions et son ameublement ; quand nous aurons rempli de fils assortis les tiroirs de la table tournante, nous serons prêtes à commencer.

La première question est celle des patrons. Vous écrivez à la *Mode du Style* (même sans y être abonnée), en lui envoyant le montant du prix des patrons, qui sont, pour les journaux que nous avons indiqués, les suivants :

Prix des patrons découpés de taille moyenne. — Corsages, confections, doubles jupes, lingerie pour dames et enfants ; chaque patron monté, en papier : 1 fr. 50 et 2 francs.

Robes princesse simples, jupes unies, robes de chambre et pelisses, etc., pour dames et jeunes filles au-dessus de 12 ans ; chaque patron monté, en papier : 2 et 3 francs.

Costumes complets pour fillettes et garçonnets au-dessous de 12 ans ; chaque costume monté, en papier : 2 francs.

Robes princesse et jupes garnies, montées en papier ; chaque patron : 3 et 4 francs.

Toilettes entières de cérémonie, bals, dîners, mariages, etc., montées et ornées, en papier ; chaque toilette : 8 et 10 francs.

On ajoute un franc de plus par patron sur mesure.

Comme on a des bons de poste depuis un franc, nous conseillons de ne jamais envoyer de timbres-poste, qui sont toujours refusés au-dessus d'un envoi de deux francs.

Voici, pour avoir un patron sur mesure, les mesures à envoyer en centimètres :

Hauteur de la taille devant, à partir du cou, hauteur du dos, hauteur du dessous de bras, tour de taille, épaisseur du buste en passant sous les bras, à l'endroit le plus saillant de la poitrine, longueur de la manche à la couture extérieure, tour du cou, longueur du devant de la jupe de la ceinture aux pieds.

Ce sont ces mêmes mesures que vous devrez envoyer pour commander un mannequin Sosie.

Lorsque ce patron arrive, coupez-le en doublure, en indiquant bien la largeur des coutures. Si vous vous disposez à faire une robe ordinaire, cette doublure vous servira pour votre corsage. Si c'est une toilette de prix, coupez les patrons en lustrine très commune ; cela vous servira de patron définitif.

Si bien fait que soit un patron coupé sur mesure, il faut l'ajuster, car chaque taille a ses attitudes
particulières qui engendrent des plis ou des poches,
et qu'il faut rectifier à l'essayage.

Comme nous ne voulons pas créer de difficultés au
début, nous supposons que vous avez quelqu'un sachant essayer et corriger votre corsage.

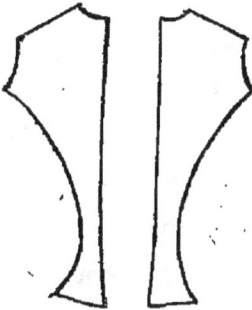

Fig. 24. — Dos.   Fig. 25. — Devant bâti.

Lorsque le patron est bien ajusté, vous coupez la
doublure de votre robe en premier, en laissant vos
coutures de largeur bien égale partout, et en les indiquant par un pli tracé à l'ongle *sur la table*.

(En effet, si vous le traciez en l'air, vous disten-
driez l'étoffe.)

Il y a avantage à couper la doublure d'abord
pour le cas où le tissu se défilerait, se déformerait.
Vous laisseriez alors des marges à l'étoffe et la doublure guiderait tout le montage.

Les coutures doivent toujours avoir un centimètre
et demi ou deux.

N'épargnez pas les épingles pour bien appliquer le

31

patron dans ses moindres détails sur l'étoffe ; un faux coup de ciseau entraîne souvent la perte du morceau.

Une fois vos étoffes coupées, vous débarrassez une grande place sur la table, et vous dépinglez chaque pièce qui vous donne deux doublures et deux dessus.

Vous posez devant vous, dos à dos, les deux dessus (fig. 24) en tournant l'endroit contre la table, vous placez sur chacun la doublure correspondante dont l'endroit est de votre côté, et vous fixez bien *en place* ces pièces ensemble par plusieurs épingles.

Quand toutes vos pièces sont préparées ainsi, vous bâtissez tout autour chaque pièce en suivant le pli tracé à l'ongle; le point sera très allongé; ce faufilage se fait à plat sur la table ou sur la planche à doubler; tout autre procédé amènerait des défauts. C'est ce qui constitue le doublage du vêtement. Ceci fait, vous pouvez quitter la table, si vous voulez.

Vous assemblez alors les pièces entre elles. Prenez garde de faire *emboire* à faux une pièce sur l'autre ; cela crée des plis que rien ne peut corriger. Le point n'aura qu'un centimètre et le fil sera fort pour l'essayage.

Réunissez d'abord les deux dos, bien tendus également l'un contre l'autre ; puis vous y joignez les petits côtés. Attention ici: il faut *soutenir* très légèrement le milieu du dos sur les petits côtés ; pour cela tenez devant vous le milieu du dos, qui, s'arrondissant sur votre doigt, sera un peu plus long — bien peu — que la pièce de dessous.

Vous placez ensuite les pièces de dessous de bras ; suivant votre embonpoint, il y en aura une ou deux de chaque côté. Plus il y en a, mieux la robe va à la ceinture.

Tendez bien ces coutures également, puis laissons cette partie du corsage pour nous occuper du devant.

Les pinces ont une grande importance ; il est essentiel, en en bâtissant les contours, de remonter plus haut que la partie coupée (fig. 25) afin que, en finissant la couture *en mourant*, la doublure ne se détache pas de l'étoffe, ce qui arrive souvent sans cette précaution et forme une petite poche.

On réunit donc les pinces, que l'on termine très finement en *surjet*; on trace, devant, un ourlet. Une personne très cambrée et ayant beaucoup de poitrine ne pourra pas avoir son corsage droit-fil devant, ce que l'on peut faire pour les jeunes filles peu développées. Cela n'a, d'ailleurs, aucune importance.

Une fois le devant bien préparé, on le réunit au reste du corsage; on ne bâtit pas les dessus d'épaules, on les épingle, car il y a toujours à y retoucher tant que l'on n'a pas un patron définitif... et même encore après. On met alors le corsage en double, en l'épinglant très exactement, et chaque couture, chaque pince, doit tomber sur celle de l'autre côté. S'il y a une différence, rectifiez-la, sinon, la robe tournera.

Le corsage est alors prêt à essayer.

**
* **

Nous verrons plus tard comment on corrige les défauts ; supposons maintenant que le corsage va parfaitement bien, qu'on l'a essayé après corrections, et achevons-le rapidement.

Une fois l'essayage et les corrections terminés, on passe un point de deux à trois centimètres en fil de couleur, traçant la couture *bien droit*, ce que ne font pas les autres fils, car ce n'est pas sans difficulté. Or, le corsage le mieux coupé, le mieux essayé, le mieux corrigé, aura maint défauts s'il n'est pas couturé *absolument droit*.

Voici comment il faut procéder pour bâtir droit :

On enfile l'aiguille d'un fil très long ; on fait le premier point de la couture du dos, par exemple, puis on épingle sur son genou et on longe d'un trait la couture du col, à la ceinture. On est généralement étonnée des écarts des autres points, soulignés par ce fil tendu.

On pose le pouce gauche sur ce fil environ au tiers de la longueur, on fait les points jusque-là, puis on recommence jusqu'au bout, en tenant compte des cambrures.

N'hésitez pas à défaire un point défectueux.

Votre corsage, une fois couturé, doit être essayé de nouveau.

Ne marchandez pas les essayages; si les couturières essayaient plus et mieux, elles ne livreraient pas tant de robes manquées. Marquez bien cette fois la croisure ; une bonne chose même est d'essayer avec une bande d'agrafes et de portes bâtie ; on est plus sûr de ce que l'on fait. Nous le recommandons fortement.

Veillez à ce que la poitrine soit bien tendue en longueur ; elle ne doit être à l'aise qu'en largeur; sinon, serait-elle de marbre, elle semblera ballotter en courant ou en dansant.

C'est à cet essayage que l'on échancre le tour du cou et des bras, en tenant compte de la conformation de chaque personne, de son embonpoint, etc. Une femme très grasse a besoin de manches très échancrées en avant, bien que ce soit laid, sinon, elle souffrira.

Après cet essayage on coupe les coutures à la largeur qu'elles doivent conserver, un bon centimètre, minimum ; aux cambrures de la ceinture on fait de petites entailles puis on surfile finement — border va plus vite, mais tient plus de place. — On repasse alors ses coutures, puis on arrondit le bas du corsage pour procéder au baleinage.

*
* *

L'emploi de la vraie baleine est si coûteux et si ennuyeux — sans avantage réel — qu'on y a presque renoncé, sauf dans les très grandes maisons.

Des ressorts de bonne qualité et de trois longueurs feront très bien. Préférez ceux qui ont des œillets, bien qu'ils ne soient généralement pas assez rapprochés ; on peut faire un point entre chacun.

Il y a deux façons de coudre les ressorts : tout le

31.

long ou de place en place; c'est une affaire d'habitude; j'ai vu de bons baleinages des deux façons; l'essentiel est qu'ils soient bien tendus — sans exagération.

En bas, il est bon de les bien coudre *jusqu'au bout*, car en s'arrêtant à l'œillet, cela produit un mauvais effet.

On fait alors les boutonnières, on coud légèrement les boutons, le bordé du bas, puis les manches et le col en plaçant le corsage sur le mannequin, enfin on s'assure, par un nouvel essayage, que tout est bien au point.

Il y a une façon de poser le col qui évite bien des retouches et bien des tâtonnements. On le bâtit sur la personne et par dessus le corsage, en repliant le bas du col, comme pour un ourlet, puis on le coud au *point de mode* (point glissé, invisible, fait à l'endroit) avec de la soie bien assortie. On rabat très solidement à l'envers, en mordant le col sans percer à l'endroit.

On s'épargne de la sorte bien des ennuis, et ce pli horizontal qui se voit en haut, derrière, à tant de corsages. On ne risque pas non plus de trop échancrer l'encolure, ce qui suffit pour gâter une robe.

Le montage de la manche n'est pas sans difficulté. Lorsqu'on la place sur le mannequin elle doit tomber bien naturellement comme tomberait le bras. On l'épingle ainsi, de chaque côté, et on distribue l'ampleur dessus et dessous.

Une manche bien coupée ne doit pas avoir d'ampleur dessous. Celle de dessus se dispose suivant la mode.

Il n'y a pas de difficultés sérieuses dans les jupes actuelles, et il serait téméraire de prévoir les modes futures ; nous ne pouvons donner que des indications générales.

Les robes plates auront peut-être vécu à l'heure où paraîtront ces lignes, de même que la mode des robes princesse.

Nous en enseignons quand même la façon, car ces modes reviennent assez fréquemment.

Les robes plates actuelles se coupent avec un large tablier en biais de chaque côté. Les lés des côtés sont droit-fil dans leur rencontre avec le devant.

Si l'étoffe est en grande largeur (1m10 ou 1m20) on met un seul lé pour chaque côté ; si l'étoffe n'a que 0m80, on en joindra deux en une couture droit-fil ;

Ce n'est que le second lé, derrière, qui sera biaisé dans la demi-traîne des robes de ville.

Pour les grandes traînes il faudrait : soit ajouter un ou plusieurs lés droits entre les lés biaisés, soit les ajouter sur le côté (toujours droits) si on veut avoir la traîne en biais.

Le lé de devant se coupe dix centimètres plus long que la mesure de jupe. Dans la pointe qui tombe sur le côté (en grande largeur) on trouve une partie des manches. Le lé de côté grande largeur se coupe à la longueur que l'on veut la traîne, en calculant la longueur que donne le biais. Par exemple, la jupe devant avoir 1ᵐ50 derrière, le lé se coupera sur 1ᵐ30 ; le biais donnera le reste.

En petite largeur, le lé qui se joint au tablier pourra être un peu plus court que celui de la traîne ; dans le cas précédent il aura 1ᵐ20 et le devant 1ᵐ10.

Tous les lés s'égaliseront à la ceinture ; les inégalités seront toutes au bas de la jupe.

Une recommandation importante : 1° dans une couture, lorsque les deux lés sont droit-fil, ils doivent être également tendus et ne jamais, en aucun cas, *emboire* l'un sur l'autre.

2° Lorsqu'un lé est droit-fil et l'autre en biais, le biais doit être soutenu sur le droit-fil, et emboire très légèrement. La meilleure manière de n'emboire que ce qu'il faut, est d'étendre le lé droit sur la grande table, ou à terre si la table n'est pas assez grande. On étale dessus le lé en biais, qui s'est plus ou moins distendu, et on l'épingle tel qu'il se présente, en les aplatissant bien d'aplomb l'un sur l'autre.

3° Lorsqu'on a deux biais à coudre ensemble, on les étale de même sur la grande table, on les épingle ensemble, puis on épingle, en tirant un peu, une petite tresse de coton qui soutiendra les biais sans les froncer et donnera de la grâce à la jupe, en empêchant le biais, derrière, de *gondoler*.

Si on double la jupe, on établit la doublure bien pareille à l'étoffe ; on la couture de la même façon, sauf derrière, puis on double, en glaçant, les deux envers en dedans.

La couture, derrière, se fait en prenant : 1º les deux biais de la robe; 2º un biais de la doublure, et 3º le lacet; puis on rabat finement avec le second biais de la doublure; de la sorte, la robe n'a pas d'envers, ce qui est très élégant, surtout si on garnit le bas de volants à l'envers et à l'endroit, et d'une balayeuse en soie découpée, très fanfreluchée derrière.

Les étoffes très lourdes ne se doublent (si on y tient) qu'avec des soies légères. Les étoffes légères se doublent en satin.

La jupe doublée est incontestablement plus élégante; elle drape mieux, avec des plis plus nobles, plus moelleux; espérons qu'elle nous restera encore quelque temps; elle est, de beaucoup, plus élégante que la jupe avec *fond de jupe*.

Une jupe à traîne doit être absolument ronde jusque derrière. Ce n'est que la traîne qui s'allonge nettement. Rien n'est laid comme la jupe qui traîne graduellement sur les côtés.

On arrondit donc la jupe d'en bas, sans raccourcir le devant, puis une fois que le bas est fait et va bien, on essaie la jupe, et on arrondit le haut sur la personne ou sur le mannequin, s'il est très précis.

Ne pas oublier de bien creuser le devant; on fait quelques pinces pour emboîter les hanches, on réunit l'ampleur derrière en un seul pli fort difficile à faire, car de lui dépend toute l'élégance de la traîne.

Ce pli doit se faire sur le mannequin (on ne le réussirait jamais à la main) ; on dispose la traîne comme on veut qu'elle tombe — étroite et bien d'aplomb — Les plis doivent la résumer.

La jupe se monte par un biais, préparé avec un cordon très fin, bâti dans une coulisse, et que l'on serrera, si c'est nécessaire, avant de l'arrêter ; une forte agrafe et une porte fermeront la jupe derrière, avec une croisure.

Cette monture doit être très plate ; n'y laissez pas d'étoffe inutile qui ferait bourrelet. Au milieu, devant, à l'envers, deux petits cordons seront cousus pour passer sous l'agrafe du corset (posée très bas) et empêcheront la jupe de tourner.

La grande difficulté est de dissimuler les poches dans ces jupes. On peut, ou les mettre dans le pli derrière, ou sur le côté, ouvertement, en les couvrant d'une patte dans le style de la garniture.

Un petit sybaritisme est de conserver les vieux velours pour en faire des poches. On met l'endroit du velours en dedans ; c'est très doux à la main et les menus objets s'y retrouvent bien.

La jupe courte se fait de même, en mettant un lé ou un demi-lé droit entre les deux biais de derrière.

Les robes de mousseline ou de gaze se font soit sur fond de jupe en étoffe pareille soit sur satin ou soie assortie.

Si on la veut à traîne, il faudra le fond de jupe à traîne aussi.

La robe princesse est très difficile à bien réussir et nous ne saurions trop recommander de la couper et de l'essayer d'abord tout entière en mousseline ou en doublure.

On ne peut guère la faire ouverte devant, sauf comme robe de chambre. Comme robe d'habillé il faut la fermer sur le côté sans couture à la jupe ; la grande difficulté est de ne pas avoir trop d'ampleur devant et aux pinces pour éviter les poches à la jupe.

Nota. — Il faut beaucoup moins de biais aux dessous de bras pour une robe princesse que pour un corsage ordinaire. Ce biais donnerait une surabondance d'étoffe aux pinces, qui doivent toutes les deux être très peu profondes.

Se défier aussi de la longueur, devant, dans la partie du ventre ; si on ne prend pas garde, il y aura là des plis transversaux et même une grande poche ballonnée du plus mauvais effet.

Le grand art consiste à couper sans couture de jupe dans la largeur du drap, par exemple (1^m20), le devant et le premier petit côté ; dans la largeur suivant l'autre côté et le petit côté du dos. Mais il ne faut s'y risquer que si on a une doublure entière, parfaitement essayée et sans défaut.

Une robe princesse, fermée sous le bras, absolument sans reproche, est comme le sonnet en poésie. C'est la gloire d'une couturière de profession.

Nous croyons cependant qu'une femme intelligente qui veut s'en donner la peine la réussira mieux qu'une couturière de talent moyen, car c'est une question de soins et de fréquents essayages.

Ne pas oublier que la robe fermée sous le bras a deux devants du côté où elle ferme, car elle est, en dessous, agrafée au milieu.

Une grande difficulté est de s'essayer à soi-même. Nous avons vu une femme le faire avec une adresse remarquable ; elle a vraiment *des yeux au bout des doigts* et prétend que toutes les femmes peuvent en faire autant avec un peu de volonté.

Elle a exécuté le chef-d'œuvre dont nous parlons plus haut (la robe princesse sans défaut) sans le secours de personne pour l'essayage, mais elle a essayé une trentaine de fois, tant la doublure que la robe, ne se couvrant les épaules que d'un peignoir entre chaque essai, remarquant le défaut, le corrigeant immédiatement, remettant la robe, voyant une autre correction à faire et ainsi de suite.

MANIÈRE DE LEVER UN PATRON ET DE LE CORRIGER

Nous n'avons parlé jusqu'à présent que d'une robe faite sur un bon patron et n'ayant, pour ainsi dire, aucune défectuosité.

Voyons maintenant les difficultés, pour apprendre à les vaincre.

Supposons une femme n'ayant aucun patron et ne voulant pas en faire venir.

Elle prendra sa plus vieille robe, l'essayera pour en bien revoir les défauts, constatera qu'elle les a tous, et se mettra à l'œuvre pour tirer, de cette chose relativement informe, un bon patron.

Une fois le corsage décousu, elle en jettera le dessus et la moitié de la doublure, et attaquera chaque défaut l'un après l'autre, en se pénétrant bien qu'avant de couper sa robe, elle devra essayer son patron, rectifié, exécuté en doublure.

I. *Le modèle tourne.* — Comme cela vient de l'inégalité des pièces, on coupera sur ce patron un

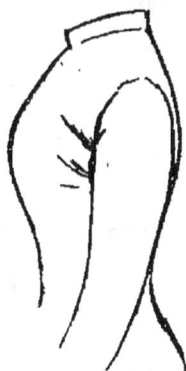  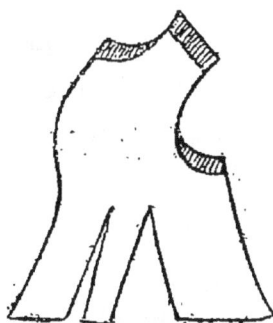

Fig. 26.   Fig. 27.   Fig. 28.

nouveau patron en papier, un peu plus large que le modèle, qui deviendra désormais inutile, et on ajustera.

II. *Le modèle a le coup de sabre* (ce pli affreux qui coupe la poitrine en partant du bras (fig. 26). — On applique le patron sur le papier, en faisant, à l'emmanchure, le pli que cela forme sur la personne (fig. 27), et on coupe le nouveau patron; si le pli est trop prononcé, faites-en deux ou trois petits, pour ne pas faire trop bouffer la poitrine.

III. *Le modèle est trop long de poitrine.* — Il suffit de remonter sur l'épaule, ce qui entraînera l'échancrure de l'encolure et des emmanchures (fig. 28).

IV. *Le modèle est trop droit sous les bras.* — Défaut qui grossit le bas de la taille et cause des plis en travers à la ceinture. On coupe une copie, en papier, du patron défectueux, car il ne faut jamais corriger sur le patron original, de peur de ne plus rien avoir pour se guider (fig. 29).

On fend jusqu'à l'emmanchure la pince la plus près du dessous de bras, et on épingle sur un nouveau papier, en donnant au dessous de bras le biais voulu ; on trace la pince au point de jonction. Avec un essayage, cela doit aller.

V. *Le modèle est trop en biais sous le bras.* — Défaut qui creuse une poche en haut de la pince la plus rapprochée du bras.

On fera la contre-partie de la correction précédente.

VI. *Le modèle a des poches en haut des pinces,* ce qui entraîne à les monter beaucoup trop haut pour faire disparaître le défaut, qui se transforme en un autre.

Cela provient de ce que les pinces sont trop ouvertes du bas. On pose, pour corriger cela, son patron sur un papier, en rapprochant l'écart des pinces du bas, ce qui causera un petit pli en haut, dont on ne tiendra nul compte.

Bien prendre garde de ne pas ouvrir les pinces

trop haut; il vaut mieux les recouper après essayage.

VII. *Le modèle a les pinces trop éloignées du milieu devant.* — Défaut qui fait paraître la taille plate.
On coupera un patron nouveau sans marquer les
pinces, puis on appliquera dessus le patron défectueux auquel on aura, devant, tracé un pli de la largeur qu'il faut supprimer.

Fig. 29.   Fig. 30.   Fig. 31.

VIII. *Le modèle a le dos trop large.* — Défaut qui
fait paraître la femme voûtée, et permet trop de
laisser-aller. Il suffit de rétrécir le milieu du dos;
mais, s'il est déjà très étroit à la ceinture, on dimi-
nuera en bas les pièces de côté.

IX. *Le modèle a des poches autour des bras.* — Il
faut bien voir où elles se manifestent, et repincer les
coutures de dessous de bras ou de petit côté du dos.

Nota. — Il faut bien prendre garde, lorsqu'on repince une couture, de ne pas créer un défaut nouveau, ce qui arrive lorsque, par exemple, il ne faut
reprendre qu'un côté de la couture et que l'on repince

en double. Il est bien rare que le petit côté du dos doive se reprendre en double; il est préférable de couper le point de *bâti*, et de reprendre l'étoffe du côté seulement où il y en a trop.

Cette observation prend encore plus d'importance pour les dessus d'épaules, qu'il ne faut presque jamais reprendre en double lorsqu'il y a beaucoup à reprendre, sous peine de déplacer la couture.

X. *Le modèle fait des plis à la taille.* — Cela vient très souvent d'un faux aplomb des différentes pièces, dont les unes sont trop hautes et les autres trop basses.

Cela vient souvent aussi de coutures *embues* les unes sur les autres. Il suffira de débâtir et de rebâtir en tendant également les deux pièces.

Nota. — Dans un corsage, sauf la pièce du dos, aucune couture ne doit *emboire*.

Les plis peuvent encore venir de l'étroitesse du corsage aux hanches, ce qui le fait remonter. En ouvrant les coutures jusqu'à la ceinture, on s'en rendra compte.

Ces plis peuvent encore être causés par la trop grande largeur de la pièce de dessous de bras.

Passé 60 à 62 centimètres de tour de taille, il faut avoir deux pièces de dessous de bras, en calculant leur largeur pour qu'elle soit égale à celle du petit côté du dos. Cette couture de plus, en faisant mieux aller le corsage, fait aussi paraître plus mince.

Mais il ne faudrait pas mettre cette pièce supplémentaire à une femme trop mince, car on ne verrait plus que des coutures, ce qui serait laid.

Nota. — Il est bien rare qu'un modèle ait tous ces défauts réunis; mais si l'on veut arriver à se faire, dans de telles conditions, un patron excellent, il faut n'y pas épargner sa peine, le couper dans de vieilles étoffes et l'essayer, jusqu'à ce que, le jugeant parfait, on le coupe enfin dans de la lustrine très bon marché et très apprêtée, qui servira de patron définitif.

Une condition de façon élégante est d'éviter les épaisseurs inutiles dans les montages de jupes, de cols, de manches; dans les bordés, les angles et les pointes de manches et de corsage. Il faut que tout cela soit mince et s'aplatisse bien sous le fer.

*
* *

Nous ne conseillerons jamais à une femme de se faire elle-même une amazone, à moins qu'elle ne doive s'en servir qu'à la campagne; car c'est un art des plus difficiles. Si elle veut absolument s'en faire une, elle demandera un patron à son journal, en donnant, outre les autres mesures, celle du tour de hanches et celle de la longueur de la cuisse, de la ceinture au genou. Nous en disons autant du costume-tailleur. Ces vêtements demandent l'emploi habile du *carreau*, que seul un bon tailleur sait manier.

Si on veut se faire soi-même un costume de drap, on le fera sans prétention au style tailleur. Ça sera prudent, car ce genre n'admet p as la médiocrité.

32.

*
* *

Le jupon actuel, en taffetas, surah ou satin, se fait en biais, de la même coupe que la robe.

On double de soie très légère le surah et le satin ; on ne double pas le taffetas, qui a du soutien par lui-même.

Nous ne conseillons pas la coulisse derrière, qui ne sert qu'à faire de toute l'ampleur un paquet sur lequel on s'assied sans cesse, et qui entrave les mouvements.

Si un jupon est bien coupé, il tombe aussi bien sans coulisse qu'avec une coulisse ; il s'abîme beaucoup moins, en juponnant beaucoup mieux.

Le jupon de couleur claire se garnit de dentelles blanches et de nœuds de rubans.

Nous donnons (fig. 13) un joli modèle de jupon assorti au corset.

Si on ne veut pas mettre la jupe sous le corset, on la boutonne dessus par une ceinture, montée à plat, qui s'ajuste au bas du corset, préparé à cet effet. Cela aide à faire bien aller le corsage ; mais ce système ne va que s'il est très parfait.

Le jupon foncé se garnit, soit de volants de même étoffe, soit de dentelles écrues ou noires.

*
* *

Nous n'entrerons dans aucun détail sur la lingerie, que les jeunes filles apprennent généralement à faire en pension, et que l'on achète beaucoup toute faite.

Si l'on désire des renseignements à ce sujet, on les trouvera dans un petit livre de madame Fonclose [1].

TISSUS IMPERMÉABLES

Un bon avis, pour terminer, à la femme qui doit sortir à pied par tous les temps. Ne portez pas de vêtements en caoutchouc qui vous donnent une chaleur malsaine et incommodent tout le monde autour de vous. Rien n'est plus contraire à l'élégance, rien n'est plus vulgaire.

Mais il existe, depuis très peu de temps, un procédé d'imperméabilisation s'appliquant sur de bons lainages, bien décatis et grand teint, remplaçant avantageusement le caoutchouc pour plusieurs raisons.

1° Il est tout aussi protecteur contre la pluie que le caoutchouc ;

2° Il n'a pas d'odeur ;

3° Il laisse passer l'air ;

4° Les dispositions et les couleurs varient à l'infini.

5° On peut faire de fort jolies toilettes et de très coquets manteaux avec ces tissus, qui sont souples comme un lainage ordinaire.

Quel avantage, pour les bains de mer et la campagne, d'avoir une robe et une pélerine imperméables, que l'on veuille aller en bateau, ou que l'on soit sur-

[1] Flammarion, éditeur.

prise par une averse; comme on est tranquille et protégée !

C'est un procédé que l'on pourrait très bien employer pour les amazones, qui souvent reçoivent la
pluie au cours d'une longue excursion.

L'imperméabilisation, d'ailleurs, ne dénature nullement l'étoffe qui lui est soumise. On fait ainsi de
bonnes pélerines pour hommes, et rien n'empêche-
rait de faire d'excellents pardessus avec ces draps
que l'on peut confier à son tailleur.

TROISIÈME PARTIE

INSTALLATION.

CHAPITRE PREMIER

Comment on achète ses voitures.

Tout le monde ne naît pas riche: beaucoup de gens le deviennent, soit par voie d'héritage, soit par d'heureuses spéculations, soit par un travail lucratif.

En Amérique et en Australie les fortunes subites ne sont pas rares et sont parfois considérables.

Généralement ces personnes viennent à Paris pour dépenser leur fortune, ou tout au moins elles viennent s'y approvisionner des éléments de luxe qui leur sont nécessaires pour briller dans leur pays.

Pour les premiers comme pour les seconds, pour

les enrichis comme pour les héritiers — car ceux
qui sont nés riches n'ont pas besoin de nos avis —
les conseils d'une personne compétente dans les
questions de luxe et de bon goût seront, sans doute,
agréables. C'est dans cette idée que nous avons interviewé un des maîtres de la Carrosserie, car, dans la
question des voitures comme dans toutes les questions techniques, c'est à la source même que nous
avons fait remonter nos informations. Nous devons
donc à la gracieuse courtoisie de M. Alfred Belva-
lette les renseignements suivants :

*1° Combien de voitures faut-il avec une très
grande fortune :*

Calèche huit-ressorts, mylord huit-ressorts, coupé
huit-ressorts, coupé trois-quarts, deux coupés Monsieur et Madame, mylord, grand break chasse ou
campagne, break de promenade pour les chevaux,
dog-cart à deux et quatre roues, tilbury, duc ou
phaéton de dame, cart pour enfants.

Avec une grande fortune :

Un landau, deux coupés, un coupé trois-quarts,
un mylord, un dog-cart ou charrette, un break
de campagne.

Avec une fortune moyenne :

Un landau, un coupé.

Comment faut-il acheter ses voitures ?

N'acheter que dans des maisons ayant un nom, et
qui mettent tous leurs soins à le conserver. Commander ses voitures à l'avance autant que possible,

Fig. 32. — Dorsay.

Fig. 33.— Landau-bateau à 8 ressorts.

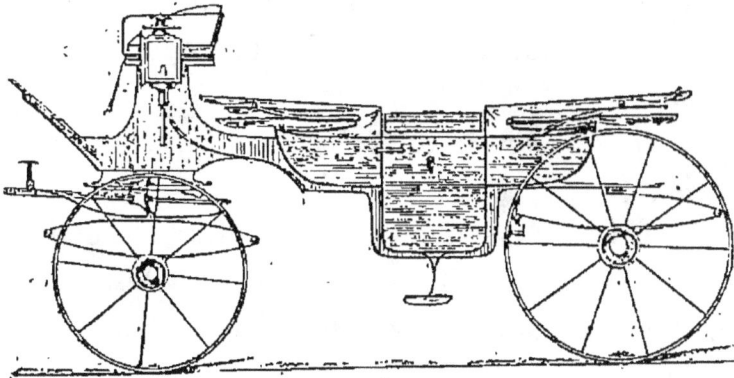

Fig. 34.— Landau à 3 cintres.

car on peut davantage soigner la fabrication, et laisser sécher les peintures et les vernis, entrer plus soigneusement dans les détails de peinture et de garniture intérieure du coupé, vide-poche, flacons, etc., etc.

La peinture et la garniture seront très sobres : *vert, bleu* ou *marron.* Pas de gris pour les petites voitures de promenade ou de campagne, tons clairs, rouge ou jaune.

Pour les garnitures drap ou maroquin ou pour les voitures de Madame, voitures de cérémonie en satin capitonné, galon très sobre à trois ou quatre bandes de soie. Nécessaires en ivoire ou flacons, etc.

Quelles voitures fait-on atteler suivant les diverses obligations de la vie :

Pour les visites de cérémonie : Dorsay ou coupé huit-ressorts, landau huit-ressorts, si l'on est nombreux, sinon coupé ordinaire à deux chevaux.

Visites ordinaires : Coupé à un cheval ou landau.

Pour les courses en ville : Coupé, mylord, landau.

Pour les promenades à la campagne : Break, duc, charrette, tilbury, cart-charrette, wagonnette, omnibus.

Tarif de chemin de fer pour le transport des voitures :

Voitures dites à un fond, c'est-à-dire à une banquette intérieure, telle qu'un coupé. Petite vitesse 0 fr. 25 le kilom., grande vitesse 0 fr. 56 le kilom.

Voitures à deux fonds, c'est-à-dire à deux banquettes, telles qu'un landau ou coupé trois-quarts. Petite vitesse 0 fr. 52 le kilom., grande vitesse 0 fr. 72 le kilom.

Les soins à donner aux voitures et aux chevaux seront détaillés dans notre prochain ouvrage.

Personnel. — Toutes les voitures à huit ressorts exigent un valet de pied. Toute autre voiture à deux chevaux gagne aussi à en avoir un. Il faut compter pour deux ou trois chevaux un cocher et un palefrenier.

Pour quatre chevaux, un cocher et deux palefreniers dont un sachant conduire, c'est-à-dire pouvant monter sur le siège.

Pour cinq chevaux et au-delà il faut un piqueur qui prend alors sous ses ordres un personnel proportionné aux exigences du service.

Il est bon d'avoir des voitures de nuit pour les théâtres ou soirées. C'est ordinairement le coupé, le coupé trois-quarts ou le landau ; ces voitures étant exposées aux accidents aux abords des théâtres, etc.

CHAPITRE II

L'art dans la maison.

Dans notre souci de ne donner à nos lectrices que des renseignements certains, c'est à un peintre de grand mérite, à Félix Régamey, que nous avons demandé ce chapitre. Nous lui passons donc la parole.

« L'œuvre d'art peut être envisagée par la femme à trois points de vue différents. Comme meuble, faisant partie de la décoration de son intérieur ; comme souvenir personnel — portraits de famille, dons d'auteurs, etc., et enfin comme objet ayant une valeur d'art exceptionnelle. Les unes et les autres auront donc leur place marquée et ne seront pas indifféremment attribuées au boudoir et à l'antichambre, au salon ou à la salle à manger.

» S'il est clair que l'objet d'art incontesté doit occuper la place d'honneur, on peut admettre que chacun disposera de ses souvenirs de famille selon son goût.

» Les autres seront répartis en raison des qualités

décoratives qui doivent déterminer leur emploi. Pour être appréciées sainement, ces qualités demandent une éducation très particulière, beaucoup plus rare qu'on ne pourrait le croire — et qui manque à nombre de gens fort distingués d'ailleurs.

« J'ai un ami qui fait mon désespoir ; la haute culture de son esprit ne le garantit pas contre l'abus des plus médiocres images, photographies coloriées, estampes facétieuses, qui tapissent les murs de sa salle à manger et nuisent vraiment aux chefs-d'œuvre gastronomiques qu'on est appelé à y savourer.

» A ce propos, je qualifierai volontiers de fallacieuse l'analogie dont se sont autorisés ceux qui, les premiers, ont songé à orner de natures mortes les salles à manger. Ces peintures, qu'elles représentent une écuelle ébréchée garnie d'un hareng saur mélancolique ou un paon magnifique servi sur un plat d'or, ne conviennent pas mieux à un maigre festin qu'à un banquet somptueux. Je suppose un dîneur maigre confronté avec l'écuelle, il maudira cette image importune qui lui parle de sa misère, et, s'il est mis en présence du plat d'or, l'anarchie comptera peut-être en lui un adepte de plus à bref délai.

» Passons maintenant aux convives somptueux ; le repas touchant à sa fin, ils devront éprouver, à la vue de ces tableaux, une sensation d'écœurement analogue à celle que produisent sur l'homme en train de digérer, les parfums de cuisine même les plus suaves — à moins qu'on ait affaire à une toile signée

Chardin, et que les convives soient de ces délicats pour qui l'art ne perd jamais ses droits, ou des gloutons qui s'attendrissent quand même à la vue des victuailles ! — Mais pour ceux-là encore, le sort de l'enfant qui sanglotait devant des gâteaux, se plaignant de *n'avoir pas assez faim pour les manger*, n'est-il pas à redouter ?

» Je crois qu'il vaut beaucoup mieux opposer aux matérialités de la bonne chère, la représentation de sujets vaporeux imprégnés d'idéal.

» Ventre affamé n'a pas d'oreilles, dit le proverbe, il ne dit pas qu'il perd ses yeux quand il est repu ; le plaisir qu'on prend à suivre dans l'air les volutes bleuâtres de la fumée d'un cigare à l'heure du café et de la fine champagne, le démontre.

» Disons toutefois que notre réprobation doit s'adresser aux peintures de natures mortes traitées à la manière réaliste, en trompe-l'œil, et qu'elle ne s'étend pas à ces mêmes natures mortes prises dans leur acception ornementale, et exécutées, non pas en peinture, mais en bois, en pierre, en métal, etc. D'ailleurs, si la matière employée compte pour quelque chose, le style est à considérer par-dessus tout : n'at-on pas dit que, comme le roi Midas, le style peut tout changer en or? Il y a un écart considérable entre le crucifié sanguinolant et verdâtre des cloîtres espagnols et le Christ éthéré d'un oratoire de Carmélites. Un lion héraldique ne ressemble en rien à un lion de Barye ; ils ont chacun leur mérite cependant, placés là où il faut. Chaque chose à sa place et tout sera bien. C'est ainsi que les guirlandes de fruits Louis XIV, les guirlandes de fleurs Louis XV, les unes lourdes, les autres légères, les trumeaux Louis XVI — représentant des trophées de chasse combinés avec les miroirs reflétant les lumières des lustres et des appliques comme on en voit dans les fines gravures du temps, conviendront parfaitement à la décoration d'une salle à manger, si l'on ne tient pas à s'écarter des sentiers battus de l'art ancien.

* *
*

» Mais là où je ne veux voir représentés de sujets d'aucune sorte, c'est au plafond. Je déclare qu'on n'y doit peindre que des choses vagues et flottantes et jamais rien de vivant, car, plus un sujet sera beau et intéressant, plus on regrettera d'avoir à le chercher en l'air, alors qu'il eût été si simple de l'appliquer sur un plan vertical.

» Peindre au plafond d'un palais l'entrée d'Henri IV à Paris, au plafond d'une mairie un chantier de démolition, à bien regarder — ce qui n'est pas commode — quelle folie !

» On n'a pas manqué d'y représenter les gloires célestes, orthodoxes ou païennes. C'est une installation que je trouve fort peu confortable, et bien qu'il soit avéré que l'Olympe habite dans les nuages, je demande à ne pas être condamné à payer d'un torticolis cette fatigante contemplation.

» D'ailleurs, la peinture sur une surface lisse est loin

33.

de convenir aussi bien aux plafonds que les compositions ornementales en relief, et ici l'on ne trouvera
jamais mieux que les nervures gothiques, les entre-
lacs mauresques ou les caissons de la Renaissance.

» Ne faites donc peindre aucun sujet au-dessus de
vos têtes, je vous y invite sérieusement et sans plus
d'hésitation que n'en met à développer ses idées sur
l'art décoratif le grotesque monsieur des « Temps
difficiles, » de Dickens, qui dit aux enfants rangés
devant lui :

« Vous ne devez rien avoir, sous forme d'objet d'or-
» nement ou d'utilité, qui soit en contradiction avec
» les faits. Vous ne marchez pas en fait sur des fleurs,
» donc on ne saurait vous permettre de les fouler aux
» pieds sur un tapis. Vous ne voyez pas que les oiseaux
» ou les papillons des climats lointains viennent se
» percher sur votre faïence : donc on ne saurait vous
» permettre de peindre sur votre faïence des oiseaux
» et des papillons étrangers. Vous ne rencontrez ja-
» mais un quadrupède se promenant du haut en bas
» d'un mur : donc vous ne devez pas représenter des
» quadrupèdes sur vos murs. Vous devez affecter à
» ces usages, continua le monsieur, des combinai-
» sons et des modifications (en couleurs primitives)
» de toutes les figures mathématiques susceptibles de
» preuve et de démonstration... Voilà en quoi con-
» siste le goût ».

» Inutile de dire que je ne partage pas ces opinions
bizarres. Ce n'est pas au nom du goût que je refuse

la peinture d'histoire ou de mythologie le droit de s'étaler sur les plafonds. Les convenances matérielles, l'agrément du spectateur guident seuls mon appréciation. Il existe certainement des chefs-d'œuvre dans ce genre de décoration ; mais tous les chefs-d'œuvre ne sont pas pour être imités et l'effort d'un Tiépolo ou d'un Delacroix ne fait pas la règle.

*
* *

» Sans pousser l'ambition jusqu'à vouloir former ce qu'on appelle une galerie, on peut avoir le désir de s'entourer de jolies choses, qu'on aura rassemblées au hasard de l'occasion et suivant son goût ; encore faut-il en avoir au moins un peu, de ce goût si rare, et je n'ai pas grand espoir d'être compris de ceux qui en sont assez dépourvus pour se contenter des bronzes et des tableaux, rebut de l'Hôtel des Ventes, que fournissent certains tapissiers en même temps que les meubles et les tentures.

» Pour ne parler que des tableaux, des images — de celles qui s'accrochent au mur encadrées — bien des choses sont à retenir.

» L'œuvre originale, à moins d'être une simple croûte aura toujours, en principe, le pas sur la reproduction, qu'elle soit due à la main d'un artiste ou à un procédé mécanique, si parfait qu'il soit. Toutefois, cela ne va pas sans quelques exceptions rarissimes.

» Une copie d'un maître italien signée Fantin-Latour, certaines épreuves d'eaux-fortes de Rembrandt, de celles qui ont atteint en Angleterre des prix fabuleux, telles estampes en couleurs de Maîtres japonais, ce sont là des œuvres d'art incomparables qui ne seront déplacées nulle part.

» Grâce à la photographie, les procédés de reproduction des peintures et des dessins se sont multipliés à l'infini, et ont mis à la portée des bourses les plus modestes des images fort présentables.

» Ce ne sont pas cependant celles-là qu'il faudra choisir pour l'ornement d'un intérieur un tant soit peu raffiné.

» Car il ne suffit pas de savoir distinguer une œuvre originale de sa reproduction imprimée. En matière de procédés — chacun d'eux s'éloignant plus ou moins de la perfection — il existe une sorte de hiérarchie, en vertu de laquelle il en est dont les produits ne méritent pas d'être exposés.

» Par exemple, tout ce qui touche de près ou de loin à la photographie — encore peut-on admettre les superbes épreuves en grande dimension d'après les maîtres, de Braün.

» Les honneurs du cadre seront réservés aux gravures sur acier, sur cuivre, au burin et à l'eau-forte, — rarement à la gravure sur bois — à certaines lithographies de choix au crayon, à la plume, marquées de la griffe d'un Maître. Quant aux imitations de peinture par la chromo-lithographie, on peut dire qu'elles sont, au dessin, ce que les figures de cire sont à la sculpture, leur moindre défaut étant la vulgarité prétentieuse : qu'elles soient bannies soigneusement de vos murs.

» Par suite de l'effroyable abus qu'on en a fait, surtout en Allemagne, le « chromo » est tombé, dans l'estime du public sérieux, au-dessous de l'imagerie d'Epinal, et cela donne une saveur toute particulière à la réponse que fit un jour une Américaine, femme d'esprit, au monsieur qui la fatiguait de ses sots compliments : « Ah ça ! me prenez-vous pour un chromo ? »

*
* *

» Nous avons dit le cas qu'il faut faire des différents genres d'imprimés, jetons maintenant un rapide coup d'œil sur quelques manières de faire originales de l'artiste.

» La célèbre scie d'atelier :

> La peinture à l'huile
> C'est bien difficile,
> Mais c'est bien plus beau
> Qu'la peinture à l'eau !

ne laisse aucun doute sur la valeur rétrospective de ces deux expressions d'art bien connues. La toile l'emporte sur le papier, l'aquarelle largement traitée et la minutieuse miniature ont le dessous évidemment sur la peinture à l'huile.

» La chanson ne dit rien de la peinture à la cire ; ce procédé consiste en l'application, à l'aide de fers chauds, de cires colorées sur un fond résistant ; les teintes sont inaltérables ; c'est un avantage que n'a pas le peintre sur faïences, qui voit revenir du four ses couleurs complètement modifiées.

» Tout le monde connaît les affres de Bernard Palissy, le père de la faïence — réduit au plus affreux dénûment pendant les années de sa vie qu'il consacra à la recherche des secrets de son art.

» De nos jours, un maître qui fait de l'art, comme on prie le bon Dieu, avec une ferveur à la fois profonde et ingénue — la foule attendra qu'il soit mort pour le reconnaître — suit les traces de l'ancêtre glorieux.

» Henri Cros est l'inventeur de la pâte de verre; matière translucide, résistante, éternelle, admirablement colorée, dont on a pu voir des spécimens récompensés à nos dernières expositions.

» Ces plaques — des antiques trempés d'idéal moderne — qu'on peut fort bien encadrer et placer à côté d'autres tableaux, sont surtout appelées à faire corps avec un ensemble décoratif.

» La manufacture nationale de Sèvres s'est attaché l'artiste, favorisant ainsi l'éclosion de nouveaux chefs-d'œuvre.

*
* *

» Je tiens aussi à dire un mot d'une manière de dessin sur bois au fer rouge, dénommé pyro-gravure par l'homme intelligent et convaincu, M. Périer, qui depuis des années la préconise, et avec raison, car ce procédé offre les plus grandes ressources à l'artiste, si peu exercé qu'il soit. Robustesse et indestructibilité, telles sont les qualités maîtresses de ce nouveau mode d'expression, appliqué à la décoration; il fait merveille et je sais des panneaux de paysages exécutés à la pointe de feu par des artistes célèbres qui les prisent à l'égal de leurs meilleures productions et qui ne seraient nullement déplacés dans votre salon, Madame.

» Tout autre est la matière employée par Mme Holmer, de Boston, dont j'ai encore les œuvres admirables devant les yeux. A l'aide de brins de laine et de soie qui courent à longues aiguillées sur un fond de taffetas où ils s'entrecroisent, se pénètrent et s'enchevêtrent avec un art exquis, cette artiste a *peint* des paysages étonnants de vérité, de charme et de poésie. Sans doute on devine, au choix des motifs et à la nature du procédé, que le rapin n'est pas complètement étranger à la création de ces tableaux « au grand point »; leur originalité n'est pas moins des plus remarquables.

» Je recommande les tableaux filés de Mme Holmer au même titre que les tableaux brûlés de M. Périer, tout en les mettant bien au-dessous des pâtes de verre d'Henri Cros.

» Mais quel beau parti on pourrait tirer pour la décoration de ces trois éléments combinés ou employés séparément !

*
* *

» Est-il nécessaire de parler ici des dessins originaux ? Ils ne seraient guère à leur place dans un sa-

lon ; cependant il ne me déplairait pas d'y voir bien en
lumière, dans le cabinet de travail, un de ces délicieux
cotillons à la sanguine de Watteau, rehaussé de blanc
— un fin paysage à la sépia d'avant 1830 — le moindre petit portrait à la mine de plomb de Ingres ; un
cheval de guerre de Guillaume Régamey, au crayon
noir ; un bourgeois d'Henri Monnier, à la plume, ou une
pochade quelconque de Gavarni ou de Daumier. De
toute cette menue monnaie de l'art qui vaut de l'or,
on peut au moins s'inspirer pour choisir des équiva-
lents parmi les maîtres modernes moins haut cotés, si
nombreux et si divers. Et cela devrait être facile.

*
* *

» Où l'amateur trouvera-t-il à s'approvisionner ?
L'idéal ne serait-il pas d'aller droit à l'artiste en écar-
tant tout intermédiaire ? Mais on ne s'adresse à lui, le
plus souvent, que si on le connaît ou sur présentation. Cette manière de faire les affaires est soigneusement entretenue par le marchand de tableaux et
tout à son avantage. Reste la ressource des expositions. Ici on craint de s'engager, on recule devant
des pourparlers délicats, on redoute une correspondance accidentée et il est si rare de tomber exactement sur ce que l'on veut !

» L'exposition des esquisses qui a précisément pour
but d'établir des rapports directs entre producteur et
consommateur, dans des conditions raisonnées aussi
avantageuses pour l'un que pour l'autre, est une innovation à laquelle je songeais depuis longtemps.

» Grâce à un poète, M. Ch. Füster, et à un homme d'action, M. Bernard, on a pu en voir cette année une première application à l'exposition du Blanc et du Noir.

» Restreinte aux œuvres de sculpture seulement, cette exposition s'est présentée dans des proportions très modestes. Je crois qu'elle est appelée à prendre un sérieux développement. Le public a tout intérêt à puiser des inspirations dans cette *exposition d'idées* où il se trouvera en contact avec l'artiste dont il pourra diriger l'essor dans le sens de ses goûts et de ses besoins. Qu'il s'agisse d'un projet de tableau, d'un motif de décoration intérieure ou en plein air, il ne sera plus nécessaire de passer par le marchand, le tapissier ou l'architecte, et c'est avec l'artiste lui-même qu'on pourra s'entendre, en tenant compte des préférences de chacun pour l'exécution définitive de l'œuvre.

» Moins ambitieux, mais tout aussi intéressant, le projet formé à l'étranger par un groupe d'artistes désireux de trouver un débouché nouveau à leurs produits...

» Partant de cette idée, que les œuvres ne sont jamais payées, au début d'une carrière, le prix qu'elles vaudront plus tard, si elles ont un vrai mérite, ils ne vendent pas, ils louent, moyennant une rétribution correspondante à la durée de la location. On loue bien des livres et des pianos, pourquoi ne louerait-on pas des tableaux ?

» Il suffirait d'une organisation sérieuse pour que cette pratique entrât dans nos mœurs. Elle conviendrait bien à tous ceux qui reculent devant la perspective d'avoir toujours la même chose sous les yeux, avec la quasi certitude de n'en pas trouver, le jour où l'on voudra s'en défaire, le prix qu'on l'a payée.

» Ce ne sont pas les idées qui manquent, mais bien plutôt la puissance d'organisation. Sachons donc nous organiser ! »

COMMENT ON ACHÈTE LES OBJETS D'ART

— Comment achète-t-on ses tableaux ? demandions-nous récemment à un célèbre expert d'art ?

— D'abord en commettant beaucoup d'erreurs, nous répondit-il, en se trompant et en se faisant tromper, car on ne s'improvise pas connaisseur. C'est une éducation à faire... tout le monde même n'en est pas susceptible.

— Il est certain que s'il n'y avait que les connaisseurs pour acheter, bien des artistes devraient changer de métier.

— Certes oui ! Presque tous ceux qui ont maintenant des galeries que l'on cite, ont débuté par des acquisitions absurdes. Ils voulaient acheter seuls, suivant leur goût encore non formé ; ils s'extasiaient devant une mauvaise toile dont le *sujet* leur plaisait, et faisaient accrocher dans leur galerie des œuvres dont ils ne voudraient plus maintenant pour décorer la nursery.

Peu à peu ils se sont rendu compte de la bonne et de la mauvaise peinture, leur goût s'est épuré ; ils se sont laissé guider par des gens sérieux et de confiance, et maintenant ils s'entourent de réels chefs-d'œuvre.

— Vous me parlez là, monsieur, des gens voulant posséder une galerie. Mes prétentions sont plus modestes. Parlons par exemple de jeunes mariés montant leur maison ; d'Américains richissimes voulant éclabousser Paris ; d'héritiers devenant riches inopinément, ou simplement de commerçants quittant les affaires avec un modeste million, et voulant changer de milieu. Comment devront-ils acheter leurs tableaux ?

Notre interlocuteur se mit à rire.

— Vous me rappelez, dit-il, un monsieur qui vin il y a peu de temps me consulter. Il venait d'agrandir et de transformer son installation, avait acheté un mobilier tout neuf, et voulait des tableaux. « Avec le tapissier, fit-il, nous avons fait des cadres en papier, nous les avons attachés au mur, ils font très bien ; voulez-vous me procurer des tableaux de la dimension de mes cadres ? » Vous devinez quelle fut ma réponse. Mais pour en revenir à votre question, je vous dirai ceci : on n'achète pas du jour au lendemain, car il faut chercher, étudier, choisir longuement. C'est surtout, lorsqu'on n'y entend rien, une affaire de confiance ; il faut que votre mandataire soit au courant de votre situation de fortune, de votre

train de maison, de qui vous recevez, où vous logez
et comment vous êtes logé, enfin de la somme que
vous voulez consacrer à vos achats, puisque vous lui
laissez toute liberté d'action, n'intervenant que pour
ratifier son choix. Il n'y a pas d'autre moyen d'a-
cheter des œuvres d'art lorsqu'on ne s'y connaît pas.

— Et lorsqu'on s'y connaît ?

— Ceux-là n'ont pas besoin de nous... pour acheter des modernes tout au moins ; ils n'ont qu'à suivre
les expositions, le Salon, visiter les ateliers, etc...
Mais il faut bien s'y connaître, acheva-t-il en secouant
la tête, et pour acheter les œuvres d'artistes morts,
c'est bien plus difficile encore, car il faut savoir où
les trouver, qui les possède, si on veut vendre, etc...
Mais l'incontestable agrément qu'il y a à être en relations d'affaires avec un marchand de tableaux est la
facilité des échanges. On ne rend pas l'argent du
tableau qui a cessé de plaire, c'est vrai, seulement
il arrive fréquemment que nous en donnions en
échange un autre qui plaît davantage.

CHAPITRE III

Ameublement.

Conseils généraux. — Le choix d'un tapissier est aussi important que le choix d'un médecin, car la santé morale dépend beaucoup du milieu dans lequel on vit, de l'arrangement pratique des choses, de leur commodité qui évite les appels bruyants, les dérangements inutiles, etc.

Un tapissier-artiste vous empêchera de choisir une étoffe à teinture malsaine, ou dont la teinte, agréable pendant cinq minutes, vous fera « *grincer les yeux* » pendant des années.

Il vous guidera enfin dans la voie du goût et de l'économie, car bien acheter — même cher à première vue — revient à meilleur marché que les mauvais achats de choses à laisser de côté, ou qui s'usent trop vite, ou qui font souffrir longtemps par leur mauvais goût.

Le choix d'un tapissier est plus important encore que celui du couturier ou de la modiste.

34.

Une toilette passe, le mobilier reste, et vous fait rager chaque jour, lorsqu'on a eu la maladresse de frapper à une mauvaise porte. Nous en savons quelque chose.

Lorsqu'on veut se meubler, la première chose, après le choix du tapissier, est de lui demander des croquis pour chaque pièce, et un devis des dépenses nécessitées par ses plans, en y comprenant les meubles.

Avant que rien soit commencé, on peut discuter, modifier, changer même tout à fait d'idée, tandis que si, après être parti au hasard, on est forcé de mettre de piètres tentures avec de fort beaux meubles, et vice versa, cela produit un effet bien plus déplorable par le manque d'harmonie qui est la condition primordiale d'une installation quelconque.

Le désir de donner à nos lectrices quelques conseils autorisés nous a mis en rapport avec la Maison Roudillon dont les deux chefs actuels, MM. L. Alavoine et J. Verdellet, se sont mis à notre disposition avec une rare bonne grâce.

Indiscrètement interviewé par nous, M. J. Verdellet nous a promis quelques lignes reproduisant nos entretiens ; nous les recevons à l'instant et les publions in-extenso, pour commencer notre chapitre sur l'ameublement, car il est impossible de mieux dire, avec plus de clarté et d'élégance. Ce rapide coup d'œil dans ce champ si vaste est marqué au coin d'un goût indiscutable, et nous nous félicitons de notr hardiesse qui nous vaut de si bonnes pages sur ce sujet délicat.

***

« Vous me demandez comment on se meuble ?

» Souvent bien mal ! faute de savoir et surtout parce que l'on est mal conseillé et mal guidé.

» Il est bien rare que l'ameublement soit raisonné ; on part trop souvent d'un détail insignifiant, soit un meuble qui vous a plu, une étoffe qui vous a charmé, une raison d'économie quelconque, un style qui s'applique mal à vos besoins, ou le désir d'un commerçant de vous... *coller* ce qu'il a en magasin.

» Bien souvent, vous vous décidez à propos d'un mariage, ou pour meubler une construction que vous avez édifiée, à aller acheter un mobilier ; vous allez où vos souvenirs vous conduisent, dans un endroit où vous avez vu beaucoup de meubles, le faubourg Saint-Antoine, par exemple, ou bien dans un magasin où l'accumulation des marchandises vous fait croire ou espérer d'acheter à bon marché, et vous vous trouvez en présence d'un monsieur qu'on appelle *un vendeur*.

» Vous lui dites : « Je veux un ameublement... un salon ». Alors, au hasard, sans connaître ni votre situation, ni votre façon de vivre, ni vos goûts, il vous montre des meubles faits par douzaines, alignés en quantité les uns près des autres (ce qui leur nuit et empêche d'en juger). Il guette alors celui qui peut vous plaire, ou vous propose souvent ce qu'il tient le plus à vous vendre pour une raison de bénéfice ou autre.

» Si ce n'est pour tout votre ameublement ainsi, c'est souvent le point de départ qui vous gêne pour votre existence entière, car vous ne voulez pas sacrifier ce que vous avez déjà.

» Il est donc fort important de bien choisir celui qui peut vous guider dans le choix d'une installation, car il devient pour vous le *décorateur de votre inté-rieur*, ce qui est, du reste, le vrai titre d'un bon tapissier, et par lui vous aurez l'application de mes conseils.

» Pour le choix d'un ameublement, il faut envisager le présent et l'avenir ; aux choses qui s'usent il ne faut donner que peu, et, au contraire, ne pas craindre de dépenser pour celles qui se conservent et qui peuvent entrer dans n'importe quelle installation.

» N'hésitez jamais, à ce titre, dans l'achat d'un beau bahut, meuble ancien ou genre ancien, que vous placerez, suivant votre ameublement, dans une bibliothèque, une salle à manger, une antichambre, un hall et même un salon ; n'hésitez pas non plus à acheter une belle tapisserie, si vous trouvez une réelle occasion ; ces objets-là ne vous gênent pas si vous modifiez votre ameublement.

» Il faut, en achetant un meuble, se demander comment on le revendra, et s'attacher surtout aux objets qui peuvent représenter une valeur intrinsèque, ne jamais hésiter à choisir toutes les choses de bonne qualité ; c'est toujours le moins cher. Je veux surtout parler des articles qui ont *un intérieur*, tels que la literie, les sièges, etc.

*
* *

» C'est au point de vue de la façon dont vous vivez que vous devez arranger votre *home*.

» Il y a dans toute installation un côté intime et un côté de réception, si restreint qu'il soit ; tâchez que le premier soit absolument pratique et le second, autant que possible intéressant, mais toujours coquet, artistique, luxueux même, mais, avant tout, de bon goût.

» Ne vous meublez pas pour être l'esclave de vos meubles ! que votre installation, par sa complexité, ne vous entraîne pas à trop de travail, c'est-à-dire à un supplément de soins domestiques qui vous absorbe vous ou votre personnel, quel qu'il soit. N'abusez pas de bibelots étalés sur les murs ou sur les meubles, cela convient à une pièce, mais l'exagération est fâcheuse, à moins que ce ne soit à titre de collection chez un amateur.

» Evitez les arrangements de chinoiseries et de japonaiseries de pacotille, qui sont tout juste acceptables dans un pavillon à la campagne.

*
* *

» Il y a de grandes différences à établir dans les installations suivant le milieu auquel on les destine. Voici quelles sont les catégories que nous distinguons :

» 1° La ville où priment le style et le ton sérieux.

» 2° La campagne avec les tons clairs, les tissus de toile, cretonnes, etc.

Nous mettons volontiers partout le même bois, les mêmes étoffes, ce qui se fait surtout dans une villa au bord de la mer, ou dans un rendez-vous de chasse.

» 3° Le château, moitié ville, moitié campagne, doit être meublé avec beaucoup de genre et de style, étant pris comme maison d'habitation.

» On doit, au rez-de-chaussée, tenir compte de la nécessité de passer souvent et facilement du jardin au salon.

» Le premier étage peut être plus élégant. Tandis que la décoration du rez-de-chaussée sera en boiseries, en tapisseries anciennes, le premier sera en soie.

» L'ameublement des chambres d'amis sera traité comme celui des maisons de campagne : cretonne et tissus analogues. Il n'y a pas de règles pour l'emploi des styles.

» Ce qui a le plus grand air dans un château, c'est de n'en employer qu'un seul pour toute l'installation et de faire aussi bien la salle à manger Louis XVI ou Renaissance que la chambre, le salon ou le vestibule. On peut néanmoins appliquer à chaque pièce le style que l'on préfère ou qui lui convient le mieux.

» Cependant, si deux pièces sont en rapport, il faut faire coordonner leurs styles ; par exemple : grand salon Louis XIV et petit salon Louis XV.

» Tous les styles peuvent indifféremment convenir à toutes les pièces; cependant l'usage a consacré quelques habitudes dont le détail suit comme exemple.

» Pour les mélanger dans une même pièce, il faut que les objets qui y sont le soient à titre de collection ou qu'il y ait encore une sorte d'homogénéité entre eux, tels que :

» Le Moyen Age avec le Gothique.

» La Renaissance avec le Louis XIII.

» Le Louis XIV avec la Régence et le Louis XV.

» Le Louis XVI avec le Directoire et l'Empire.

» Les éléments sont souvent les mêmes dans la précédente classification en raison de ce que les dessinateurs qui les ont composés ont vécu d'une époque sur l'autre.

» On emploiera donc pour :

» Antichambre : Gothique, Renaissance, Louis XIII.

» Salle à manger : Gothique, Renaissance, Louis XIII, Louis XIV, Louis XV.

» Grand salon : Renaissance, Louis XIV, Louis XV, Régence, Louis XVI.

» Petit salon : Fantaisie, Renaissance, Oriental, Régence, Louis XVI.

» Boudoir : Fantaisie, Renaissance, Oriental, Japonais, Louis XV, Régence, Louis XVI.

» Bibliothèque : Gothique, Renaissance, Louis XIII, Louis XIV, Louis XV, Louis XVI, fond oriental.

» Cabinet de travail : Gothique, Renaissance, Louis XIII, Louis XIV, Louis XVI.

» Hall : Gothique, Renaissance, Louis XIII, Louis XIV, Fantaisie, Oriental.

» Billard, fumoir : Mauresque, Renaissance, Louis XIII, Fantaisie, Japonais, Oriental.

» Chambre d'homme : Gothique, Renaissance, Louis XIII, Louis XIV, Fantaisie, Oriental, Anglais.

» Chambre de dame : Louis XV, Louis XVI, Fantaisie, Japonais.

» Salle de bain : Louis XV, Louis XVI, Fantaisie, Mauresque, Oriental.

» Cabinet de toilette : Louis XV, Louis XVI, Fantaisie, Mauresque, Oriental, Russe.

» Le mot fantaisie indique surtout les bois couverts pour sièges.

» Depuis quelque temps, le style Empire est revenu à la mode ; on l'applique un peu à toutes les pièces : salle à manger, salon, boudoir, bibliothèque, bureau, chambre, toilette et bains.

» Il y a eu aussi, sous le deuxième empire, quelques applications du Néo-Grec qui est maintenant démodé.

» La chambre d'une femme sera toujours d'un style coquet et plutôt arrangée en boudoir, tandis qu'à la chambre d'un homme conviennent les styles sévères et particulièrement la chambre pratique, appelée chambre anglaise, qui sert en même temps de cabinet de toilette et de pièce de travail pour le matin, mais qui manque de la poésie nécessaire à la chambre féminine.

» La mode des tables de nuit est absolument abandonnée ; on ne saurait imaginer un meuble plus ridicule.

» Voici, pour compléter, quelques conseils pratiques :

» Eviter les couchers hauts. Le lit bas est plus gracieux et laisse plus d'air.

» Retirer les oreillers du lit pour le fermer et les
mettre dans un filet suspendu dans un cabinet aéré
pendant le jour.

» Eviter les meubles à deux fins, à moins que l'on
ne puisse s'en passer. Les divans-lits sont parfois
nécessaires, mais il faut savoir choisir le meilleur
système.

» La chaise-longue en deux ou trois parties est une
réminiscence des temps anciens ; c'est commode une
fois par hasard et donne un meuble fort agréable
pour salon-boudoir et chambre, à la condition qu'il
soit bien compris et que la destinataire ne soit pas
obligée d'y avoir recours d'une façon habituelle pour
raison de santé ; il ne serait alors pas pratique.

» Eviter les tentures d'étoffe dans les chambres à
coucher, à moins qu'elles soient hautes et spacieuses.

» Les interdire absolument dans les chambres d'enfants nursery, salles d'études, w.-c. Les choisir d'une
contexture particulière pour les salles à manger et
les fumoirs.

» N'employer les housses pour sièges qu'à la condition *de ne pas s'asseoir dessus, les housses y étant,*

car les housses usent beaucoup les meubles par le frottement rude du coutil.

» Déposer ses rideaux et ses tapis tous les ans et les faire battre.

» Si vous avez beaucoup d'enfants, il convient d'avoir une ou deux pièces pour eux, en dehors de leur chambre : la *nursery* où ils jouent et mangent, et la salle d'étude où ils travaillent.

» La mode des couleurs varie dans l'ameublement comme dans la mode, mais il faut éviter, pour être pratique, de prendre les nuances qui n'ont d'autre charme que d'être seulement à la mode — l'ameublement durant plus longtemps qu'une robe — parce que l'on a bientôt une pièce qui *date*.

» Dans la dernière mode, la Renaissance ayant été beaucoup employée, on a été longtemps aux nuances sombres ou assez foncées; maintenant que l'on est surtout aux styles Régence, Louis XV et Louis XVI, les nuances employées sont plutôt très claires.

» C'est beaucoup plus agréable et plus pratique pour la santé, parce que, outre la gaîté des couleurs, on emploie moins d'étoffe, ce qui laisse plus d'air et plus de lumière.

» On emploie indifféremment les nuances pour toutes les pièces, cependant certaines, telles que le gris et le violet, par exemple, ne sont guère employées que comme ornement, surtout dans les objets isolés.

» Le vieil or et le ton or conviennent surtout à l'ornementation sur toutes les couleurs.

» Quant à la question des étoffes, elle est fort compliquée. En général, on peut classer les étoffes en quatre catégories : 1° Celles pour tentures murales. 2° Celles pour rideaux et draperies. 3° Celles pour sièges. 4° Celles de fantaisie : tissus légers, transparents ou autres, bonnes à des usages divers.

» Je laisse en dehors toutes les étoffes accessoires, telles que doublures, étoffes à housses, etc., etc.

» Les trois premières sont utilisées en raison de leur solidité, elles doivent toujours être employées en opposition de couleurs ou de dessins les unes des autres. Exemple quant au dessin : si l'étoffe des sièges est du velours uni, celle de la tenture pourra être un jeu de fond ou petit dessin, tandis que celle des rideaux sera un grand dessin, et vice-versa. Quant à la couleur, si les sièges sont par exemple rouge foncé, la tenture sera en rouge clair et les rideaux en rouge moyen ; mais dans ce cas, l'on ne pourrait renverser que les deux derniers termes : les sièges étant considérés comme faisant partie du soubassement de la pièce, devront toujours être du ton foncé (pour la partie de fond) du mobilier.

» Tout ceci n'exclut pas le mélange des nuances ni toutes les variations que l'on peut faire sur le thème des oppositions de tons.

» Les étoffes sont aussi employées en raison de leur solidité ; les meilleures pour les sièges sont le velours, le drap, le cuir, la tapisserie, la soierie de Lyon ; les moyennes pour les rideaux, et les moins solides pour les tentures.

» La soierie permet d'employer les mêmes étoffes partout ; cependant depuis le progrès que l'on a fait dans les tissus en imitant les plus beaux à vil prix, il y a une limite dans laquelle le tapissier seul peut vous éclairer.

Nota. — Un écueil à éviter ce sont les tentures et portières sombres, avec les boiseries blanches qui sont adoptées dans beaucoup de salons de nos appartements modernes.

Ce heurt de couleurs tranchées est d'un déplorable effet ; il vaut mieux ne pas mettre de portières que de couper les parois du salon en tranches claires et foncées sans harmonie entre elles.

LES INGÉNIOSITÉS ÉCONOMIQUES DE L'AMEUBLEMENT

Après ce qui précède, il ne nous reste plus rien à dire, dans cette note élevée, sur la question de l'ameublement et de l'art chez soi ; nous nous retrancherons maintenant dans les questions de détail, dans les indications des petits *trucs*, utiles dans un ménage pour parer aux nécessités de la vie, au moment où l'on est dépourvu de bien des choses, et où il faut se tirer d'affaire par son ingéniosité.

Nous allons donc parler pour la maîtresse de maion industrieuse qui ne peut ou ne veut pas dépenser

beaucoup, et qui, cependant, veut avoir un nid coquet et charmant.

Supposons-la à la campagne et ne disposant que de
choses vulgaires :

Un lit, par exemple, qu'elle veut reléguer au grenier tant il est disgracieux de forme, haut sur
pattes comme un héron, mais enfermant un excellent sommier et un bon matelas.

Elle fera venir le menuisier du village et lui com-
mandera deux plateaux de sapin brut, d'un pouce
d'épaisseur, ayant la largeur du sommier plus
20 centimètres ; l'un aura 1^{m}20 de hauteur, l'autre
80 centimètres. Ces plateaux auront, de tous côtés,
de larges emboîtements en chêne.

Lorsqu'ils seront faits, le menuisier les apportera,
et la dame tracera sur tous deux, avec un gros
crayon plat, des contours Louis XV (fig. 35) que
l'ouvrier découpera avec la scie à chantourner. Avec
sa lime, il arrondira légèrement les deux côtés du
bois.

Elle fera alors garnir ou elle garnira elle-même
ces deux panneaux, — qui sont deux dossiers, —
avec un molleton, puis avec une étoffe à son choix,
cretonne Louis XV, velours de lin ou autre, de façon
à ce que le panneau bas soit garni des deux côtés et
le panneau élevé d'un seul. Le menuisier fera encore
quatre traverses en bois brut de la longueur exacte
du sommier, ayant 0^{m}15 de large et 0^{m}06 d'épaisseur, puis deux autres, de l'épaisseur d'un pouce,

35.

ayant 0m13 de largeur et la longueur exacte du sommier, plus 0m12.

Ces deux dernières traverses seront garnies d'étoffe comme les deux grands panneaux.

Le sommier sera alors garni d'une bande d'étoffe cousue à l'aide d'une aiguille recourbée. Cette bande

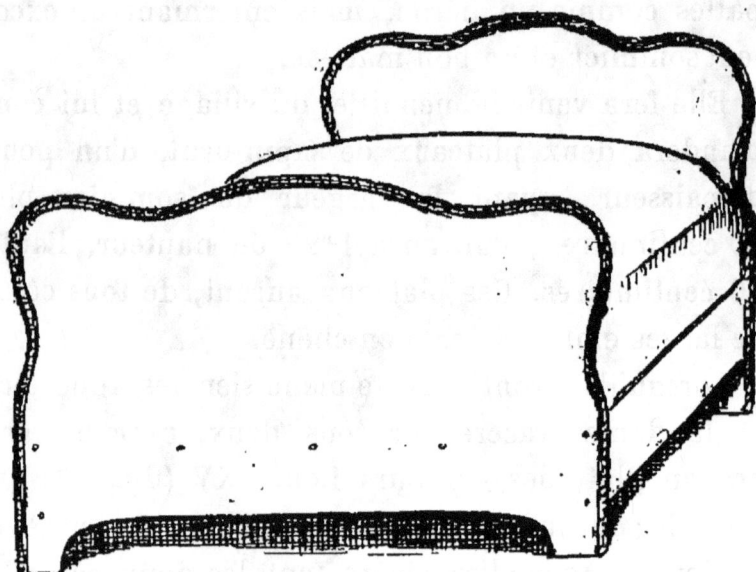

Fig. 35. — Lit Louis XV improvisé sans bois de lit.

d'étoffe cachera tout le côté, et tournera dessus de 20 à 30 centimètres.

Elle sera clouée en dessous sur la caisse du sommier.

A l'aide de vis ayant 0m09 de long, on vissera, à la tête et aux pieds du sommier, et au ras du bas du sommier, deux des traverses non garnies.

Les deux autres traverses seront vissées en haut et en bas du grand dossier, du côté non garni. La traverse du bas sera placée à 0m50 du sol.

On vissera alors, avec six vis de cuivre de 0^{m}11, chaque dossier sur les traverses, de façon à ce que le sommier reste suspendu à 0^{m}10 ou 0^{m}15 du sol. On vissera, sur le côté, les traverses garnies, au ras du

Fig. 36. — Table-toilette (devant).

bas du sommier, et on aura un lit Louis XV, tout à fait charmant, qui sera fort admiré et qui ne reviendra pas cher.

On peut ne pas faire chantourner les dossiers et les entourer de bandes de tapisserie style Henri II, si cela convient mieux avec le reste de l'ameublement.

Table-toilette improvisée. — Donnons ici le moyen de faire une charmante toilette très commode avec une glace quelconque et une journée de menuisier.

On demandera à la *Ménagère* une table de cuisine ayant 0^m,80 sur 0^m,50. Son tiroir est sur le côté mesurant 0^m,80, et sera par conséquent le devant de notre meuble. A chaque angle, derrière, on y fera ajuster deux planchettes formant angle, en entaillant la table de l'épaisseur du bois, ayant 0^m,50 au-dessus de la table et arrondies par le haut. Cet angle aura 0^m,20 de chaque côté et on y disposera à l'intérieur, deux tablettes sur la hauteur.

Une planche épaisse de 0^m,40 de long sur 0^m,10 ou 0^m,15 de large, sera posée sur champ sur le bord de la table, entre les deux encoignures que l'on vient d'établir et servira de support à la glace.

Aux deux pieds de derrière, il faut clouer solidement une traverse qui les réunira.

Sur cette traverse, on en vissera une autre en forme de T renversé, qui s'élèvera plus ou moins au-dessus de la table, suivant la dimension de la glace que l'on aura à sa disposition. Il sera nécessaire de faire, dans le rebord de la table, une entaille pour que la traverse s'y encadre et y soit vissée.

En haut, la traverse aura un fort piton fermé auquel s'attachera la glace, posée sur un plan légèrement incliné.

Le meuble fini, on le passe au brou de noix et on le drape avec plus ou moins d'élégance et de richesse.

Une tapisserie au petit point ou au point des Gobelins, en teintes amorties, fera un effet charmant

sur la planche du fond qui réunit les deux encoignures. Une bande assortie peut entourer le bord extérieur de la table et de la tablette. Cela nous entraîne à des bandes semblables formant le fond de

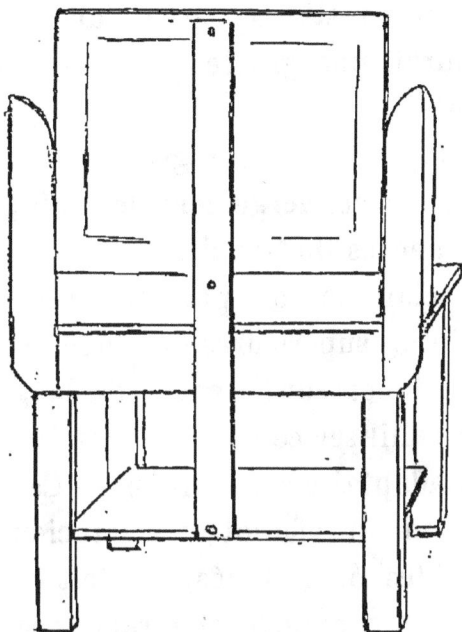

Fig. 37.— Table-toilette (dos).

chaque encoignure entre les tablettes qui seront ca-
chées sous une étoffe semblable à celle qui couvrira
la tablette et enveloppera les pieds de la table. Cette
même étoffe, ou une bande de tapisserie, encadrera
la glace, mais ce n'est pas indispensable; si son cadre
est joli, il peut rester apparent. On peut broder pour
la table une tapisserie comme celle des bandes.

On aura ainsi, à très peu de frais, un meuble
coquet et nullement banal.

En attendant d'avoir fait la tapisserie, on peut faire tout cela en andrinople ou en autre étoffe. Nous en avons garni une avec une portière turque très souple, posée simplement sur la table, puis relevée et drapée tout autour avec quelques pointes : le bois des encoignures restait apparent, au bord de chaque tablette courait une giselle qui ornait aussi le bord des montants.

Un petit tapis de velours grenat cachait le milieu de la table où convergeaient les plis ; cela nous a coûté trois heures de travail.

Comme éclairage, on peut poser des flambeaux sur les tablettes supérieures des encoignures, ou placer des appliques sur le cadre de la glace ; en un mot on peut utiliser ce que l'on possède.

Diverses adaptations du divan. — Certains anciens divans ont un air vieillot et disgracieux avec leurs coussins raides ou fatigués, qui fait oublier à quel point ils sont commodes en remplaçant la chaise longue ou en servant de lit improvisé.

Voici un moyen de les moderniser à peu de frais : Faites faire par le menuisier une caisse en bois brut à trois côtés, sans fond, ayant la longueur et la largeur de votre meuble.

Si le divan ne s'ouvre pas et qu'on ne veuille pas s'en servir comme lit, ceci nous suffit ; sur chaque côté, on posera sur le champ de la planche une traverse arrondie en forme de rampe (fig. 38) ; elle dépassera de deux ou trois centimètres la planche qui

forme le côté. Garnissez d'une toile grossière, bour-
rez d'étoupe toute la partie qui surmonte le divan,

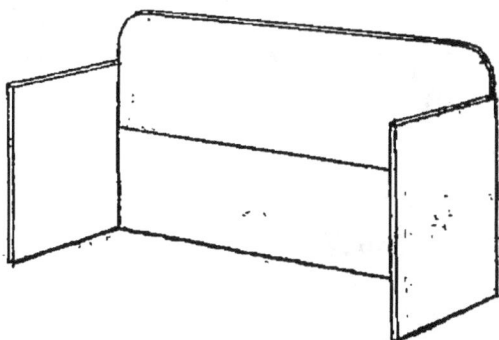

Fig. 38. — Emboîtement du divan.

et par-dessus mettez une étoffe qui cachera entièrement le bois en dedans et en dehors.

Ceci fait, enclavez dans cette niche le divan, sur

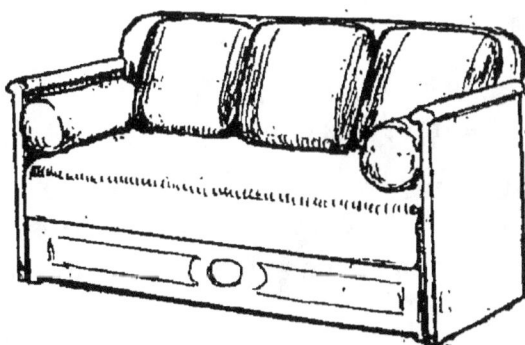

Fig. 39. — Divan transformé.

lequel vous jetterez un tapis d'Orient si vous en avez
un de dimension convenable. Si c'est possible, que
ce tapis cache le bois devant et rase le sol.

A défaut de tapis d'Orient on peut utiliser une
fourrure ou une draperie quelconque.

Rafraîchissez vos coussins, si c'est nécessaire, et remplissez-les, si vous pouvez, de grosse plume au lieu de crin ou d'étoupe, mais en les faisant très durs. Faites, pour chaque extrémité, un coussin en forme de traversin, et contemplez votre œuvre, vous en serez satisfaite.

Si le divan s'ouvre, l'opération se complique un peu... très peu. Suivant la dimension de votre pièce, et suivant votre goût, choisissez entre ces deux combinaisons :

La plus simple est de mettre des galets au divan, afin qu'il puisse rouler et sortir suffisamment de sa niche pour être ouvert. Vous pourrez même faire mettre devant des poignées en sangle pour faciliter la traction.

Ce qui est mieux est de faire faire les côtés de la caisse de 0^m,25 à 0^m30 plus profonds que le divan ; derrière, à la hauteur des charnières (3 ou 4 centimètres plus bas), faites mettre une planche ayant comme largeur les 25 ou 30 centimètres ajoutés. Cela donnera l'aspect d'un rayon étroit au fond d'une immense armoire (fig. 40).

Procédez comme il est dit précédemment ; quand vous ouvrirez le divan — sans le tirer en avant — le dessus s'appuiera sur cette tablette et sur le dossier. Lorsqu'il sera fermé, vous poserez, dans l'espace laissé vide en arrière, un petit matelas qui montera aussi haut que le dossier (fig. 41) et qui pourrait être celui que l'on mettra sur le divan afin

de le transformer en lit; il sera recouvert aussi d'un
tapis d'Orient ou d'une tenture turque ou, mieux

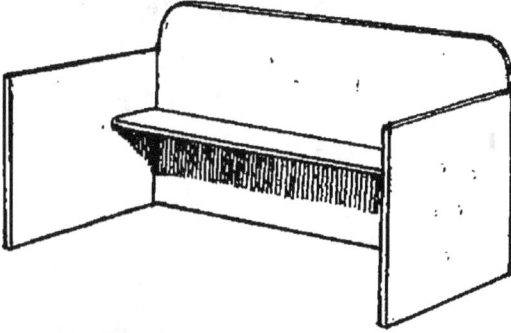

Fig. 40. — Emboîtement du divan-lit.

encore, faites au matelas une housse de velours,
peluche de laine, damas, cretonne, semblable au
reste de l'ameublement.

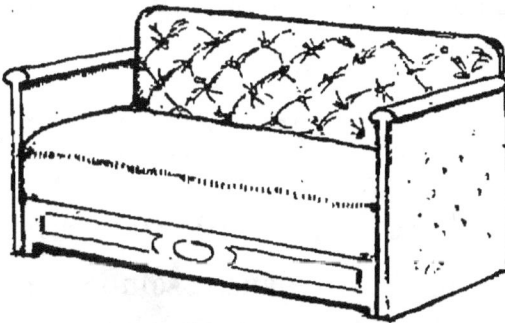

Fig. 41. — Divan-lit sans coussin.

Les coussins s'appuieront contre ce matelas, et votre meuble aura un aspect plus confortable.

S'il sert de lit, les coussins prendront, la nuit, la
place du matelas, ce qui évitera l'encombrement dans
la pièce.

Si le matelas était plus large que la hauteur du

dossier, on n'aurait qu'à faire poser la tablette plus ou moins bas, et même au ras de terre.

Ce divan fait un excellent lit de repos, bien supérieur à une chaise longue, et a l'avantage, comme lit improvisé, que la literie est à l'air pendant le jour, au lieu d'être enfermée dans le divan comme à l'ordinaire.

Manière de passer au noir des meubles en bois blanc. — A l'aide d'un pinceau, on imbibe le bois, plusieurs fois, pendant vingt-quatre heures, d'une forte décoction de bois de campêche. Le lendemain, on applique une forte solution chaude de sulfate de fer. On polit par le frottement, cela fait de jolis meubles de campagne.

Manière de teindre en bleu clair les meubles en bois blanc. — Faire bouillir :

Indigo.............................	250 grammes.
Gaude..............................	500 —
Alun...............................	45 —
Eau...............................	12 litres.

Tremper une brosse dans la solution, et bien brosser le bois, jusqu'à ce qu'on ait obtenu la teinte voulue.

Manière de peindre en vert-de-gris des meubles en bois blanc. — On fait dissoudre du vert-de-gris dans du vinaigre, on ajoute de l'eau chaude et on procède comme précédemment.

Cadres pouvant aller avec les précédents meubles: Pièces de bois plates, larges de 0^{m}075, avec une simple moulure sur le bord supérieur. On peut leur donner la couleur des meubles de la pièce, où ils sont placés, et les orner de croix de Malte, ou de fleurs de lis découpées dans un bois plus foncé ayant 0^{m}015 d'épaisseur.

On les fixe sur le cadre, par un clou à tête d'acier ou de cuivre.

Manière de rendre plus foncée la couleur du bois. — On le lave avec du thé froid, très fort.

LA CHAMBRE A COUCHER

Le lit. — Pour avoir un excellent coucher, le sommier ne sera pas trop dur, et on entretiendra son matelas en bon état en le faisant refaire chaque année.

Le lit est plus dur avec plusieurs matelas.

Si on veut un lit bien plat et dont le bord fasse arête, il faut border le matelas et le piquer autour, ça le durcit un peu au bord, mais l'effet est excellent.

Recommandez bien à la matelassière de ne pas piquer le matelas avec des tampons durs qui sont d'un contact fort désagréable à travers le drap; il ne faut pas que la laine forme un paquet; on doit faire un flocon bien plat, qui n'a d'autre but que de protéger la toile et de l'empêcher de se déchirer.

Trouver une bonne matelassière est peut-être ce qu'il y a de plus difficile au monde, car il n'y en a pas une sur cent.

En général, elles ne cardent pas bien la laine, y

laissent la poussière, et ne savent pas l'égaliser en montant le matelas, qui se trouve parfois plus mauvais après être refait qu'avant.

Arrangez-vous toujours pour faire faire vos matelas dans votre maison et faites surveiller les allées et venues, afin d'éviter les fraudes sur la laine.

Envoyer ses matelas à faire chez un marchand, c'est s'exposer, si les matelas sont en belle laine, à les recevoir en laine inférieure.

Une femme doit fuir les lits hauts ; passé 0m70 de hauteur, un lit est dangereux pour elle ; l'effort nécessaire pour y monter et en descendre cause de grands désordres abdominaux, que l'on ne sait souvent à quoi attribuer ; 0m60 est la bonne hauteur pour la santé et l'élégance.

L'entassement des matelas est vulgaire. Un bon sommier et un bon matelas, refait chaque année, font un coucher parfait, aussi moelleux que l'on peut le désirer ; si le lit est trop dur, on n'a qu'à faire amollir le sommier en distendant un peu les ressorts.

Nous ne sommes pas très partisan de la plume autrement que sous le matelas.

*
* *

Le traversin rond est un non-sens dont les Américains ont eu raison.

Il ne sert absolument à rien, se refoule dans le fond du lit, et l'on n'a sous la tête qu'un oreiller non soutenu.

Les Américains ont adopté le traversin plat en laine ou en plume, et après diverses expériences nous avons adopté ceci :

1° Un traversin en laine assez plat, ayant 0m35 de large ; 2° Un traversin en grosse plume ayant 0m45 à 0m50 de large, tous deux avec taies boutonnées.

3° Oreillers en plume très fine de dimensions ordinaires, les deux faisant la largeur du lit.

4° Pour chaque personne, un petit oreiller, en plume ou en crin, ayant 60 cent. sur 35.

Ce petit oreiller se pose sur le grand et emboîte le cou, se plie à toutes les positions, à tous les caprices, évite les fausses positions en donnant à la tête l'inclinaison qui lui est commode.

Le dormeur qui sait se servir de ce petit oreiller le trouve si précieux, qu'il ne peut plus s'en passer, et le met dans sa couverture de voyage comme l'objet le plus indispensable.

Il résulte, de ces deux traversins plats étayant l'oreiller, un plan incliné qui soutient le corps jusqu'à la ceinture, et le repose très confortablement. Les femmes, surtout, s'en trouveront très bien.

Le lit est ainsi plus facile à faire ; le drap de dessous ne sert plus à envelopper le traversin et se borde, sous le matelas à la tête, comme au pied.

*
* *

Voici maintenant encore un petit sybaritisme qui épargne — aux gens qui y sont sujets — bien des crampes dans les jambes, souvent causées par le poids des couvertures sur les pieds lorsqu'on est couché sur le dos.

Cela consiste tout simplement à faire, avec le drap de dessus et la couverture, un pli de dix centimètres (fig. 42) à l'extrémité du lit. Le soir, on déborde un peu le pli de chaque côté du lit, on le soulève, et on donne ainsi aux pieds la place qui leur est nécessaire.

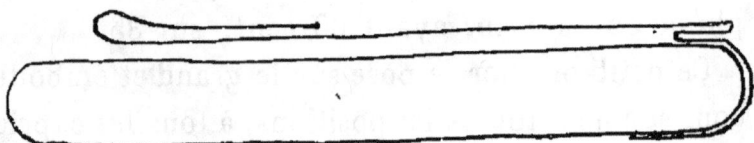

Fig. 42.— Pli hygienique au pied du lit.

Pour bien faire un lit, il faut avoir des règles fixes que l'on impose aux servantes.

Ayez une grande couverture, et mettez-la *en travers* ; les couvertures sont toujours trop longues et pas assez larges. La dimension voulue doit être la longueur du lit plus 0^{m}60, destinés au pli et à *border* au pied. Comme largeur, elle effleurera terre de chaque côté.

On met sa couverture de façon à ce qu'elle touche le dossier de la tête ; le pli du pied la fait descendre de 0^{m}20, ce qui est une bonne mesure pour avoir les épaules couvertes sans avoir de paquet étouffant.

Ne permettez pas que l'on replie la couverture en haut, cela surcharge trop la poitrine.

Le drap devra recouvrir la couverture jusqu'aux

deux tiers du lit ; ça la maintient mieux et le lit reste plus en ordre la nuit.

Pour que la servante ne mette pas les draps et les couvertures au hasard, inculquez-lui la manière suivante de faire le lit. Une fois habituée elle sera ravie, car c'est plus rapide et mieux fait.

On commence par déborder tout autour draps et couvertures. On enlève oreillers et traversins, que l'on pose sur deux chaises placées en face l'une de l'autre.

Ne permettez jamais que l'on jette tout cela à terre, ce que font volontiers les domestiques peu scrupuleux (et c'est la grande majorité).

On prend alors l'extrémité de la couverture dans la main droite ; de la main gauche on la reprend à 0m60 environ pour la ramener en un pli dans la main droite et ainsi de suite, jusqu'à ce que la main droite, en quatre ou cinq plis, tienne toute la couverture. On place alors le bras gauche sous la couverture tendue par le bras droit écarté, et on l'enlève de dessus le lit pour la poser sur les chaises en deux ou trois zigzag, sur lesquels on pose le paquet tenu par la main droite, de façon à pouvoir le reprendre sans qu'il se soit défait.

On procède de même pour chaque drap ; on retourne le matelas, et on le bat ; on prend alors, de la main droite, le paquet posé soigneusement, on passe de même le bras gauche sous la longueur du drap, et, de ce même bras gauche, on lance l'extrémité du drap de l'autre côté du lit. En ouvrant le paquet tel qu'il se présente, on trouve le drap tel qu'il était précédemment, sans erreur ni recherche.

Pour border au pied et à la tête, on prend généralement le matelas d'une main, le drap de l'autre, et on le tiraille au hasard pour le mettre à peu près bien.

Il est de beaucoup préférable de bien placer son drap, d'en effacer tous les plis ; puis on prend d'une main le matelas *par-dessus* le drap ou la couverture, on le soulève et l'on n'a plus qu'à glisser dessous la quantité que vous avez destinée à border, ni plus ni moins. Résultat : 1° lit mieux fait ; 2° pas de tiraillements, 3° économie de temps.

Lorsque le lit est fini, on place à la tête les traversins et les oreillers, lorsqu'on veut les laisser, que l'on tasse en un rouleau bien serré (on les bat en faisant la couverture), afin de faire une *tête* très ronde.

Les deux rouleaux, au pied et à la tête, sont laissés aux lits d'auberge.

Ils sont, d'ailleurs, absolument impossibles avec les lits de bout, les plus à la mode et les plus pratiques.

L'énorme édredon gonflé qui ornait les lit de nos grand'mères, fait aussi place, depuis bien des années, au couvre-pied de satin piqué rempli de duvet, qui borde le lit comme une couverture, ne le déforme pas, ne glisse pas à terre ; il donne autant et plus de

chaleur que l'antique monument, si peu décoratif
que les gens soucieux de l'élégance le cachaient, le
jour, dans un cabinet.

On fait des dessus de lit de deux façons : avec armature raide à la tête (œuvre du tapissier) et bordure
formant angle de chaque côté du lit. Ils sont plus ou
moins compliqués de bandes, de broderies, de chif-
fres.

L'autre, plus simple, est un grand carré doublé;
l'étoffe en est plus ou moins belle; on en couvre tout
le lit et, si le sommier est garni, on le borde sous le
matelas; sinon on le fait entrer dans le bois de lit.

*
* *

Pour faire la couverture pour la nuit, on commence
par plier avec soin le dessus de lit en le repliant sur
lui-même, sans l'enlever, jusqu'au moment où, devenu
étroit, il est facilement maniable sans le chiffonner.

On déborde un peu *le pli* au pied, et on le soulève;
on ouvre le lit en repliant la couverture sur un tiers
de sa longueur, et on reborde avec soin le drap de
dessous que ce mouvement a débordé.

Quelques personnes aiment que le lit soit entièrement débordé de chaque côté. Nous croyons aussi que
c'est mieux, quand les draps et les couvertures sont
très larges.

On pose alors, de chaque côté du lit, le linge de
nuit de chaque personne, sans le déplier.

(On l'avait soigneusement plié le matin et mis dans
des sacs *ad hoc*, suspendus dans le cabinet de toilette.)

On bat les oreillers et les traversins et on les dispose suivant le goût et les habitudes de chacun.

Les autres détails de cette installation nocturne se trouvent au chapitre des réserves conjugales.

Nous avons dit précédemment, et nous en trouvons la confirmation dans l'interview de M. Verdellet, que la table de nuit se supprimait radicalement. Nous la remplaçons par une ou deux petites tables à plusieurs étagères, pareilles ou différentes l'une de l'autre, à la hauteur voulue pour la lumière, où l'on posera tout ce que l'on voudra, et qui seront plaisantes à l'œil.

En voici un modèle charmant et des plus pratiques vu à la Ménagère (fig. 43).

Les petites tables japonaises sont très appropriées à cet usage.

Nous avons déjà parlé de la veilleuse qui ne doit pas être suspendue, sinon posée sur un meuble, et abritée par un paravent à trois feuilles de 0^m12 à 0^m15 de hauteur qui empêche la lumière de gêner les dormeurs.

De même que nous conseillons la suppression des tables de nuit, nous demandons celle des rideaux du lit qui sont des nids à microbes.

Tout au plus, avec le lit de bout et le lit de coin accepterions-nous une draperie contre le mur, tombant d'un ciel très haut.

Nous préférons, sans nous inquiéter de la mode, uniquement parce que c'est plus sain, supprimer radicalement les rideaux et placer un beau tableau à la tête du lit, ce qui affirme la volonté de la suppression et non l'oubli des draperies.

On les supprimera surtout dans les chambres d'enfants. Seul, le bébé aura les rideaux de mousseline, fréquemment lavés, à son berceau et à son petit lit, pour tamiser l'air et le préserver des insectes.

Fig. 43. — Table de chevet.

Si l'on n'a pas de cabinet de toilette, on aura, dans sa chambre, le lavabo et la table-toilette pour se coiffer.

On aura bien toujours un coin, un cabinet quelconque, ou même un paravent pour dissimuler pendant le jour les seaux et autres ustensiles que l'on cache avec soin aux regards.

Nous voudrions supprimer les affreux rideaux des toilettes et des lavabos; ils semblent toujours vouloir cacher de laides choses, et facilitent le désordre des domestiques. On peut garnir avec de l'étoffe la tablette inférieure et les pieds, s'ils sont laids.

Nous n'approuvons, d'ailleurs, pas plus les rideaux à ces meubles dans le cabinet de toilette que dans la chambre à coucher. Nous aimons l'ordre parfait et réprouvons tout ce qui facilite le désordre en le dissimulant.

Les tapis. — Question importante où le client est forcé de se fier à son tapissier, quitte à le maudire lorsqu'il s'aperçoit qu'il a été trompé.

Prenez le moins possible un tapis uni pour tout un appartement ; c'est très joli, mais donne un tel travail pour être d'une propreté suffisante, qu'il entre dans la catégorie condamnée par M. Verdellet, lorsqu'il recommande de ne pas être l'esclave de son mobilier — or on est absolument l'esclave d'un tapis uni.

Les dessins d'un tapis doivent être en rapport avec la dimension des pièces et la hauteur du plafond. Un grand dessin dans une petite pièce la fait paraître plus petite encore.

Les tapis à fleurs sont absolument démodés.

Le tapis d'Orient doit être très beau, sinon à quoi bon ? Avoir un très vieux tapis, laid, sale, loqueteux, sous prétexte qu'il est d'Orient, est un enfantillage.

Les très grands tapis d'Orient, qui ne sont pas cloués, sont très lourds à battre. On peut les encadrer de bandes de tapis uni, qui les mettent à la dimension de la pièce et que l'on peut clouer.

Il est bon pour les nettoyer d'employer les grands balais mécaniques de la Ménagère dont nous avons eu toute satisfaction.

Sur un tapis cloué, uni ou à fleurs, on met des carpettes devant certains meubles.

*
* *

On ne peut pas dire comment on meuble un salon, tant cela dépend de la fortune de chacun et des nécessités de la vie.

*
* *

Les haïks arabes et les haïks tunisiens font de très jolies draperies souples et gracieuses pour draper des chevalets, des glaces, des portières, etc.

*
* *

Très souvent on veut se faire un salon chinois ou japonais sans s'y bien connaître, avec le concours d'un tapissier qui ne s'y connaît pas du tout. On fait alors de tristes et douloureux mélanges du plus mauvais goût.

Nous l'avons vu dernièrement dans un salon où l'on avait dû semer l'or : les panneaux des murs étaient décorés d'exquises broderies japonaises sur satin blanc; les portières étaient en broderies chinoises sur satin bleu et les divans étaient drapés de broderies d'un orientalisme quelconque sur satin chamois!!!

*
* *

La maîtresse de la maison doit avoir, dans son salon, son fauteuil à elle, approprié à sa taille, à ses

37

aptitudes, au style de sa beauté. Une petite femme mignonne sera, par exemple, charmante dans un petit fauteuil bas, tandis qu'une femme grande et un peu majestueuse sera belle dans un fauteuil Louis XIII, les pieds posés — s'enfonçant un peu — sur un coussin de velours ou de peluche rempli de plumes au lieu de crin.

*
* *

Dans vos achats de meubles, choisissez les formes simples ou sculptées, mais pas de moulures, dont le rôle, dans la vie, est de se décoller pour aller se reposer dans le *petit panier à moulures* avec beaucoup d'autres.

De temps à autre l'ouvrier vient, recolle tout, mais immédiatement le décollage recommence, et le petit panier reprend son service.

*
* *

On ne met plus guère de banquette dans les antichambres ; les hautes chaises de chêne sont prétentieuses. On donne dans la haute fantaisie, des « coins » bretons, des tables biscornues en drap vert empire ou rouge blason ; des paravents, des massifs de plantes vertes et beaucoup de draperies et de portières. Des faïences et des vieux grès pour relever, çà et là, d'une note plus claire.

Cependant l'antichambre doit toujours être un peu sombre ; même le soir on éclaire peu ; elle doit faire opposition avec les salons.

CABINET DE TOILETTE

Autant que possible le cabinet de toilette doit être grand et clair. On disposera les meubles de telle sorte que la glace du lavabo ou celle de la toilette un peu penchée, renverra l'image entière dans celle de l'armoire, de la psyché, ou simplement dans une grande glace posée à plat contre le mur, et très bas, de façon à s'y voir des pieds à la tête, sans avoir besoin de s'en éloigner. Elle peut coûter très bon marché ; servant seulement pour l'aspect général, elle peut être moins pure que la glace chargée de refléter le visage.

Les brosses et les boîtes d'ivoire prendront place sur la toilette, et ressortiront bien sur un petit tapis de velours sombre.

On peut, au centre de ce tapis, placer un plateau ou une assiette artistique qui sert de vide-poche. Au tour on arrange les brosses à cheveux et à poudre, en appuyant l'extrémité du manche des brosses sur le bord de cet objet, de façon à ce que les soies ou le blaireau de la brosse ne se déforment pas par le poids de l'ivoire.

Les glaces à main, les brosses à habits sont disposées ensuite suivant leur forme et leur dimension.

Cabinet de toilette japonais. — Il y a deux façons de faire un cabinet de toilette japonais — quant à la décoration, bien entendu, les Japonais n'ayant pas de meubles. — Couvrir les murs de bibelots chers ou bon marché, suivant votre fortune, mais qui seront toujours charmants, ou bien si vous êtes un tant soit peu artiste, peindre les murs en camaïeu d'après les maquettes ou croquis que vous demanderez à un peintre spécialiste ès-choses du Japon. Je souligne ce point, car autant le vrai japonisme est charmant et intéressant, autant le Japon de convention de ceux qui l'ignorent est ridicule et fatigant. C'est comme en musique, les maîtres ou les faiseurs de ritournelles.

Voyons la première manière :

Les Japonais n'ayant pas de meubles, comme nous le disons plus haut, il faut chercher quel est le style qui peut s'allier à la décoration japonaise.

Nous renvoyons à un ouvrage spécial, *Le Japon pratique* [1] pour une description complète et fort intéressante de cette décoration.

Nous y voyons que le style japonais s'accommode très bien des meubles Louis XV; Madame de Pompadour raffolait des bibelots japonais ; nous pouvons donc, suivant le conseil de l'auteur du *Japon pratique*, allier les deux styles.

Supposons alors que nous avons des meubles Louis XV blanc et or — très peu d'or. Le lavabo aura la forme d'une table longue à pieds chantournés sur laquelle sera posé un marbre ordinaire.

La toilette pourra être une console du dix-huitième

_____

(1) Hetzel, éditeur.

siècle, surmontée d'une glace de même style, un peu penchée, drapée en arrière d'un « obi » (large ceinture de soie des Japonaises), sur laquelle se détachera le blanc laiteux du cadre.

Sur le marbre de la console, un petit tapis molletonné, taillé dans quelque débris de kimono ancien (robe japonaise) en dessinera les contours et fera ressortir les ivoires au milieu desquels on placera une coupe de laque ancienne ou un plat de belle porcelaine kutani.

Quant aux murs je renvoie de nouveau au *Japon pratique*, car je ne saurais pas si bien dire.

Dans la description de ces divers panneaux, on trouvera sûrement ce que l'on désire accorder avec la disposition de la pièce.

Cabinet de toilette Louis XV. — Avec les mêmes meubles blanc et or, dont il est parlé dans le cabinet de toilette japonais. On tendra alors les murs de cretonne Pompadour, on y accrochera quelques belles gravures de l'époque.

On peut accorder avec cet ameublement l'armoire à triple glace dont les deux plus petites, bi-latérales, s'ouvrent de façon à vous envelopper et à se renvoyer votre image, que ce soit une simple armoire ou la Cabine-triptyque dont il est parlé page 80.

Ne drapez pas les pieds de votre lavabo Louis XV. Dissimulez autrement les brocs et les seaux, soit dans un petit cabinet, soit derrière un paravent ; il y en a d'ailleurs à la Ménagère de fort élégants en nickel ou en porcelaine assortie au service, qui peuvent parfaitement être vus.

Utilisez le paravent petit ou grand, mettez-en partout, c'est charmant !

*
* *

Dans un petit cabinet de toilette il faut une sévère ordonnance — et beaucoup d'ordre pour la maintenir.

Il faut avoir recours aux *arrimages*, comme disent les marins, accrocher aux murs tout ce qui peut s'accrocher et ne pas perdre de place.

On fait placer autant d'étagères que possible pour les chaussures, les chapeaux, les cartons nombreux que toute femme possède, afin que rien ne reste à terre.

Nous ne le répéterons jamais assez, pas de rideaux *cache-poussière*, et rien à terre empêchant un balayage scrupuleux !

En fixant un piton fermé à une boîte à ombrelle, à une petite caisse quelconque, à un petit banc, à une planche à repasser, etc., on le suspend au mur et le sol est débarrassé.

*
* *

Ayez, pour chaque lit, deux grands filets recouverts de mousseline, l'un pour les oreillers, l'autre pour les chemises de nuit. Le filet et la mousseline laissent circuler l'air, et, tandis que le filet donne la solidité, la mousseline préserve de la poussière.

*
* *

Pour se coiffer on fait un peignoir de même coupe que le peignoir de bains, mais beaucoup plus court et en calicot, mousseline ou batiste. Les manches ne dépasseront guère le coude. On peut les faire unis ou fanfreluchés de dentelles, broderie ou volants, suivant le reste de la toilette et du mobilier.

Serviette de toilette. — Une mode anglaise nous a donné la serviette-éponge; je ne sais quelle mode nous a apporté toute la série des nids d'abeilles, des tissus gros et durs, durcissant encore à la lessive, pour servir à essuyer le visage et ne servant qu'à irriter la peau, sans la bien sécher.

Les seules serviettes élégantes et pratiques sont de très grandes serviettes en toile fine.

Il y a encore une fine étoffe de toile appelée œil-de-perdrix, qui est très douce à la peau et fait de bonnes serviettes.

Ces deux tissus se lavent mieux que les autres et accueillent moins facilement les microbes.

Le lavabo. — Le plus commode est sûrement la toilette-réservoir qui, par un mécanisme très simple, donne l'eau chaude et froide, et la fait disparaître. Nous en avons vu, à la Ménagère, de très bien combinées et de toutes les dimensions.

*
* *

Dans les cabinets de toilette, fumoir, cuisine, office, w.-c., il est bon de neutraliser les odeurs, et le meilleur moyen est l'emploi de l'ozonateur, petit appareil, diffusant sans cesse un liquide spécial aux senteurs balsamiques, à base de térébenthine, eucalyptus, thym et autres huiles essentielles, auxquelles on s'accoutume facilement et qui sont très saines.

Pour le cabinet de toilette et le boudoir on a de minuscules ozonateurs d'un système spécial pour la diffusion des parfums (9, Chaussée-d'Antin).

*
* *

Un autre petit appareil très intéressant aussi est le fumivore hygiénique. Il est un peu plus compliqué que l'ozonateur, mais a l'avantage de ne brûler que lorsque l'on veut. Il neutralise complètement et immédiatement les mauvaises odeurs et entre autres celle de la fumée de tabac, si désagréable aux personnes qui ne fument pas.

Il est antiseptique et peut devenir précieux pour les personnes souffrantes auxquelles on peut ainsi faire respirer le remède qui leur convient.

CHAMBRE D'ENFANTS

Jamais de carreau à terre ; du parquet ou du plancher couvert de nattes de Chine cousues et clouées comme un tapis ; du papier clair aux murs (ce papier ne sera jamais vert), pas de grands rideaux aux fenêtres ni aux lits.

Des paravents devront séparer les lits s'il y a plusieurs enfants ; d'autres pourront masquer les fe-

nêtres pour les vents coulis et la lumière du matin.
Beaucoup d'aération ; autant que possible n'y pas
laisser les enfants dans la journée.

Si une bonne ou une nourrice couche dans cette
chambre, éviter qu'elle y fasse sa toilette et ses ablutions ; lui faire prendre des bains très fréquents,
l'obliger à se laver la tête au moins deux fois par
mois ; exiger qu'elle se brosse les dents matin et soir,
et faire visiter sa bouche par un dentiste.

Veiller à ce qu'elle change très souvent de linge,
et à ce que ses robes soient, avant d'entrer là, désin-
fectées aux étuves municipales, ou par des pulvéri-
sations au sublimé.

On ne se figure pas combien de maladies on
apporte dans les plis d'une robe ; rougeole, diphtérie,
scarlatine et le reste ! Les domestiques sont tellement
imprudentes — nous en avons fait l'horrible expérience — que la mère doit être prudente à l'excès
pour établir une légère compensation.

Ne jamais permettre qu'une bonne ou une nourrice couche un enfant auprès d'elle.

Ne pas permettre qu'on fume dans la chambre
d'enfants.

LE CABINET DE TRAVAIL

Le meuble le plus important, dans le cabinet de
travail, est une table ou un bureau hygiéniques,
permettant de travailler à sa hauteur, assis ou debout,
suivant son désir.

Une visite chez M. Féret nous a permis d'apprécier les travaux de cet homme de bien qui consacre une partie de sa fortune à améliorer l'hygiène scolaire par des tables à élévations facultatives, délivrant l'écolier des contorsions douloureuses dont nous avons tous souffert devant des tables mal appropriées à notre taille ; faites pour tel ou tel âge, elles ne tiennent nul compte de la croissance plus ou moins rapide ; tant pis pour celui qui n'est pas à la mesure de sa table.

C'est pour améliorer cet état de choses que M. Féret a inventé ces tables qui sont vraiment parfaites ; de l'enfant, sa sollicitude s'est étendue à tous ceux qui écrivent ou dessinent ; il a fait la table rustique et la table élégante, comme celle dont nous donnons le dessin, et nous croyons bien faire en la faisant connaître à nos lectrices pour leurs maris et leurs enfants (16, rue Étienne-Marcel).

En même temps disons quelques mots de la machine à écrire Remington (page 492), elle nous a rendu de tels services que nous ne résistons pas au plaisir d'en parler. Son maniement est simple, très amusant même ; grâce à elle le travailleur échappera à la crampe de l'écrivain, ou si déjà une maladie nerveuse l'empêche de tenir une plume, cette machine lui permettra de se passer de secrétaire. *On peut composer à la machine* — nous en avons fait l'expérience — une fois qu'on a passé les tâtonnements des débuts. Il semble d'abord que l'on doive épeler, mais bientôt

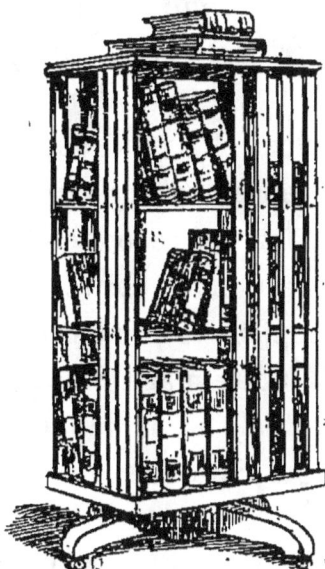

Fig. 44. — Bibliothèque « la Multiple. »   Fig. 45. — Bibliothèque Terquem..

Fig. 46. — Copie de lettres de dame..

Fig. 47. — Le tuteur.   Fig. 48. — Table Féret.

le mot se dessine de lui-même, et on écrit à la machine comme à la main, mais beaucoup plus vite. On arrive presque à une vitesse sténographique.

Il n'est pas dans nos attributions de dire quels services elle rend dans le commerce, mais elle est précieuse aux écrivains et, grâce à elle, bien des femmes pourront seconder leurs maris, qui ne le peuvent pas maintenant faute d'avoir l'écriture réglementaire du copiste de profession.

Cette machine s'ajuste sur une table ou un bureau *ad hoc* et ne dépare aucun cabinet de travail.

A côté de la table à combinaisons Féret, à côté des bibliothèques tournantes La Multiple de Dubert, ou l'Américaine de Terquem, indispensables dans un cabinet de travail, nous avons à mentionner tous les bibelots indispensables au bon ordre du bureau, et à la commodité du travailleur.

Nous n'avons jamais pu descendre ou remonter la rue des Saints-Pères sans nous arrêter devant une papeterie dont les vitrines sont une séduction pour les gens de bureau, tant elle est pleine d'objets ingénieux, *bien trouvés*, sans y entrer parfois pour emporter joyeusement le *Tuteur*, appuie-livre en fer, qui mettra un frein aux dégringolades de volumes ou soutiendra les cartons en bon ordre, le *classeur* de fiches articulées ou de cartes de visite, qui permettra de s'y reconnaître dans des amoncellements de notes ou d'adresses ; le *pupitre hygiénique*, qui donnera la joie de la lecture à table pendant les repas solitaires, sans que l'estomac ait à en souffrir.

Et tout en faisant ces emplettes, nous en médiditons d'autres à faire *plus tard*, en un jour de richesse ; car il faudrait un volume pour énumérer tout ce que l'on trouve d'intéressant, d'amusant, de commode dans ce magasin ; tous les genres d'albums, à feuilles fixes et mobiles, de scrap-book pour collectionner les articles de journaux, toutes les reliures mobiles, toute la série des cartonnages, etc., etc.

Mais le triomphe de M. Borgeaud, et ce qui captivera le plus nos lectrices, c'est l'exquise *Papeterie-Bijou*, fermant à clef, et appropriée à toutes les dimensions courantes de papier élégant.

Ce qui les intéressera encore, c'est le copie-delettres « le Merveilleux » ; car la femme prudente et ordonnée copiera ses lettres importantes, les ordres graves ou les instructions envoyées aux fournisseurs, les conventions faites avec un architecte, un tapissier, etc., ce qui lui évitera bien des ennuis. En un mot, elle copiera toute lettre dont elle voudra garder la trace.

La copie, d'ailleurs, est si rapide, si commode ; le *Merveilleux* est un petit appareil si peu encombrant, que l'on aurait tort de ne pas se rallier à ce système.

A ne pas l'avoir adopté à temps, nous venons de perdre un procès, uniquement parce que nous n'avons pas pu reproduire une lettre niée par notre adversaire.

Donc, mesdames, copiez vos lettres.

CHAPITRE IV

Plantes d'appartement, de perron, de balcon ou de terrasse.

Plantes d'appartement. — L'air et le jour leur sont indispensables; il faut les mettre dehors aussi souvent qu'on le peut. Le feu leur est funeste. En été, il est bon de les laisser dehors.

Pour conserver longtemps des plantes, il faudrait ne les placer dans les pièces chauffées qu'aux jours de réception, et les mettre, le reste du temps, dans un endroit moins chaud, une galerie, un grand vestibule, etc., à une température de 4 ou 5 degrés seulement. Pour cela, on les laisse dans leurs pots; les bacs ou potiches restent au salon; la Ménagère en offre un choix considérable.

Voici celles qui s'accommoderont de cette hygiène: palmiers, aspidistras, yuccas, azaléas, aralias, camélias. Celles-ci supporteront de rester dehors jusqu'aux gelées.

Le camélia et l'azaléa n'aiment pas les grosses pluies; il faut les mettre en serre chaude, l'hiver, pour avoir des fleurs.

Rentrer toutes ces plantes dans la première quinzaine d'octobre, et ne pas les laisser trop à la chaleur.

Les fuchsias et les géraniums se mettent à la cave en hiver; on les arrose une fois par mois.

Mettre, autant que possible, les plantes devant les fenêtres, au midi, surtout les pélargoniums, les héliotropes, les rosiers, les œillets. Ne pas les y laisser la nuit, à cause de la gelée, à moins d'être dans une chambre très chauffée.

Les arroser peu, le matin, avec de l'eau qui a passé la nuit dans la chambre.

Les palmiers, yuccas et aralias exigent le grand jour. Les fusains, les aspidistras acceptent l'ombre.

Il faut en laver les feuilles et les tiges dessus et dessous, très souvent; lorsqu'on arrose la plante, il est bon d'arroser les feuilles avec un vaporisateur à parfums, surtout les fougères et les araucarias.

Voici une liste des plantes d'appartement pouvant vivre dans ces conditions :

Agaves, aloës, aralia Sielbodi, araucaria excelsa, areca rubra, areca lutescens, ardisia crenata, aspidistra élatior, astelia latifolia, bambusa fortunei, carex panache, chamerops humilis et excelsa, corypha australis, dracena congesta et indivisa, ficus élastica, grevillea robusta, heikia (diverses variétés),

isolepis gracilis, latania borbonica, panicum plica-
tum, phenix dattia (et variétés), phornicum thenax,
pourettia mexicana, Rhapis flabelliformis, rhopala
corcovadenus, acanthe lusitanicus, arundo, gunuera,
yucca.

Les palmiers demandent un mélange de terreau et
de terre de bruyère. Ils jaunissent au soleil. Il leur
faut l'ombre, à l'abri des vents froids. Ils aiment
l'eau, mais il ne faut pas mettre d'assiette sous le
pot, comme aux aspidistras.

Voici une liste de plantes demandant 10 à 15 degrés
de chaleur :

Anthurium sherzianum, begonia, bromelia, croton
à feuilles panachées, dracena brasiliensis, brauna
terminalis à feuilles rouges, dracena stricta, maranta
(diverses variétés), pandanus utilis, peperonia ar-
gyrea, scindapsus pinnatus, thriorax elegans.

Dans les vestibules non chauffés, on peut avoir les
fraisiers des Indes, des lunaires cymbalaires, des ly-
sinaques.

Dans un appartement chauffé au degré de serre
tempérée, on peut avoir crassulus lucida, cactus ser-
pent et cactus épiphyllum, géranium-lierre, saxyfrage
sarmenteux, petunia, lycopode, lobelia erinus,
plantes grimpantes de petite taille.

Dans les jardinières en zinc, percées au fond de
trous protégés par des tessons, on peut marier
bruyères, adiantuns, crocena, bromelia, capillis ve-
neris, marantha à feuilles maculées, asplenium, cy-

clamen, tulipes, primevères, narcisses, araucaria excelsa; pandanus, ptellis, cybotium princeps, etc.

Fleurs d'appartement. — Dans une coupe pleine de sable humide, on place des fougères, des crocus dont le bouton est formé, mais que l'on ne placera pas trop près des fougères. Les fleurs s'ouvriront à 18 ou 20 degrés.

Dans des jardinières percées (comme il est dit ci-dessus), on mettra des oignons de jacinthe, de cro-cus, de cyclamen.

Plantes de perron ou de balcon. — Au printemps, corbeilles d'ours; en été, géranium simple et double, geranium-lierre, pétunias, capucines Tom-Pouce, aloës, agaves d'Amérique panachés, yuccas.

Hiver : petits thuyas, épicéa, sapinette, cèdres de Virginie, iris d'Allemagne.

Balcon, terrasse. — Acheter à la Ménagère des petits gradins en fer et des caisses ferrées en chêne, ayant 0^m35 de profondeur et 0^m25 de largeur — lon-gueur à volonté; y faire percer des trous au fond, avec un petit tuyau allant dans un récipient, si l'eau ne peut couler sur le balcon. Etablir un fond de tes-sons pour drainer l'eau.

On mélange deux tiers de terre végétale et un tiers de terreau, on tasse un peu la terre autour des caisses. On ne remplit pas tout à fait la caisse, pour l'arro-sage.

Les caisses pour arbustes se font plus grandes et suivant la plante.

Une plante très décorative, robuste, charmante, et
tellement vivace qu'on ne peut presque pas la détruire, est le *pois éternel*, semblable à un pois de
senteur sans parfum, dont les touffes de fleurs, d'un
beau rouge violacé, sont vraiment pleines de grâce.
On sème en mars à trois ou quatre centimètres de
profondeur, soit en caisse, soit en pleine terre, dans
de la terre quelconque.

Une plante délicieuse à cultiver dans les grandes
caisses sur le balcon ou dans les jardins, même ceux
de Paris, est le cyclamen sauvage, dit violette des
Alpes, au parfum exquis. Les plus beaux sont ceux
d'Aix.

Le cyclamen s'acclimate parfaitement ; on le cultive ainsi :

Planter les oignons de cyclamen dans un endroit
ombré où ils seront seuls, ou dans une caisse ; étendre sur le sol une couche de terreau de dix centimètres
d'épaisseur, placer les oignons dessus, très rapprochés
les uns des autres, et ne les recouvrir qu'à demi afin
de laisser au germe la facilité de bien se développer.

Une fois la plantation faite, *ne jamais les déplacer*,
les laisser passer l'hiver dehors, cette plante étant
sauvage.

*
* *

Fleurs coupées. — Les asperger tous les soirs au
pulvérisateur, changer l'eau le lendemain et rogner
les tiges.

Mettre dans l'eau du charbon de bois et du camphre.

On peut, au centre d'une vaste jardinière, installer un petit jet d'eau d'appartement.

Dans une corbeille pleine de sable humide on arrange les fleurs coupées court.

On peut donner au sable la forme que l'on veut, conique ou vallonnée, et obtenir de charmants effets.

* *

Jardins japonais. — Les arbres et les plantes n'entrent pas seuls dans la composition des jardins au Japon, les rochers et les pierres y tiennent une grande place aussi, et le symbolisme le plus raffiné s'en mêlant, un enclos grand comme la main arrive à contenir tout un monde en miniature.

On pourrait, sur une terrasse, faire un de ces jardins en le faisant, d'avance, dessiner par un artiste très japonais, car, nous ne le dirons jamais trop, autant une imitation bien faite est amusante et intéresse, autant un pastiche d'ignorant horripile, comme certains tableaux, certains ballets ou autres sottises nous ont fait souffrir, émanant de gens qui, non seulement ignorent complètement le Japon, mais seraient inaptes à le comprendre s'ils y étaient ; certains l'ont bien prouvé.

Mais c'est surtout dans la manière d'arranger les fleurs que se révèle la supériorité des Japonais. Nos bouquets, auprès des leurs, semblent de barbares et vulgaires ébauches.

Personne n'a poussé plus loin l'art de grouper les
plantes que les jeunes filles et les femmes japonaises
qui en font l'objet d'une étude très approfondie et y
consacrent beaucoup de temps. Par exemple, l'idée
de réunir les fleurs en bottes ne leur viendra jamais
— en principe il est convenu qu'on doit laisser à la
plante toute sa personnalité et que, placées à côté les
unes des autres, elles doivent se faire valoir mutuellement non pas seulement comme couleur mais comme
forme.

Pour les fleurs coupées, les vases varient à l'infini ;
mais ici encore rien n'est laissé au hasard. C'est ainsi
qu'on fera s'échapper d'une applique trapue, des
tiges grêles, chèvrefeuilles, jasmins, et qu'une ou
deux luxuriantes pivoines surgiront d'un vase élevé
au col étroit [1].

Le bronze, la faïence, le gros bambou taillé de
mille manières servent à recevoir les fleurs.

Chez nous, l'esprit est ailleurs et l'on croit avoir
assez fait pour l'amour des fleurs lorsque l'on a en-
encombré son salon des ruineuses élucubrations flo-
rales, bouquets ou corbeilles montées, de quelque
spécialiste à la mode.

Combien plus gracieux pourtant sont ces jolis bouquets japonais d'un charme et d'une élégance incomparables ; pour contourner ces branches de la sorte,
les *mousmés* ont un tour de main spécial qui doit

---

[1] Voir le frontispice.

Fig. 49. — Cinq bouquets japonais.

être enseigné. On en verra quelques essais au Comptoir de renseignements.

On peut néanmoins chercher à rendre l'impression de ces compositions charmantes. Un jour que vous rapporterez de la campagne une élégante branche d'aubépines, ou de quelque autre plante, fixez-la dans une potiche basse avec la pâte japonaise de façon à ce qu'elle tienne au milieu sans s'appuyer à rien, dans l'attitude que vous aurez choisie.

Vous verserez un peu d'eau au fond de la potiche que vous couvrirez de mousse dans laquelle vous piquerez quelques fleurs ; certaines à branches fermes, roses, pivoines, lys, etc., pourront être fixées avec la pâte, comme la branche, dans la position qui vous conviendra.

Si vous y mettez de la patience, avec votre goût intelligent, vous arriverez certainement à un résultat qui vous surprendra vous-même; n'oubliez pas que, dans ces arrangements, chaque fleur est là pour son propre compte, pour être bien vue ; les fleurs ne doivent ni s'entasser ni se toucher ; ce n'est pas un fouillis ou un paquet comme nos bouquets à nous, ce sont quelques jolies fleurs apportant leur beauté individuelle pour charmer vos yeux. Elles peuvent se faire valoir mutuellement par un rapprochement calculé, mais ne jamais se nuire et se cacher l'une l'autre.

En faisant ce bouquet, vous devez savoir s'il doit être vu de tous côtés ou d'un seul, comme le sculpteur sait, à l'avance, s'il fait une ronde-bosse ou un bas-relief.

Essayez, pourquoi ne réussiriez-vous pas? Il y a quelques artistes consciencieux qui avaient assez de talent pour comprendre que l'on apprend toujours (ceux-là sont rares); ils ont vu les Japonais à l'œuvre, et au lieu de chercher à leur imposer ou leur faire comprendre leur manière à eux, ils se sont imprégnés de cet art nouveau et si pur, pour qui sait l'apprécier; par cette imitation ils sont devenus beaucoup plus forts.

C'est là ce qu'il nous faut faire. Ne pas nous cantonner dans les routines, sinon prendre chez les autres ce qui peut nous convenir et nous perfectionner; et, pour en revenir aux bouquets, nous avons beaucoup à emprunter aux suaves *mousmés* tant calomniées par M. Loti.

Procédé pour teindre la mousse.

Eau...................................	1 litre
Ch'aux vive............................	2 gr. 5
Couperose..............................	2 —
Indigo broyé	5 —

On augmente ou bien l'on diminue la quantité d'indigo, suivant que l'on veut la teinte plus ou moins foncée.

CHAPITRE V

Éclairage des villas et châteaux.

Éclairage par l'électricité chez soi. — La suprême élégance consiste autant à rendre sa maison attrayante pour soi et ses amis, qu'à avoir des toilettes irréprochables.

Il faut donc pouvoir illuminer les villas et les châteaux comme les hôtels et appartements parisiens.

C'est à cela que nous avons songé en étudiant ce qui nous entourait à ce point de vue, étude difficile pour l'électricité surtout, chaque électricien décriant les piles du confrère sans parfois les connaître.

Ce n'est que lorsque nous avons trouvé un appareil fonctionnant parfaitement, depuis plusieurs années, que nous avons fait notre choix.

Le prix de revient de l'électricité chez soi est toujours un peu élevé, mais ce n'est pas aux classes pauvres que cela s'adresse; lorsqu'on touche aux questions de luxe, quelques centimes de plus ou de moins

par heure, d'éclairage peuvent vraiment être consi-
dérées comme quantité négligeable.

Pile automatique O'Keenan. — La pile automatique
O'Keenan est supérieure à tout ce qui s'est fait, en

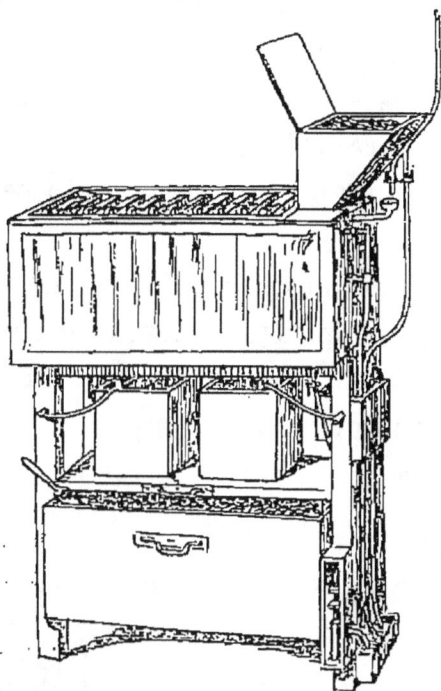

Fig. 50. — Pile automatique O'Keenan,

ce genre, jusqu'à ce jour. Une fois la pile montée, il
suffit, pour qu'elle fonctionne indéfiniment, d'y faire
arriver de l'eau pure prise sur une canalisation ou
dans un réservoir quelconque, d'ajouter chaque
matin la quantité suffisante de cristaux de sulfate de
cuivre dans la trémie, et de ménager un écoulement
pour la solution de sulfate de zinc formée par la
réaction chimique.

39

Elle fonctionne ainsi sans cesse, et charge des accumulateurs qui pourront, à un moment donné, fournir pendant toute une soirée une très brillante illumination, ou chaque jour un éclairage de plusieurs lampes.

Pour arrêter le fonctionnement de la pile il suffit de pousser un simple verrou, ce qu'il est avantageux de faire lorsque les accumulateurs sont complètement chargés, pour arrêter la dépense des produits. Si l'on brûle tous les jours ce qu'on accumule cette précaution est inutile.

Le liquide éliminé est du sulfate de zinc en solution concentrée, contenant des traces de sulfate de cuivre. Le tout constitue un liquide possédant des propriétés antiseptiques remarquables : on peut ainsi désinfecter des ruisseaux, égouts, etc.

Données de fonctionnement quotidien de la pile automatique O'Keenan chargeant des accumulateurs électriques.

Hauteur au-dessus du sol en centimètres............	110
Longueur　　—　　　　　—　　..............	135
Largeur　　—　　　　　—　　..............	60
Energie totale développée en watts-heures..........	1612
Energie disponible à la sortie des accumulateurs (en watts-heures)...............................	728
Nombre d'éléments composant la pile..............	12
Courant de charge en ampères sur 3 accumulateurs...	5,6
Nombre de lampes-heures de 10 b. accumulées à 3 watts par bougie..............................	24
Consommation de zinc............................	2k.096
Consommation de sulfate de cuivre................	8k. 06
Production de cuivre chimiquement pur (à déduire).	1k.774

La Société centrale de produits chimiques qui fournit le zinc et le sulfate de cuivre, reprend, en déduction, le cuivre produit par la pile.

CHAPITRE VI

Théâtre de salon.

Manière d'organiser à peu de frais un petit théâtre dans un salon. — On fait faire trois paravents en forte toile d'emballage double, préparée pour la peinture.

Chaque paravent a trois feuilles, variant, comme largeur entre 90 centimètres et 1^{m}20 ; la hauteur sera de 2 à 3 mètres.

Au lieu de charnières fixes il y aura des pitons qui s'entrecroiseront et qui seront réunis par une sorte de clavette ou de tige en fer, retenue au paravent par une chaînette.

Indépendamment de ces pitons, il y en aura aux angles supérieurs, dépassant le cadre ; en passant dans ces pitons une longue tringle en fer, on pourra faire tourner, comme sur pivot, chaque feuille, et la poser droite ou en biais, suivant que le décor sera fermé (chambre, salon) ou devra être entr'ouvert (jardin, forêt).

Dans la feuille du milieu de chaque paravent s'ouvre une porte, dont les charnières sont également à clavette, ce qui facilite le transport et la pose de ces décors simplifiés.

Un de ces paravents se pose au fond, les deux autres à droite et à gauche, reliés aux angles par les clavettes passées dans les pitons, et ainsi se tiennent debout sans autre appui. La dernière feuille de chaque paravent de côté se replie en dehors, formant façade. Dans de gros pitons, en haut, court une longue tringle de fer qui soutient, au milieu, le rideau, que l'on tire de chaque côté.

A d'autres pitons s'accrochera une bande de toile dont la largeur variera suivant la hauteur des paravents; s'ils ont 3 mètres, cette bande aura 60 centimètres.

Nous avons ainsi une scène plus large que profonde, avec portes à droite, à gauche et au fond. Cette petite scène, qui reste au niveau du sol, ne comporte ni rampe ni plafond.

En bas, de chaque côté du châssis sur lequel évolue la porte, sera fixé un coude en fer que l'on vissera au parquet par deux vis.

Les paravents seront peints d'un côté en salon, de l'autre en jardin ou forêt.

Mais la feuille de façade n'est peinte que d'un côté et se place toujours de même.

Lorsqu'on met le décor jardin, les feuilles de côté ne se mettent pas droites. On ne les retient que par la tringle du haut et on les fait pivoter de façon à les placer en biais pour permettre la circulation libre et donner, avec un peu de bonne volonté, l'illusion du plein air ; dans ce décor la porte du fond est supprimée.

Ce petit théâtre donne une scène de 2^m70 sur 1^m80. On pourra le faire exécuter par le Comptoir de renseignements.

Si l'on a des menuisiers à la maison, on peut demander seulement la toile peinte en donnant les dimensions exactes des châssis et des portes, la toile peinte s'expédierait roulée.

On pourrait aussi demander la toile non peinte, et seulement préparée pour recevoir la peinture ; les artistes de la famille peindraient les décors. Qu'ils prennent garde à la perspective ! elle leur réservera des surprises.

Il est bien entendu que toutes ces pièces doivent être bien *repérées* et numérotées pour qu'il n'y ait aucune hésitation dans la pose des décors.

Si la pièce est très vaste, et que l'on veuille un théâtre plus complet, on peut dans les mêmes données l'établir ainsi :

Tout le fond de la pièce sera occupé par une estrade de hauteur proportionnée à celle du plafond, mais ne dépassant pas 60 centimètres. Elle ne sera pas d'un seul morceau, et se composera de parties carrées, maniables, transportables, s'ajustant bien entre elles, et supportées par de fortes pièces de bois

C'est là-dessus que s'établira le décor susdit, plus ou moins vaste et que nous allons compléter.

D'abord l'estrade sera bordée, sur la largeur de la scène, par une planche sur champ, qui la dépassera de 20 centimètres, en formant un rebord destiné à cacher la rampe.

On aura, pour le plafond, trois feuilles de la largeur de celles du paravent (c'est plus maniable). D'un côté ils recevront une peinture de plafond, d'accord avec le salon ; de l'autre elles seront peintes en *ciel*. Un seul châssis sera plus élégant, mais il faudra des hommes de peine pour le manier.

Dans le décor jardin, le paravent du fond sera avantageusement remplacé par une toile de fond dépassant de chaque côté du tiers de la largeur de la scène, et dont le rouleau sera fixé au mur du fond de la pièce, donnant ainsi à la scène un tiers de plus en profondeur. Le rideau, au lieu de se tirer, sera en toile peinte pouvant se dérouler. Les poulies seront fixées et les cordes tendues aux deux feuilles de côté ; le rouleau avec son rideau ne se mettra qu'au dernier moment ; il n'y aura qu'à faire passer la corde du paravent dans la poulie du rideau pour que cela soit prêt.

Pour assurer un bon fonctionnement, il faudra manœuvrer le rideau de chaque côté. On évitera ainsi les détraquements inévitables.

Si le salon est large, il faut ajouter des feuilles à celles de la façade du théâtre, pour occuper tout le fond de la pièce. Cela donnera d'ailleurs plus de facilité au va-et-vient des artistes, et cela peut même former, de chaque côté, une petite loge pour s'habiller.

Les feuilles de façade seront plus longues que les autres, car elles devront descendre jusque sur le parquet et cacher l'estrade.

Sur la largeur de la scène, l'estrade sera cachée par une bande de toile peinte comme celle du haut.

Il convient de mettre un tapis dans le décor salon, et dans le décor jardin une toile peinte en gazon et gravier, d'accord avec le décor.

Si l'on veut un trou de souffleur, on ménagera dans la partie de l'estrade correspondante une trappe dont le dessus sera composé de lames de bois réunies par des charnières, de façon à s'arrondir en se relevant, chaque lame étant biaisée sur les bords inférieurs.

On soutiendra ce couvercle par deux supports reposant dans de petites encoches; une toile fermera les joues de cette niche, qui renfermera une banquette fixée dans l'estrade.

Ce serait trop compliqué de réserver un passage caché pour gagner cette place; il faudra se résigner à s'introduire dans la niche en s'y glissant par la salle, et par-dessous la toile mobile.

Une rampe s'établira facilement par une rangée de petites lampes placées le long du rebord élevé de l'estrade. Un petit grillage de fer, arrondi, empêchera d'en approcher.

Si on a le gaz dans la pièce, il est facile d'établir une rampe, manœuvrant avec un seul robinet, et se reliant au mur par un conduit de caoutchouc. Cela permet de faire la nuit et le jour.

On pourrait, de la même façon, établir une petite herse de deux ou trois becs; mais cela demande plus de solidité dans l'établissement général, pour éviter le danger du feu.

Si on met une herse, le plafond ne doit pas arriver jusqu'à la façade; ou laisse un espace de 50 à 60 centimètres pour la herse, qui sera un peu plus basse que le plafond.

Pas de herse ni de rampe si le rideau se tire de côté, car il est flottant et constituerait un danger.

*
* *

L'agrément de ce système, c'est la facilité de démonter cela en pièces peu lourdes et peu encombrantes, que les jeunes gens de la famille peuvent monter et démonter, et qui se logent au grenier sans difficulté. Tout ce qui est toile détachée se roule sur des rouleaux de bois, et, une fois enveloppé de papier et ficelé, ne se ternit jamais.

On peut même, si l'on donne une représentation ou un concert suivi de bal, faire démonter le théâtre en une demi-heure et débarrasser la pièce pendant que les invités vont se rafraîchir dans un autre salon.

Une chose importante pour qu'un tel théâtre soit plaisant à l'œil, c'est qu'il y ait harmonie dans toutes ses proportions. L'estrade trop haute pour une scène trop exiguë lui donne l'air perché et rend les personnages trop grands, hors de proportion. Il vaut mieux pécher par excès contraire.

Un conseil, en passant, aux artistes-amateurs, conseil dont quelques artistes de profession peuvent faire leur profit :

Ne pas jouer ou chanter trop près de la rampe; cela éclaire mal, mettant le bas du corps trop en lumière et le visage dans un faux jour, qui accuse les méplats et les pommettes, et enfonce les yeux dans l'ombre.

Si, dans un vrai théâtre, le mot *ombre* est moins juste, à cause de la profusion de la lumière, ce n'en est pas moins un faux jour, venant trop d'en-bas, et ne pouvant se marier à celui des herses restées en arrière.

On pourrait donc préciser et dire qu'il ne faut pas dépasser la première herse.

Le jeu, d'ailleurs, n'en est que meilleur, plus intime; *on joue plus*. Au lieu de parler au public, on se parle entre soi; ce qui doit être, puisqu'on doit donner l'illusion de la vie réelle.

Les artistes-amateurs n'oublieront pas qu'il faut se maquiller suivant la scène où l'on doit évoluer (page 225) sous peine de s'enlaidir ou de ne pas obtenir l'effet sur lequel on a compté.

CHAPITRE VII

L'art de voyager.

La femme élégante ne voyage pas comme une paysanne ou une épicière; tout ce qui l'entoure doit se ressentir de sa propre élégance. Nous allons faire ses malles avec elle, pour vous initier à ses secrets.

Si on voyage en famille, chacun dressera d'avance, peu à peu et à tête reposée, la liste de ce qu'il doit emporter; ce qui permet de ne faire réunir dans la chambre où l'on emballe que le nombre et le genre de malles nécessaires.

A tour de rôle, chacun apporte ou fait apporter tout son bagage et l'étale sur les meubles; la liste permet de confier ce soin aux domestiques, puis on vient passer tout en revue. Lorsqu'on est bien sûr de ne rien oublier, on emballe méthodiquement.

Voici comment on plie les chemises d'homme pour les retrouver non chiffonnées : on met les deux poignets l'un dans l'autre et on les roule un peu serré, puis on les enfonce dans l'ouverture du col qui reste boutonné ou épinglé; col et manchettes se protègent ainsi l'un l'autre. On étend alors, sans la déplier, la chemise sur une table, et on la roule, le devant en dedans, aussi serré que le col le permet. Cela forme un petit paquet ferme et non encombrant, très facile à loger. En arrivant, on trouve des chemises très présentables.

Ayez, si c'est possible, plusieurs *jeux* de boutons, pour que vous n'ayez jamais à les placer au dernier moment.

Les pantalons se plient en formant le pli devant et derrière, et *jamais sur le côté;* cette pliure doit être observée pour les pantalons de coutil.

Nota. — Lorsque le pantalon se marque au genou, on le tourne à l'envers, on mouille la partie distendue et on la repasse avec un fer très chaud. On pourrait avoir un petit carreau pour cet usage. Bien sécher sous le fer.

Les vestons, jaquettes, redingotes, habits, pardessus se plient de la même façon:

Etendez l'objet sur un lit ou une grande table, l'envers en dessous. Ne vous inquiétez pas du dos. Placez les manches bien à plat et pliez-les; repliez par-dessus le devant, de chaque côté, puis placez les deux côtés l'un sur l'autre; passez dans les manches les mains avec les doigts bien écartés, pour vous assurer qu'elles n'ont pas de faux pli, et alors occupez-vous du dos, qui se replie un peu pour ne pas se froisser.

C'est ainsi que les vêtements doivent être placés dans la malle, bien à plat.

On peut, si la malle est longue, laisser la manche de toute sa longueur, sauf pour l'habit, dont on replie même les basques à la cambrure de la taille.

La seule malle vraiment pratique est la Malle-Commode Édison, avec ses tiroirs qui permettent de ne jamais la vider (fig. 51). On n'a qu'à ôter le devant de la malle pour avoir une commode charmante; elle a, en outre, l'agrément de rouler sur des galets, ce qui empêche de l'abîmer en la traînant (11, avenue de l'Opéra).

Son principe de fabrication est un placage de trois feuilles de bois de noyer en sens contrariés placé sur un encadrement et renforcé par une tringle rivée, évitant le déplacage, et ne laissant ainsi aucune partie d'un grand panneau se fatiguer ou faiblir. Le tout se trouve ensuite entoilé à la colle forte (comme l'arçon de selle), ce qui fait absolument adhérer le tringlé au placage : la solidité de cette malle est à toute épreuve.

Elle présente les avantages suivants sur les malles anglaises en osier :

1° L'aménagement intérieur peut être modifié instantanément au goût de l'acquéreur, c'est-à-dire qu'on peut le faire à tiroirs (commode de voyage) ou casiers mobiles (chapelière).

2° Plus de sécurité de fermeture, sa flexibilité ne

permettant pas de pénétrer, comme dans l'osier, dans
l'intérieur du premier casier sans avoir à ouvrir les
serrures. Le couvercle rigide se trouve maintenu et
faisant gorge par une serrure et deux verrous américains.

3° Sa contenance est plus grande, les parois étant
moins épaisses, de sorte qu'une malle Edison contient
deux costumes environ de plus qu'une malle en osier
à taille égale.

4° Son poids est *inférieur de deux kilogr.* à celui
de la malle en osier de même dimension.

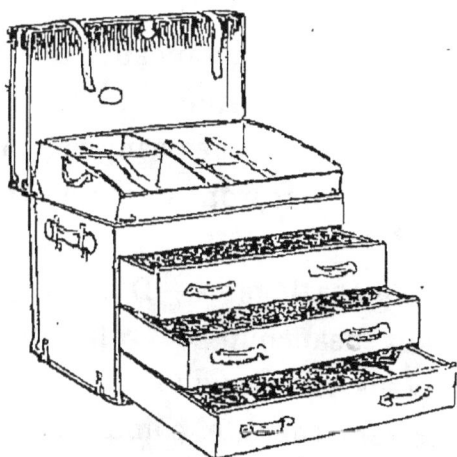

Fig. 51. Malle-commode Édison.

Chaque personne doit avoir sa malle-commode ;
momentanément pourtant, si un des voyageurs a
trop de place et que l'autre en manque, on recueille
les objets sans abri, les vêtements, les robes, devant
immédiatement se suspendre à l'arrivée; on aura
toujours assez de place alors pour le reste.

La malle-commode d'une femme doit être de la longueur d'une jupe, et avoir, au-dessus des tiroirs, un compartiment très profond. Dans les tiroirs elle mettra, outre son linge, les toilettes légères et délicates, sur lesquelles, ainsi, rien ne pèsera; elle en retiendra la bonne ordonnance en les épinglant aux sangles, afin qu'elle ne glisse pas dans le cas où l'on coucherait la malle sur le côté.

Dans le grand compartiment d'en haut, on entassera les robes, soigneusement pliées, en n'oubliant pas que, plus elles seront serrées, moins elles se chiffonneront.

Si l'on a beaucoup de chapeaux, qu'on les fasse emballer par la modiste; sinon que chaque chapeau soit bien fixé en l'air par des sangles transversales. Tous ces cartons se placeront dans une grande malle plate et légère.

Mannequin d'emballage. — Dans un voyage rapide, où il faut beaucoup de robes pour peu de temps, nous avons vu user d'un moyen bien singulier, mais très remarquable comme bons résultats. On a un mannequin d'osier pour jupe; on place dans l'intérieur toutes ses jupes, accrochées par la ceinture à celle du mannequin, qui doit être un peu plus haut que les robes; celles qui sont à traîne seront mises au centre; la traîne, relevée par un pli horizontal, sera épinglée en remontant. Plus les robes sont serrées, moins elles se chiffonnent.

Enveloppez maintenant le mannequin d'une toile

cirée, cela remplace très bien une malle pour les trajets moyens, cela pèse moins, et donne moins de peine comme emballage.

Si on fait un voyage de plusieurs jours, sur terre ou sur mer, on doit réunir dans une seule malle ce qu'il faut à tous, pour n'en avoir qu'une seule à ouvrir dans les hôtels où l'on ne passe qu'une nuit.

Pour le chemin de fer, c'est dans une valise que l'on place les livres, petits travaux, jeux, chargés de tromper les heures ; on garde, en outre, son nécessaire de toilette qui est précieux lorsqu'il s'agit de réparer le désordre de sa tenue.

Voici comment on peut, dans un wagon, s'improviser un cabinet de toilette. On tend, d'un filet à l'autre, sa couverture ou son plaid, que l'on épingle de chaque côté. On se réserve une petite place où l'on peut se nettoyer le visage avec de la crème Simon ou de la crème rafraîchissante, à l'aide de tampons de coton hydrophile ; un peu de poudre là-dessus un coup de peigne, et il semble que l'on sorte de chez soi.

Une malle très importante, pour une femme, est la malle-toilette, renfermant un bidet carré, avec ou sans réservoir. La place restée vide est occupée par un ou deux tiroirs où se mettent les objets nécessaires à la toilette intime ; on achève de la remplir par les chaussures et les objets intimes dont ne peut se passer la femme qui en a pris l'habitude.

Si l'on regarde au poids de ce meuble, on peut

alors choisir le bidet-valise de la maison Eguisier, rue Cadet; il est très stable et très maniable.

Le nécessaire de toilette est le point important du bagage, car de lui dépendent bien des commodités ou bien des colères si tout ne se trouve pas sous la main.

Nous avons renoncé aux nécessaires-valises, de quelque forme qu'ils soient, tout en profondeur, toujours, et que l'on remplit d'une foule de choses qui vous empêchent d'atteindre ce que vous désirez.

Après bien des tâtonnements, nous avons enfin trouvé le degré de commodité voulu.

Au lieu d'une valise c'est un coffre plat, à un ou deux tiroirs, de grandeur inégale, à cause des réserves que l'on fait pour la partie supérieure du coffre.

Il a fallu combiner les moindres détails pour que tout ce qui est nécessaire à la toilette se trouvât dans la partie supérieure à la simple ouverture du coffre.

Dans le couvercle est placée une trousse très complète, où est maintenue la glace à main. Le coffre est divisé en trois compartiments, dont l'un renferme les brosses, les boîtes, les pots et les flacons. Les deux autres compartiments sont pour le linge de nuit, les serviettes, les objets que l'on veut avoir avec soi pour la route et la première nuit. En combinant bien les choses, on peut, si on voyage seule, n'avoir pas d'autre bagage à la main que celui-là.

Le tiroir, très plat, qui règne au bas, sert aux épingles à cheveux et autres menus objets, etc.; le grand compartiment est pour le papier, les enveloppes, les plumes.

Le tiroir du milieu est pour les boîtes à brosses et à savon, réchaud et fers à friser, et diverses menues choses.

Le système de fermeture est le même que pour les malles à tiroirs ; une tablette devant, prise dans une rainure au bas et par le couvercle ; verrous américains, serrures, poignée sur le dessus, formant un

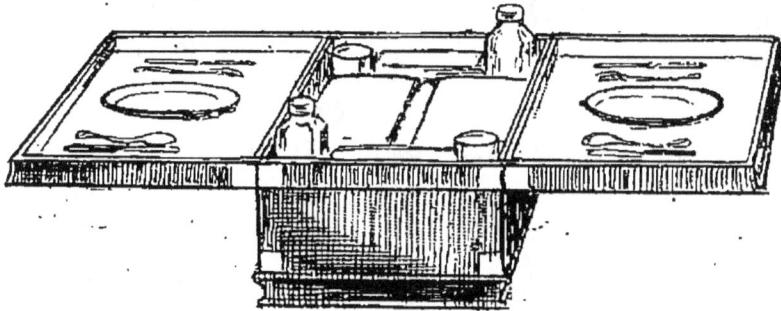

Fig. 52. Table-cantine.

sac de nuit, où se logent encore maintes choses, quelques provisions, etc.

Si on voyage seule, on peut mettre encore toutes ses victuailles dans ce coffre.

*
* *

Mais si on voyage en famille et que l'on préfère prendre son ou ses repas en wagon, il faut se procurer la table-cantine admirablement comprise et aménagée pour tout réunir en un petit volume.

Le *bureau de voyage*, indispensable à l'écrivain ou au commerçant qui doit travailler en route, se compose d'un casier à cartons à la dimension du travail de chacun. Le mode de fermeture, composant à la fois un pupitre et une table pour écrire au lit, est des plus commodes.

Si, par goût ou par régime, on prend beaucoup de thé, il ne faut pas hésiter à emporter son samovar ; il faut, par exemple, lui faire un emballage spécial où tout sera calculé et maintenu pour ne pas rayer ni bosseler le précieux ustensile que nous recommandons, en passant, de ne jamais laisser tarir, car les ressoudages, outre qu'ils sont ruineux, se voient toujours.

La lampe est également de première nécessité, où que l'on aille. Dans un hôtel? Est-il rien de plus triste qu'une chambre éclairée par des bougies ; si fatigué que l'on soit, on est égayé par l'apparition de la lampe qui vous est familière et que l'on remplit en quelques minutes.

Comme le samovar, on lui fait un emballage spécial ; ce sont autant de petites malles à poignées de cuir et du plus bel aspect.

Si on va dans une maison ou dans un appartement meublé, les lampes qu'on y trouve ne sont généralement là que pour l'ornement, mais elles ne vont pas ; votre lampe vous est plus précieuse que jamais. Comme abat-jour, on emporte de quoi le faire en papier plissé (rose et jaune pâle sont d'un effet exquis) ; la carcasse, aplatie, va au fond d'une malle. En chiffonnant ce papier avec goût, on ob-

tient des fouillis semblables à des fleurs. En guise
de ruban, on se sert de bandes du même papier tor-
tillées et épinglées. C'est peu coûteux et c'est fort
bien.

N'oubliez pas, en voyage, votre petit oreiller ;
si vous lui faites une housse en soie ou en peluche
pour le wagon, il vous rendra des services. Lors
même que vous loueriez des oreillers au chemin de
fer et malgré leur propreté, vous préférerez encore
mettre votre visage sur le vôtre.

CHAPITRE VIII

Thé. — Maté. — Café.

MANIÈRE DE FAIRE LE THÉ

A la Russe. — *Allumage du samovar :* le remplir d'eau, remettre le couvercle, en ayant soin que la soupape soit du côté opposé au robinet, et les deux boutons au-dessus des poignées du samovar : verser dans la cheminée la braise allumée, en ajouter de non allumée sans dépasser le coude du récipient. Mettre la cheminée de cuivre et placer l'appareil à l'air. On peut activer l'allumage avec un soufflet, par en bas. Lorsque l'ébullition commence, on enlève la cheminée de cuivre. L'eau bout en quelques minutes. Lorque le samovar est éteint et *refroidi*, le vider, le laver, et vider les cendres en ouvrant la petite soupape de dessous.

Manière de parfumer le thé à la russe. — Mettre

dans une grande boîte de thé de 1 kilog. une poignée de fleurs de pommier.

Le samovar en ébullition est placé sur la table, dans un plateau long et étroit. Un grand bol de cuivre ou de faïence artistique est placé sous le robinet. On ébouillante la théière que l'on *vide soigneusement* et que l'on essuie, les quelques gouttes d'eau qui resteraient dans la théière dénatureraient la saveur du thé. On met dans la théière (relativement petite), le thé nécessaire et une cuillerée d'eau en pleine ébullition (non lorsqu'elle chante, mais quand la vapeur s'échappe violemment de la soupape). On laisse infuser un instant, puis on ajoute de l'eau et on pose la théière sur la galerie en cuivre ajouré qui couronne le samovar (page 41).

Pour servir les convives, on verse dans chaque tasse ou verre russe un peu de ce thé concentré, et on ajoute de l'eau (qui continue de bouillir) jusqu'au degré de force désiré.

Ce procédé a l'avantage de donner à chaque personne le thé bien à son goût, très chaud, et sans l'ennui et les va-et-vient nécessaires pour apporter l'eau chaude, garder la théière au chaud, etc.

Manière de faire le thé à la japonaise. — On fait bouillir l'eau, on ébouillante la théière, on la vide, on y met le thé, et on y verse un peu d'eau *ayant cessé de bouillir;* on remue, on laisse infuser, on verse la quantité d'eau voulue, *toujours ne bouillant plus,* on remue encore, on laisse infuser.

Le thé fait ainsi a moins d'âcreté, mais aussi moins de saveur. Il en faut un peu plus, à force égale.

Manière de faire le thé à l'anglaise. — Ebouillanter la théière, mettre une cuillerée à café de thé par personne et une pour le *pot*.

Verser une petite quantité d'eau bouillante et laisser infuser, puis verser l'eau, et laisser infuser. Vous avez alors un thé presque noir, supportable seulement pour des estomacs anglais, mais qui rend malades les autres.

Les Anglaises font, pour maintenir le thé chaud, des manchons pour la théière, avec plus ou moins d'élégance.

Manière de faire le thé à la française. — Les Français le font de même que les Anglais, en mettant moitié moins de thé ; certaines ménagères jettent la première eau versée sur le thé afin d'en enlever l'âcreté, puis procèdent à la manière anglaise.

Nota. — Ne jamais laisser le thé dans la théière d'une fois à l'autre. Quelques personnes le font, et se contentent, pour faire du thé nouveau, de rajouter sur les feuilles anciennes un peu de thé frais.

C'est très économique, et un convive qui n'est pas très connaisseur sur ce point peut ne pas s'en apercevoir. Mais un usage régulier de ce procédé est nuisible à la santé. Il se dégage du thé, dans ces conditions, une âcreté qui donne une inflammation et des douleurs d'entrailles obligeant à suspendre l'usage journalier du thé.

Les personnes qui l'adoptent comme boisson aux repas ou comme déjeuner et goûter régulier devront être rigoureuses sur ce point, et faire le thé elles-mêmes, pour éviter les négligences des serviteurs.

Thé maure. — Le faire comme le thé à la française, en y mettant soit une ou deux feuilles de verveine, soit un peu de cannelle.

LE MATÉ

Il serait très désirable de voir se répandre, dans le public, le goût et l'usage de ce précieux *breuvage-aliment* au moyen duquel on pourrait facilement rester plusieurs jours sans manger et sans souffrir.

Si les précieuses qualités de la *Yerba-mate* étaient bien connues et appréciées en Europe, l'Amérique n'en fournirait pas assez pour l'exportation.

Voici ce qu'en dit la Faculté de Paris qui cependant ne connaît son emploi qu'en infusion théiforme où elle perd quelques-unes de ses qualités et surtout lui donne un goût détestable :

« Par sa composition chimique, le maté se rapproche du café et du thé ; mais il est plus riche en matières résinéides, mucilagineuses et gommeuses. Son alcaloïde (matéïne), chimiquement identique à la caféine et à la théïne, existe dans une proportion au moins égale à celle du thé noir, et double de celle du café.

» Le maté est appelé à remplacer entièrement, en médecine, l'huile de foie de morue... »

J'ajoute, moi, d'après mon expérience journalière,

qu'elle a toutes les qualités du thé et du café sans en avoir les inconvénients pour les gens nerveux.

Au Paraguay, au Chili, au Pérou, en Bolivie, dans la République argentine, dans celle de l'Uruguay et dans trois provinces sud du Brésil, c'est-à-dire chez des peuples qui comptent ensemble 25 millions d'habitants, la *Yerba-mate* occupe, dans toutes les classes de la société, une place plus importante que le thé en Chine, la bière en Allemagne, le vin en France. Elle est la compagne de toutes les réunions, l'aide nécessaire de tous les labeurs.

Son goût est très agréable, son parfum exquis, à condition de l'employer comme en Amérique et de la prendre dans le *mate*.

La *Yerba* est la feuille d'un arbuste ayant l'aspect du laurier franc, et la taille d'un petit chêne touffu. Il croît à l'état sauvage dans les Cordilières du Paraguay et dans plusieurs régions du Brésil et de la République Argentine ; la qualité de la *Yerba* s'amoindrissant à mesure qu'elle pousse plus près de la mer, la meilleure est, sans contredit, celle du Paraguay, qui a eu la médaille d'or à la dernière exposition universelle.

*
* *

Vraie manière de faire le maté à l'américaine. — Pour confectionner le *mate* il faut cinq choses : 1° un *mate* ; 2° une *bombilla* ; 3° de la *Yerba* ; 4° du sucre ; et 5° de l'eau ou du lait bouillant.

- Le *mate* est une petite calebasse ; c'est le fruit d'une plante grimpante qui croît dans le Paraguay et dans certaines provinces argentines.

La *bombilla* est un tube de métal, de préférence en argent, muni à son extrémité inférieure d'une petite passoire.

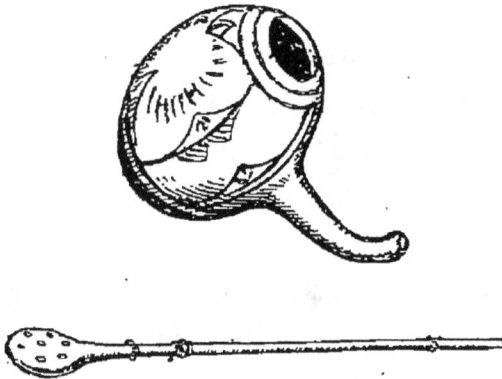

Fig. 53. — Maté et bombilla.

Pour servir le *mate*, on plonge la *bombilla* dans la calebasse, que l'on tient de la main gauche. On met dans le *mate*, suivant sa contenance et suivant le goût, trois ou quatre cuillerées à café de *Yerba*, on y verse une cuillerée à café d'eau fraîche de façon à faire gonfler la *Yerba*. On a fait bouillir de l'eau ou du lait avec du sucre cristallisé, et on le verse dans le *mate*.

Les Européens le préfèrent généralement avec du lait.

On présente alors le *mate* à un convive qui aspire par la *bombilla* — à la façon dont on boit avec un chalumeau — tout le contenu du *mate* ; il s'arrête au premier bruit que fait l'air en pénétrant dans la petite passoire. On le rend alors à la servante qui lave la *bombilla* seulement, la replace dans le mate et y verse de nouveau du liquide sucré bouillant.

La même *Yerba* peut servir pour sept ou huit personnes en en rajoutant un peu à partir de la troisième fois.

Ce n'est pas absolument ainsi que le servent les Sud-Américains, mais le résultat est le même et plus simple. Il faut, pour le servir exactement comme en Amérique, un tour de main que nos servantes ne peuvent acquérir.

La qualité très remarquable de la *yerba-mate* est son action sur le cerveau, bien que ce ne soit pas un excitant mais un réparateur.

Le *mate* pris au réveil dissipe le dernier engourdissement du sommeil, et même le léger mal de tête qui résulte parfois d'un repos insuffisant.

Dès que l'on a absorbé le *mate* on se sent une lucidité absolue, qu'aucun autre moyen ne donne avec cette rapidité.

Manière de faire le café à la française. — Le moudre assez fin : mettre dans la cafetière une cuillerée à bouche de poudre par tasse ; faire passer l'eau presque goutte à goutte, en arrosant, et en plaçant la cafetière dans de l'eau en ébullition. C'est la manière la plus simple et la plus sûre.

L'eau distillée fait de meilleur café.

Café maure. — Ce n'est pas seulement à sa pré-

paration qu'il doit ses qualités (il est moins éner-
vant et fatigue moins l'estomac que l'autre café),
mais à la présence d'une sorte de petite fève.

On le pile très fin, jusqu'à porphyrisation.

On met dans un petit récipient *ad hoc* une cuillerée à café de poudre et on verse dessus de l'eau
bouillante *qui ne bout plus;* on place la petite cafetière sur un feu très doux, jusqu'à ce que le café, *en
bouillant,* monte comme une crème ; c'est très rapide ; quelquefois on le fait monter à plusieurs reprises.

CHAPITRE IX

Comptoir de renseignements

Il s'est créé sur nos avis, et pour répondre aux besoins provoqués par ce livre, un Comptoir de renseignements, 16, boulevard Montmartre, qui tiendra, à la disposition de nos lectrices, tout ce dont nous parlons et qui ne se trouve pas dans le commerce courant, ou que l'on ne se procure qu'avec peine; tels sont le kohl, le henné, le hadida et les noix de-galle pour la teinture des Mauresques; la petite marmite où elle se fait; le café maure, ainsi que le récipient pour le faire; la *yerba*, le *maté* et la *bombilla;* les cercles chromatiques pour l'harmonie des couleurs, les crèmes de la doctoresse Pokitonoff; la ceinture dite « la Merveilleuse »; la poudre du Sahel pour maigrir; la Nictiphane et ses applications, etc , etc.

En un mot, elles pourront s'y renseigner sur tout ce qui leur sera suggéré par ce livre, ou ce qui pourra leur manquer.

Nous croyons que cette institution pourra rendre de grands services, surtout aux personnes habitant la province, dont on pourrait même faire les achats.

FIN

LA FAMILLE

JOURNAL HEBDOMADAIRE ILLUSTRÉ

ADMINISTRATION ET RÉDACTION : 6, RUE DE LA PERLE, PARIS

Abonnements : Un An, 8 fr.

AVEC UNE PLANCHE DE MODES COLORIÉE CHAQUE TRIMESTRE

Étranger : Un franc de plus par abonnement

Le Numéro : 15 Centimes

En vente chez tous les Libraires et Marchands de journaux dans toute la France et l'étranger

Seize pages imprimées avec luxe contenant un ou deux romans d'analyse et un roman de voyages, chronique et échos d'actualités, nouvelles, saynètes, vers, articles de science vulgarisée, sages causeries médicales, courriers de mode qui font loi, recettes, passe-temps, etc. La Famille reproduit en outre, par les procédés les plus artistiques, les œuvres d'art nouvelles ; elle consacre deux pages aux gravures de mode et aux ouvrages d'utilité et de fantaisie, en s'attachant à joindre l'élégant au pratique ; elle donne deux fois par mois une page de musique, etc. Les lecteurs trouvent dans la petite correspondance et près de la rédaction, des conseils prudents et éclairés.

Le journal La Famille existe depuis quatorze ans. Son tirage a été en 1892 de 64,200 numéros, en moyenne, par semaine.

La Famille a reçu en 1892 une médaille d'honneur (Or, grand module) de la Société nationale d'encouragement au bien.

La Famille est le seul journal illustré français que le nombre de ses lecteurs à l'étranger, et particulièrement en Espagne et dans l'Amérique du Sud, oblige à publier une édition en espagnol :

La Familia, traduction de la Famille créée en 1892, atteint déjà un tirage de 21 000 exemplaires et compte dans ses collaborateurs MM. Emilio Castelar, Ruben Dario, Juan Valera et autres maîtres illustres de la littérature étrangère.

La Famille et La Familia reçues partout, aimées de tous et passées de main en main, comptent plus de 500,000 lecteurs de tout âge et de tout rang.

La Famille ouvre des concours de jeux d'esprit et des concours littéraires. En 1892, pour un concours de roman et quatre concours de passe-temps, elle a distribué 4,000 francs de prix dont 3,000 en espèces.

La Famille ne publie généralement que de l'inédit. Elle compte dans ses collaborateurs les écrivains les plus célèbres, MM. Hector Malot, Henry Gréville, Paul Arène, François Coppée, Ludovic Halévy, Alphonse Daudet, François Fabié, etc., etc. Sous les pseudonymes de Cendrillon, Paul-Louis Mireille, les maîtres de la chronique y donnent d'étincelantes causeries. Toute la partie féminine du journal est sous la direction remarquée de Madame Aline Vernon. Le Secrétariat de la Rédaction est confié à M. Henri de Noussanne.

La Famille a pour seule règle de conduite le culte du beau et du bien, le respect de la femme et de la patrie.

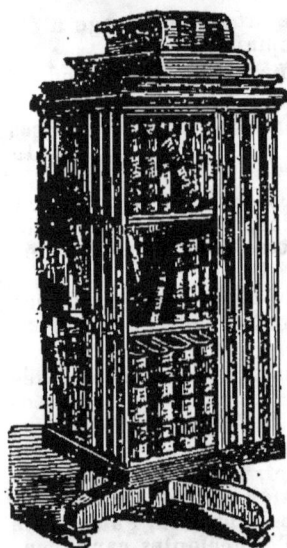

LA REMINGTON

Est la plus solide, la plus rapide et la mieux construite de toutes les machines à écrire. Le maniement est plus simple et par conséquent moins long à apprendre que celui de toute autre machine.

Généralement adoptée dans tous les Ministères, Administrations publiques et privées, Maisons de Commerce, les principaux journaux, le clergé, en un mot par toute personne écrivant soit pour ses affaires commerciales, soit pour sa correspondance privée.

Grâce aux perfectionnements constamment apportés par d'habiles ingénieurs depuis vingt ans, elle est maintenant le **chef-d'œuvre** des **machines** à écrire en **usage** dans le **monde entier**.

Seule choisie par la Direction de l'**Exposition** de **Chicago** (plus de cent machines).

Envoi sur demande du catalogue illustré, spécimens d'écriture.

WYCKOFF, SEAMANS et BENEDICT, 18, rue de la Banque, PARIS.

DERNIÈRES PUBLICATIONS

Collection in-18 à 3 fr. 50 le volume.

ALLAIS (ALPHONSE)
Vive la Vie! .... 1 vol.

BERGERAT (ÉMILE)
Les Soirées de Calibangrève. Illustré...................... 1 vol.

CAHU (THÉODORE)
Loulette voyage... 1 vol.

COURTELINE (GEORGES)
Messieurs les Ronds-de-Cuir. Illustrés par Bombled.......... 1 vol.
Lidoire et la Biscotte...................................... 1 vol.

DAUDET (ALPHONSE)
Rose et Ninette. Mœurs du jour. — Frontispice de Marold...... 1 vol.
Port-Tarascon. — Derniers exploits de l'illustre Tartarin. — Col-
lection Guillaume illustrée............................... 1 vol.
L'Obstacle. Pièce en 4 actes. — Collection Guillaume illustrée.... 1 vol.

DAUDET (ERNEST)
Les Mœurs du Temps... 1 vol.

DANRIT (CAPITAINE)
La Guerre de demain. Illustrée par Paul de Semant........... 2 vol.

FIGUIER (LOUIS)
Les Bonheurs d'Outre-tombe................................. 1 vol.

FLAMMARION (CAMILLE)
Uranie. — Collection Guillaume illustrée................... 1 vol.

GINA SAXEBEY
Par Amour. Roman .... 1 vol.

KISTEMAECKERS FILS (HENRY)
Mon Amant. Roman psychologique............................. 1 vol.

LANUSSE (L'ABBÉ)
L'Heure suprême à Sedan.................................... 1 vol.

LEROY (CHARLES)
Les Filles de Laroustit. — Roman........................... 1 vol.

MAËL (PIERRE)
Mariage mondain.. 1 vol.

MALOT (HECTOR)
Complices.. 1 vol.

MENDÈS (CATULLE)
Les lieds de France. — Musique de Bruneau. Ill. de Raphaël Mendès 1 vol.

MOINEAUX (JULES)
Le Monsieur au Parapluie. — Roman .... 1 vol.

MONIN (DR)
La lutte pour la Santé..................................... 1 vol.

RODENBACH (G.)
Bruges-la-Morte. Roman illustré............................ 1 vol.

Huitième année.

LE BON JOURNAL
ILLUSTRÉ

Reproduit les Romans et des Nouvelles des auteurs les plus aimés du public.

ALPHONSE DAUDET, HECTOR MALOT,
ANDRÉ THEURIET, JULES CLARETIE, CAMILLE FLAMMARION,
PIERRE MAËL, PIERRE SALES, JULES MARY,
GEORGES OHNET, ÉMILE RICHEBOURG, ETC.

Prix du numéro: 10 centimes.

ABONNEMENTS :

PARIS. DÉPARTEMENTS, ALGÉRIE ET TUNISIE	Six mois........	8 francs.
	Un an..........	15 —
UNION POSTALE	Six mois........	10 —
	Un an..........	18 —

ON PEUT S'ABONNER SANS FRAIS
DANS TOUS LES BUREAUX DE POSTE

Administration et Rédaction, 26, rue Racine, Paris.
E. FLAMMARION, Directeur.

ÉMILE COLIN — IMPRIMERIE DE LAGNY

www.ingramcontent.com/pod-product-compliance
Lightning Source LLC
Chambersburg PA
CBHW050543270326
41926CB00012B/1895